Über dieses Buch In jeder Minute wählt ein Mensch in der Bundesrepublik Deutschland die Notrufnummer 11101 oder 11102 der Telefonseelsorge. Etwa 650 000 Anrufer wenden sich jährlich an diese Institution, um über ihre Probleme zu sprechen.

Die Mitarbeiter der Telefonseelsorge bieten sich als verschwiegene Gesprächspartner an, die vorurteilsfrei dasein wollen, um den Anrufern behilflich zu sein, sich mit ihrer Situation auseinanderzusetzen.

Was veranlaßt Menschen, diese Institution anzurufen und anonym über ihre Probleme mit einem Unbekannten zu sprechen? Was für Sorgen und Nöte bewegen die Menschen in unserer Gesellschaft? Wer sitzt am anderen Ende der Leitung, und wie wird versucht zu helfen?

Über eine halbe Million Anrufer pro Jahr bei der Telefonseelsorge geben ein Bild von der psychischen Situation der Menschen in unserer Zeit. Hier werden die Leid- und Leitthemen benannt, die auch Hauptkapitel dieses Buches sind: Einsamkeit, Partnerprobleme, Depression, Alkoholabhängigkeit, Suizidalität, Krankheit, Arbeitslosigkeit und Angst.

Die Autoren JÜRGEN HESSE, Diplom-Psychologe; seit 1976 Mitarbeiter der Telefonseelsorge Berlin; seit 1982 ihr hauptamtlicher Geschäftsführer; zusätzlich 1983–1985 Generalsekretär von IFOTES (Internationaler Verband für Telefonseelsorge).

HANS CHRISTIAN SCHRADER, Diplom-Psychologe im Krankenhaus Am Urban in Berlin-Kreuzberg (Psychotherapie/Psychosomatik); 1976–1978 ehrenamtlicher Mitarbeiter der Telefonseelsorge Berlin; seit 1984 freier Mitarbeiter bei IFOTES.

Gemeinsame Veröffentlichung im Fischer Taschenbuch Verlag: Testtraining für Ausbildungsplatzsucher (Band 3353).

Jürgen Hesse / Hans Christian Schrader

Auf einmal nicht mehr weiterwissen

Telefonseelsorge –
ein Spiegel unserer Probleme

Fischer
Taschenbuch
Verlag

Lektorat: Anke Rasch

Originalausgabe
Veröffentlicht im Fischer Taschenbuch Verlag GmbH,
Frankfurt am Main, November 1988

© 1988 Fischer Taschenbuch Verlag GmbH, Frankfurt am Main
Umschlaggestaltung: Buchholz/Hinsch/Hensinger
Umschlagfoto: Harro Wolter
Gesamtherstellung: Clausen & Bosse, Leck
Printed in Germany
ISBN 3-596-24292-4

Inhaltskurzübersicht

Zu diesem Buch – eine kurze Orientierung 11

Telefonseelsorge in Stichworten 15

Auf einmal nicht mehr weiterwissen 19

Die Institution 22

Die Mitarbeiter 46

Die Anrufer 63

Die Probleme 99
Einsamkeit 101
Partnerprobleme 120
Depression 133
Alkoholismus 137
Suizidalität 142
Krankheit, Angst und Arbeitslosigkeit 151

Die Krise 156

Das Medium 172

Gespräche 181

Ein Blick nach drüben 197

Telefonseelsorge – ein Spiegel unserer Probleme 200

Sprechen kann helfen 208

Inhalt

Zu diesem Buch – eine kurze Orientierung 11

Telefonseelsorge in Stichworten
Zahlen und Fakten im Überblick 15

Auf einmal nicht mehr weiterwissen 19
Wenn keiner da ist, mit dem man reden kann 19

Die Institution 22
Zur Geschichte der Telefonseelsorge 22
Aufbau und Arbeitsweise einer Telefonseelsorge-Stelle 26
Trägerschaft und Organisationsform 26
Evangelischer und katholischer Telefonseelsorge-Dachverband . . . 28
Selbstverständnis und Konzeption der Telefonseelsorge 29
Kirche, Telefonseelsorge und Mitarbeiter 32
Wie sehen die Telefonseelsorge-Mitarbeiter
ihre Beziehung zur Kirche? 34
Kirchliche Telefonseelsorge
oder psychologische Telefonberatung? 36
Zum Bild der Telefonseelsorge in der Öffentlichkeit 39
Stimmen zur Telefonseelsorge 42

Die Mitarbeiterinnen und Mitarbeiter 46
Am anderen Ende der Leitung 46
   Zahl der Mitarbeiter 47
   Geschlechtsverteilung 47
   Alter 48
   Ausbildungsstand 48
   Wie kamen die Mitarbeiter zur Telefonseelsorge? 48
   Schweigepflicht 49
   Auswahl, Aus- und Fortbildung 49
   Zur Auswahl 51
   Über die Ausbildung 51
   Zur Fortbildung 52
   Der ehrenamtliche Mitarbeiter in der Beschreibung
   zweier Telefonseelsorge-Stellen 52

8 Inhalt

Zur Motivation der Telefonseelsorge-Mitarbeiter 53
Telefonseelsorger, ein Beruf? 56
Nachts am Telefon 61

Die Anrufer 63
Ist es normal, die 11101 zu wählen? 63
Zahl der Anrufe 66
Zum Zahlenverhältnis Anruferinnen / Anrufer 67
    Alter 70
    Familienstand 71
    Anonymität 72
Anrufe nach Monat, Wochentag und Tageszeit 72
    Gesprächsdauer 75
Erst- und Mehrfachanrufer 75
Anlässe und Probleme 76
Die Anrufer der Telefonseelsorge Berlin 81
Besondere Anrufergruppen 85
    Von Auflegern und Schweigern 88
    Scherzanrufe 91
    Der versteckte Ruf nach Hilfe 91
    Sex-Anrufer 93
    Daueranrufer 96

Die Probleme 99
Einsamkeit 101
    Einsamkeit als Grundproblem des Menschen 101
    Einsam unter Menschen – zur Phänomenologie der Einsamkeit 102
    Ursprünge der Einsamkeit – von der Ur-Einsamkeit 103
    Einsamkeit und Neurose 106
    Einsamkeit und Gesellschaft 108
    Einsamkeitsangst haben – Einsamkeitsangst machen 113
    Zur Kulturgeschichte der Einsamkeit 116
Partnerprobleme 120
    Lieben und hassen 122
    Trennungsangst und Trennungsdrohung 125
    »Zuckerbrot und Peitsche« –
    Aspekte zur sadomasochistischen Beziehung 126
    Wie aus Zweisamkeit Einsamkeit wird 129
Depression 133
    Theoretische Aspekte zur Depression 134
    Depression und Einsamkeit 136

Alkoholismus 137
  Die Alkoholikergesellschaft 139
  Alkohol und Psyche 140
Suizidalität 142
  Suizid – Irrtümer und Tatsachen 143
  Von wegen sich das Leben nehmen 144
  Zur psychischen Situation des suizidgefährdeten Menschen . . . 145
  Telefonseelsorge und Selbstmordverhütung 150
Krankheit, Angst und Arbeitslosigkeit 151
  Krankheit 151
  »Angst essen Seele auf« 153
  Der Alptraum vom Leben ohne Arbeit 154

Die Krise – psychologische Aspekte 156
Was ist eine Krise 156
Das Leben als eine Abfolge von Krisen und Chancen 160
Die Bedeutung von Eriksons Phasen- und Krisenmodell
für die Telefonseelsorge 166

Das Medium –
Zur Psychologie des Telefons und des Telefonierens 172
Durchs Telefon zum anderen 172
Biographisches von Telefonerfindern 173
Das Nähe-Distanz-Medium 174
Nabelschnur und Gewissen 176
Telefonieren mit der Telefonseelsorge 179

Gespräche 181
»Offensichtlich fängt alles im Elternhaus an«
Interview mit Chad Varah, dem ersten Telefonseelsorger 181
»Das Hauptproblem ist die Vereinsamung«
Interview mit Ellen Nora Balaszeskul 190

Ein Blick nach drüben – »Telefon des Vertrauens« –
Einblick in die DDR 197

Telefonseelsorge – ein Spiegel unserer Probleme 200
Die Anrufer – nicht am Rande, sondern in der Mitte 200
Das Problem – die Einsamkeitskrankheit 202
Die selbstzerstörerische Komponente 204
Die kollektive Parallele 205
Telefonseelsorge – Sorge für den Einzelnen und die Gesellschaft . . 206

Sprechen kann helfen 208

Verzeichnis der Telefonseelsorge-Stellen 210

Anmerkungen 212

Verzeichnis der Tabellen 219

Quellenverzeichnis 221

Namensverzeichnis 222

Stichwortverzeichnis 223

Lediglich aus sprachlichen und lesetechnischen Überlegungen haben wir
darauf verzichtet, z. B. beim Wort »Anrufer« auch »Anruferinnen« hin-
zuzufügen.
Ebenfalls der leichteren Lesbarkeit dient die Abkürzung TS für Telefonseelsorge.

Zu diesem Buch –
eine kurze Orientierung

Liebe Leserin, lieber Leser,
sicherlich ist es ungewöhnlich, wenn sich Autoren gleich nach dem Inhaltsverzeichnis an Sie wenden.
Welches Motiv es auch sein mag, das Sie zu diesem Buch greifen läßt – hier eine kurze Orientierung, was Sie in den einzelnen Kapiteln erwartet, und eine persönliche Empfehlung, welche wir für besonders wichtig erachten. Wenn auch die Reihenfolge der Hauptkapitel nicht zufällig ist, wollen wir Sie dennoch ermutigen, mit Ihrem Interessenschwerpunkt zu beginnen, da jedes Kapitel auch gut für sich allein gelesen werden kann.

☆

Telefonseelsorge in Stichworten (S. 15) ist ein Versuch, über fast alle Aspekte der Telefonseelsorge einen Überblick im Telegrammstil zu geben.

☆

Auf einmal nicht mehr weiterwissen... (S. 19) enthält eine Erläuterung der emotionalen Mosaiksteine, die diesen Zustand ausmachen.

☆

Die Institution Die Telefonseelsorge wird vorgestellt – Geschichte, Organisation und das Verhältnis zur Kirche... »und am wenigsten wird nach religiöser Erbauung verlangt«. Wir fragten: »Was fällt Ihnen spontan zu dem Begriff Telefonseelsorge ein?« »Was, Telefonfürsorge? Pfarrer, Selbstmorde, Kinder, Feuerwehr... Familiendramen, Liebesdramen, Eifersuchtsdramen, Trinkprobleme...« (S. 22).

☆

»Nachts am Telefon... Der Schreibtischsessel ist bequem, die Telefonzelle ist eng und hart... Hilferufe aus dem normalen, belasteten, versöhnungsbedürftigen Leben.« Aus dem Kapitel **Die Mitarbeiter** empfehlen wir besonders diesen Erfahrungsbericht (S. 46).

12 Zu diesem Buch

Die Anrufer – Zahlen und Fakten im Überblick, aber auch Porträts bestimmter Anrufergruppen: Von Auflegern und Schweigern, von Sex- und Daueranrufern (S. 63).

☆

Die psychischen Leit- und Leidthemen unserer Zeit sind Schwerpunkte des Kapitels **Die Probleme** (S. 99). Dazu jeweils ein vertiefender Essay über:

Einsamkeit (S. 101) Wenn mit der Geburt und der Durchtrennung der Nabelschnur die pränatale Gemeinschaft mit der Mutter aufgegeben werden muß, ist Einsamkeit eine Grundsituation, die den Menschen zeit seines Lebens begleitet. Und von da an beginnt auch eine immerwährende Suche nach der durch die erste Trennung jäh verlorenen wärmenden Nähe – die Sehnsucht nach Beziehung als Gegenpol zu Einsamkeit.

Partnerprobleme (S. 120) »So vieles hat zugleich Raum in uns, Liebe und Trug, Treue und Treulosigkeit, Anbetung für die eine und Verlangen nach einer anderen oder nach mehreren. Wir versuchen wohl Ordnung in uns zu schaffen, so gut es geht, aber diese Ordnung ist doch nur etwas Künstliches. Das Natürliche ist das Chaos« – sagt Arthur Schnitzler.

Zu Wort kommen außerdem: Ingmar Bergman, Samuel Beckett, Bias (einer der sieben Weisen im alten Griechenland), Tobias Brocher, Domenica (Hamburger VIP-Prostituierte), Sigmund Freud, Alexander Mitscherlich, Horst-Eberhard Richter, Gunter Schmidt, August Strindberg, Jürg Willi und Virginia Woolf.

Depression (S. 133) Weltweit leiden etwa 200 Millionen Menschen unter Depressionen. Depression und Einsamkeit gehen Hand in Hand. In welchem Verhältnis stehen sie zueinander? Ist Depression die Schwester der Einsamkeit oder Einsamkeit eher die Mutter der Depression?

Alkoholismus (S. 137) »Stück für Stück kommt man sich näher«, lautet der Werbeslogan eines Weinbrandherstellers, der als deutlicher Beweis dafür gelten kann, wogegen Alkohol auch eingesetzt wird: gegen Einsamkeit, Depression und sexuelle Hemmungen. Sie bilden die fatale Basis für den Alkoholmißbrauch, der als ein Selbstmord auf Raten verstanden werden muß. Wir leben in einer Alkoholikergesellschaft.

Suizidalität (S. 142) Etwa alle zwei Minuten versucht ein Mensch in der Bundesrepublik sich umzubringen. Im Umgang mit selbstmordgefährdeten Menschen werden häufig schwerwiegende Fehler gemacht. Hartnäckig halten sich Irrtümer, Vorurteile und Fehleinschätzungen.

Krankheit, Angst und Arbeitslosigkeit (S. 151) sind Variationen des Einsamkeitsthemas. »Wenn du krank bist, bist du allein«, ist das Resumee einer krebskranken Anruferin, die sich von ihren Angehörigen und von den sie behandelnden Ärzten im Stich gelassen fühlt. »Angst essen Seele auf« und der »Alptraum vom Leben ohne Arbeit« bilden den Abschluß dieses umfangreichen Problem-Kapitels.

☆

»Alle Übergänge sind Krisen, und ist eine Krise nicht Krankheit?« – so die einleitenden Goethe-Worte zum **Krisen**-Kapitel. Der Psychoanalytiker Erik H. Erikson sieht das Leben als eine Abfolge von Krisen und Chancen. Sein fast schon in Vergessenheit geratenes grundlegendes Entwicklungsmodell wird hier erneut vorgestellt (S. 156).

☆

Erstaunliche biographische Aspekte von den Telefonerfindern, dieses außergewöhnlichen Nähe-Distanz-Apparates, finden Sie im Kapitel **Das Medium**, das wir Ihnen sehr empfehlen. Was Nabelschnur, Gewissen und Botho Strauß' Lotte aus »Groß und klein« mit der Magic-Box Telefon zu tun haben, wird Sie interessieren (S. 172).

☆

»Offensichtlich fängt alles im Elternhaus an« und **»Das Hauptproblem ist die Vereinsamung!«** sagen Chad Varah, Gründer der ersten Telefonseelsorgestelle in London, und Ellen Nora Balaszeskul, langjährige Präsidentin des Internationalen Telefonseelsorgeverbandes IFOTES, in ausführlichen Interviews. Beide beantworten auch die Frage, was ihrer Meinung nach das Leben heute noch lebenswert macht (Gespräche, S. 181).

☆

Der Ein-blick in die Probleme der Anrufer beim staatlichen **»Telefon des Vertrauens«** in der DDR ist zwar nur kurz, zeigt aber erstaunliche Parallelen zur bundesrepublikanischen Situation (S. 197).

☆

14 Zu diesem Buch

Das Abschlußkapitel **Telefonseelsorge – ein Spiegel unserer Probleme** (S. 200) versteht die Anrufer als diejenigen, die stellvertretend für uns alle die psychischen Probleme unserer Zeit benennen. Als Fazit bietet sich hier die Bezeichnung *Einsamkeitskrankheit* an, deren selbstzerstörerische Komponente eine fatale kollektive Parallele in der Umweltzerstörung hat.

Zur Situation des Auf-einmal-nicht-mehr-Weiterwissens ist der von der Anti-Einsamkeits-Institution Telefonseelsorge angebotene Dialog eine Gegenkraft von unschätzbarem Wert: **Sprechen kann helfen**.

Telefonseelsorge in Stichworten
Zahlen und Fakten im Überblick

Anzahl der Telefonseelsorge-Stellen
Die erste Telefonseelsorge-Stelle in Deutschland wurde im Oktober 1956 in Berlin gegründet.
Inzwischen gibt es 84 solcher Einrichtungen in der Bundesrepublik Deutschland einschließlich West-Berlin, die rund um die Uhr über die zwei vom Zeittakt ausgenommenen Sondertelefonnummern 11101 und/ oder 11102 (Ausnahmen siehe S. 210) zu erreichen sind.

Zahl der Anrufe
Die Telefonseelsorge-Stellen in der Bundesrepublik erhalten jährlich etwa 650000 Anrufe, das sind täglich 1780 Anrufe oder: In jeder Minute wendet sich ein Mitbürger an eine Telefonseelsorge-Stelle.

Geschlechterrelation bei den Anrufern
Im Durchschnitt rufen dreimal so viele Frauen wie Männer an.

Alter der Anrufer
Die meisten Anrufe kommen aus der Altersgruppe der 30–45jährigen (etwa 40%). Die zweitstärkste Altersgruppe ist die der 46–65jährigen (etwa 30%). Die 20–30jährigen machen etwa 20% aus. Jüngere (bis 20 Jahre) und ältere (über 65jährige) Anrufer sind gleichermaßen unterrepräsentiert (jeweils etwa 5%).

Familienstand
Ledige und Verheiratete sind gleich stark vertreten (jeweils etwa 35%). Geschieden sind 15%, verwitwet 10%, getrennt lebend 5%.

Anonymität
Von der Möglichkeit, im Gespräch anonym zu bleiben, machen etwa 75% der Anrufer Gebrauch.

Gesprächsdauer
Die Dauer der Gespräche schwankt zwischen 10 Minuten bis über eine Stunde.

Tageszeit

Etwa 45 % der Anrufe kommen abends und nachts zwischen 20 und 8 Uhr, etwa 55 % tagsüber zwischen 8 und 20 Uhr. Die meisten Anrufe erhalten die Telefonseelsorge-Stellen zwischen 21 Uhr abends und 2 Uhr früh.

Wochentage

Montags und donnerstags sind geringfügig mehr Anrufe zu verzeichnen als an anderen Wochentagen.

Monatsverteilung

Die Zahl der Anrufe bleibt über die Monate hinweg relativ konstant.

Erst-, Mehrfach- und Daueranrufe

Etwa 30 bis 45 % der Anrufe sind wahrscheinlich Erst- und Einmalanrufe, 35 % Mehrfachanrufe. 20 % der Anrufer wählen die Telefonseelsorge regelmäßig bzw. wiederholt an.

Probleme der Anrufer

Die am häufigsten von den Anrufern benannten Probleme stammen aus den Bereichen:

1. Psychische Probleme	35 %
2. Partnerprobleme	20 %
3. Besondere Lebenssituationen	20 %
4. Familien- und Generationsprobleme	10 %
5. Soziale / finanzielle Probleme	10 %
6. Religion und Weltanschauung	5 %

Überwiegend geht es dabei um folgende konkret angesprochene Probleme:

1. Einsamkeit
2. Partnerprobleme
3. Depression
4. Alkoholismus
5. Suizidalität
6. Krankheit
7. Arbeitslosigkeit
8. Angst

Bei etwa 12 % der Anrufe wird der Wunsch nach Hilfe, Orientierung und Unterstützung nicht offen ausgesprochen, sondern maskiert (z. B. mit der Formulierung: »Ich wollte nur mal sehen, ob da um diese Uhrzeit noch jemand ist...«). Bei etwa 10% der Anrufe schweigen die Anrufer bzw. legen sofort wieder auf.

Zu den Mitarbeitern der Telefonseelsorge
In den 84 Telefonseelsorge-Stellen arbeiten etwa 5500 Mitarbeiter, 400 davon hauptamtlich (bezahlt), 5100 ehrenamtlich (unbezahlt). Zwei Drittel der Mitarbeiter sind Frauen. 80% der Mitarbeiter sind zwischen 30 und 65 Jahre alt.
Die ehrenamtlichen Mitarbeiter werden sorgfältig ausgewählt und in einer Ausbildung, die zwischen 6 und 18 Monaten dauert, auf ihren Dienst am Telefon vorbereitet.

Organisation und Finanzierung
Die beiden großen Kirchen finanzieren 90% der Telefonseelsorge-Stellen (die evangelische Kirche 28 Stellen, die katholische 9, beide Kirchen gemeinsam 47). Einige wenige Stellen, wie z. B. die Berliner Telefonseelsorge, haben eine andere, von den Kirchen unabhängige Rechts- und Organisationsform und werden nur zu einem kleinen Teil von den Kirchen finanziert.

»Und was sagen Sie nun eigentlich den Leuten, wenn die bei Ihnen anrufen...? Können Sie denn überhaupt helfen und wenn ja, wie?«
»Zunächst einmal muß man sich verdeutlichen, daß die Mitarbeiterinnen und Mitarbeiter der Telefonseelsorge rund um die Uhr telefonisch gesprächsbereit sind und diese ständige Präsenz schon an sich eine besondere Form der Hilfe darstellt. Die Möglichkeit, mit jemandem zu sprechen, etwas Belastendes aussprechen zu können, hat oftmals eine erleichternde Wirkung.
Anliegen der Telefonseelsorge ist es, dem Anrufer Raum und Möglichkeit zur Aus-Sprache zu geben und ihm zuzuhören. Dies ist sicherlich nicht alles, aber doch ein ganz wesentlicher Aspekt. Natürlich hören die Mitarbeiter nicht nur stumm zu. Aber es ist doch wichtig zu wissen, daß hier nicht einfach »Rat-Schläge« gegeben oder Patentrezepte verteilt werden. Vielmehr kommt es auf den Versuch eines einfühlenden Verstehens und angemessenen Reagierens an.
Vielleicht kann man das an einem Beispiel verdeutlichen: Ein kleiner Junge ist hingefallen und weint. Wie verhalten sich Mütter in so einer Alltagssituation?
Mutter A reagiert mit den Worten: ›Hab ich dir nicht schon x-mal gesagt, du sollst besser aufpassen! Guck hin, wo du läufst. Jetzt hast du die schöne Hose kaputtgemacht. Eigentlich hättest du noch Prügel verdient!‹

18 Telefonseelsorge in Stichworten

Mutter B sagt: ›Hör auf zu jammern, Jungs weinen nicht. Ist doch alles halb so schlimm. Bis du heiratest, ist alles wieder vergessen.‹

Mutter C: ›Mein Gott, was dir wieder passieren muß. Hoffentlich ist nichts gebrochen. Ob wir nicht lieber zum Röntgen ins Krankenhaus fahren?‹

Es ist leicht zu erkennen, daß diese drei Mütter nicht gerade einfühlsam und angemessen reagieren. Was halten Sie von Mutter D?

›Das muß aber auch weh tun, wenn man so hingefallen ist wie du. Zeig doch mal her. Soll ich pusten?‹«

Auf einmal nicht mehr weiterwissen...

In jeder Minute wählt ein Mensch in der Bundesrepublik Deutschland die Notrufnummer der Telefonseelsorge. Etwa 650 000 Anrufe erhält diese Institution jährlich. Was veranlaßt Menschen, die Telefonseelsorge anzurufen und anonym über ihre Probleme mit einem ihnen unbekannten Telefonseelsorge-Mitarbeiter zu sprechen? Was für Probleme, Sorgen und Nöte bewegen die Menschen in unserer Gesellschaft?

Wenn das Alleinsein zur Einsamkeit wird und ein Mensch verzweifelt, weil er nicht mehr weiß, wie es weitergehen soll und auch niemanden hat, mit dem er über seine Probleme sprechen kann, ist es möglich, daß er die Telefonseelsorge anruft.

Bei den vielen verschiedenen Problemen, die Menschen in unserer Gesellschaft veranlassen, sich an eine der 84 Telefonseelsorge-Stellen in der Bundesrepublik zu wenden, stehen drei Dinge deutlich im Vordergrund: Einsamkeit, Ratlosigkeit und Verzweiflung. Sich alleingelassen zu fühlen, unter Einsamkeit zu leiden, orientierungs- und hoffnungslos zu sein, ist ein qualvoller Zustand, der sich nur sehr schwer ertragen läßt.

Wenn keiner da ist, mit dem man reden kann...

Nicht jeder, der allein ist, fühlt sich einsam und isoliert, und nicht jeder Einsame lebt wirklich fern von seinen Mitmenschen. Die Einsamen sind mitten unter uns.

Trotz aller uns zur Verfügung stehenden Kommunikationsmittel, wie Fernsehen, Radio, Zeitung und Telefon, trotz engsten Zusammenlebens und organisierter Freizeit gestaltet sich der wirkliche Kontakt, die Beziehung zum Mitmenschen, immer schwieriger.

Dabei spielen Entfernungen heutzutage keine Rolle mehr. Post, Telefon und moderne Verkehrsmittel scheinen uns schnell und sicher mit anderen verbinden zu können. Die Medien vermitteln uns das Gefühl, jederzeit am Weltgeschehen teilzunehmen, und das Wohnen in enger Nachbarschaft sowie die kulturellen Angebote verschiedenster Art bieten eigentlich jedem die Chance, unter Menschen zu kommen. Dennoch scheint dies alles nicht vor Vereinsamung zu schützen.

Trotz oder paradoxerweise gerade wegen all dieser Möglichkeiten fühlen sich mehr und mehr Menschen einsam und isoliert, empfinden eine Entfernung von denen, in deren Mitte sie leben, und sogar vom Nächsten, selbst wenn er anfaßbar nahe ist. Der Mitmensch wird als fremd oder gleichgültig erlebt, weil etwas schwer Beschreibbares, etwas Trennendes wie eine unsichtbare Glaswand zwischen ihm und dem anderen steht. Dieses Gefühl der Distanz und gleichzeitig »sich von Gott und der Welt verlassen«, »mutterseelenallein« zu fühlen, beschreibt vielleicht am besten die seelischen Verletzungen, unter denen die Einsamen leiden.

Die Gefühls- und Beziehungsverarmung einer besonders auf Leistung getrimmten »Hast-du-was-bist-du-was«-Gesellschaft trägt wesentlich dazu bei, daß Zuhören und Verstehen, Sprechen und Gehörtwerden, Nähe und Beziehung ebenso wichtig und unentbehrlich wie auch selten und schwierig geworden sind.

Der zunehmende Mangel an lebenswichtigen Beziehungen und Grundorientierungen und schließlich der Verlust an Solidarität, bilden nicht nur die Rahmenbedingungen für die individuelle Krise des Anrufers bei der Telefonseelsorge, sondern hängen zusammen mit den Defiziten, die durch unsere Gesellschaft begründet sind.

Eine äußere Sicherheit in unserer Gesellschaft – Stichwort »Wohlfahrtsstaat: keiner muß hungern« –, entstanden durch ein soziales Netz, das jetzt zunehmend großmaschiger wird, befriedigt nicht das Bedürfnis nach individueller Bestätigung und Geborgenheit.

Vereinzelung in der Masse, die Tendenz zur Auflösung von Familie und Nachbarschaft sowie Entfremdung durch Arbeitsteilung und durch die Arbeit selbst sind wesentliche Ursachen von Krisen und Krankheiten. Das Defizit an wirklichen Beziehungen wird dabei oft durch die Fülle von Kontakten verschleiert, die wir scheinbar haben. Unsere Beziehungen sind heute aber zum größten Teil aufgabenorientiert, sozusagen sachliche Teilbeziehungen. Diese Fülle funktionaler Teilkontakte vertuscht den Verlust wesentlicher, langfristiger, ganzheitlicher Beziehungen. Wir leben – paradox gesagt – in einer »kontaktreichen Beziehungslosigkeit«, so der Psychoanalytiker Michael Lukas Moeller.

Sich wieder verläßlich zu orientieren, sich zurechtzufinden, die richtige Entscheidung im richtigen Augenblick treffen zu können, ist dann auch oftmals das große Bedürfnis des Anrufers bei der Telefonseelsorge, das aus den Verlusten an Nähe, an tragfähigen Beziehungen und Solidarität entstehen kann.

Die wachsende Unfähigkeit, sich wirklich zu er-leben, sich mitzuteilen und seinem Leben einen Sinn geben zu können sowie reale Zukunftsängste können auch zur Flucht aus einer als unerträglich empfundenen Realität (ver)führen.

Allein auf sich selbst gestellt zu sein und von keiner Gesellschaft getragen, beschützt oder gar entlastet zu werden, verursacht Angst. Das Empfinden von Ungeborgenheit, von Leere, Sinn- und Hoffnungslosigkeit kann so quälend werden, daß das Dasein nur mit Betäubungsmitteln aushaltbar wird. Der Rückzug in die Privatsphäre, eine generelle Verweigerungshaltung (»null Bock, no future, ohne mich«), der Griff nach der betäubenden Flasche oder Droge, die private, individuelle Bankrotterklärung sind auch immer Ergebnisse des Scheiterns von Hoffnungen und Wünschen.

Einsam, verzweifelt und ohne Orientierung erscheint das Leben wertlos und Selbstzerstörung als einziger Ausweg. Sich aus dem Fenster stürzen, sich zu Tode trinken, Sich-kaputt-Arbeiten sind Symptome dieser Verzweiflung. Wieviele Menschen verstummen, weil sie mit ihren Sorgen und Krisen nicht mehr fertig werden? Wieviele Menschen werden sprachlos angesichts einer ihnen hoffnungslos erscheinenden Zukunft?

Menschen zuzuhören und sie zu befähigen, ihre Probleme und Ängste wenigstens in Worte zu fassen, ist eine der wichtigsten Aufgaben der Telefonseelsorge. Die Mitarbeiter dieser Institution bieten sich dabei als verschwiegene Gesprächspartner an, die in unbedingter Offenheit vorurteilsfrei dasein wollen, um dem Anrufer behilflich zu sein, sich mit seiner aktuellen Situation auseinanderzusetzen. Dieses Angebot zeigt zugleich die Herausforderungen und Grenzen von Telefonseelsorge-Arbeit. Zuhören und den Anrufer annehmen kann heißen, Wunden verbinden helfen, die andere geschlagen haben. Bei der durchaus wichtigen individuellen Entlastungsfunktion für den einzelnen Anrufer darf die Telefonseelsorge nicht stehenbleiben. Sie muß die gesamtgesellschaftlichen Ursachen, die sich in der Not des einzelnen widerspiegeln, zu erkennen versuchen und der Öffentlichkeit deutlich machen, um so zur Veränderung beizutragen.

Die Institution

Zur Geschichte der Telefonseelsorge

Angenommen, Sie lebten in einer großen, mehrere Millionen Einwohner zählenden Stadt und würden aus der Zeitung erfahren, daß sich in ihrer Stadt täglich drei Menschen selbst töten. Würden Sie auf die Idee kommen, eine Anzeige in die Zeitung zu setzen, mit der Aufforderung, man möge Sie anrufen, bevor man sich umzubringen beabsichtigt?

Chad Varah, ein anglikanischer Pfarrer in der Londoner City, handelte so, nachdem er erfahren hatte, daß sich im Sommer 1953 trotz des breiten Angebots medizinischer und sozialer Hilfsdienste täglich drei Menschen in London selbst töteten. Beeindruckt von der hohen Zahl der Selbstmorde in seiner Stadt gab er am 2. November 1953 folgende Anzeige in der »Times« auf: »Before you commit suicide, ring me up. Telephone Mansion House 9000«. (Bevor Sie versuchen, Selbstmord zu begehen, rufen Sie mich an. Tel. . . .)

Seine Anzeige hatte Wirkung, und schon bald war die Flut der Anrufe nicht mehr von ihm allein zu bewältigen. Er wählte zu seiner Unterstützung Frauen und Männer aus und gab seiner neu gegründeten Organisation den Namen »Samaritans«. Diese Namensgebung geschah in Anlehnung an die biblische Geschichte vom Samariter, der sich ohne Ansehen der Person, ohne Frage nach Religions- oder Volkszugehörigkeit um den Verletzten, Kranken und unter die Räuber Gefallenen, Bedürftigen aus rein mitmenschlicher Verantwortung kümmerte.

Trotz des biblisch klingenden Namens und seines Berufes gelang es Chad Varah, eine eindeutig unabhängige und konsequent religions- und ideologiefreie Organisation aufzubauen, deren Programm sich als »Befriending the suicidal and despairing« (den Suizidalen und Verzweifelten ein Freund sein) präsentiert. Die englischen Samaritans verfügen über 182 Stellen und haben somit das größte einheitliche, flächendeckende Netz telefonischer Beratung in Europa. Der Dienst wird rund um die Uhr von ehrenamtlichen Mitarbeiterinnen und Mitarbeitern geleistet, die sorgfältig ausgesucht und besonders auf diese Aufgabe vorbereitet werden. Ihr Hilfsangebot beschränkt sich aber nicht nur auf die telefonische Beratung, sondern die englischen Samaritans bieten darüber hinaus den Anrufern konkrete Unterstützung im Sinne von Notaufnahme (Übernachtung) und »Befriending« (eine Form von zeitlich begrenzter persönlicher

Die Institution 23

Unterstützung – »ein Freund auf Zeit«) sowie Vermittlung an andere Beratungsstellen an.

Bereits 1895 gab es einen ersten Versuch, mit Hilfe des Telefons selbstmordverhütend (suizidpräventiv) zu arbeiten. Der Baptistenpfarrer Henry Warren gründete in New York einen Telefonnotdienst, nachdem er in einem Hotelzimmer eine Frau vorfand, die sich selbst getötet hatte. Sie hatte am Abend zuvor vergeblich versucht, einen Pfarrer zu sprechen. Dieses Erlebnis, zu einem vielleicht lebensrettenden Gespräch zu spät gekommen zu sein, motivierte ihn, sich für die Selbstmordverhütung zu engagieren. 1906 gründete er ein Selbstmordverhütungszentrum (»National Save-A-Life League of New York«), das durchaus als Vorläufer der heutigen Telefonnotdienste, wie sie in fast allen Ländern angeboten werden und in unserem Land besonders unter der Bezeichnung »Telefonseelsorge« bekannt geworden sind, anzusehen war. Dennoch fand die Initiative des Baptistenpfarrers Warren lediglich ein beschränktes Echo, da sein religiöser Dogmatismus seinen Wirkungskreis deutlich einschränkte.

Im nordamerikanischen Raum wurde die Idee, mit Hilfe des Telefons zur Suizidverhütung beizutragen, erst Ende der 50er Jahre wieder aufgegriffen und führte 1958 in Los Angeles zur Gründung des ersten Suicide Prevention Center, einem telefonischen Beratungsdienst, der einem Krankenhaus angeschlossen war. In den 60er Jahren entstand dann in den USA eine breite Bewegung von ganz unterschiedlichen, zum Teil sehr stark religiös gefärbten telefonischen Notdiensten, deren Hilfsangebote sich auch an ganz spezielle Zielgruppen wenden, wie zum Beispiel an ältere Mitbürger (Service for the Elderly), junge Eltern, Drogenabhängige, Homosexuelle und viele andere mehr.

Aber wenden wir uns von den anglo-amerikanischen Entwicklungen ab, hin zu der Entwicklung der Telefonseelsorge in Europa. 1956 wurde die Idee der englischen Samaritans erstmalig in Deutschland aufgegriffen. Ein Pastor, ein Arzt, ein Jurist, eine Pädagogin und eine Reihe von Theologiestudenten gründeten am 6. Oktober 1956 in Berlin die erste Telefonseelsorge-Stelle Deutschlands.

West-Berlin hatte seit Beginn der 50er bis Anfang der 80er Jahre die höchste Selbstmordrate der westlichen Welt. Katastrophaler Höhepunkt war das Jahr 1969, in dem sich 931 Menschen umbrachten (das entspricht 43,6 Suizidtoten pro 100000 Einwohner und war damit doppelt so hoch wie der bundesdeutsche Durchschnitt). Die Tatsache, daß Berlin an der Spitze der Selbstmordstatistik lag, sowie das englische Modell der Samaritans und Initiativen in Wien, wo der Arzt und Psychiater Professor Erwin Ringel eine ärztliche Lebensmüdenfürsorge gegründet hatte, bewo-

24   Die Institution

gen diesen kleinen Personenkreis, zunächst unter dem Namen »Ärztliche Lebensmüdenbetreuung – St. Lukas Orden« einen Telefonnotdienst zu gründen. Anfänglich arbeitete man in einer Charlottenburger Privatwohnung, kurz darauf in der Jebensstraße 1, im Zentrum West-Berlins, direkt gegenüber vom Bahnhof Zoo. Dieser Telefonnotdienst entsprach dem englischen Vorbild, sich Anrufern rund um die Uhr als Gesprächspartner zur Verfügung zu stellen – insbesondere solchen mit Selbsttötungsabsichten. Aber auch persönliche Beratungen fanden tagsüber statt. Von Oktober bis Ende Dezember 1956 verzeichnete diese neue Stelle in Berlin 616 Anrufe. Ein Jahr später waren es 2400, und heute sind es etwas über 20 000 Anrufe pro Jahr.

Einen Monat vor dieser ersten Telefonseelsorge-Gründung in Deutschland hatte der evangelische Zentralausschuß für innere Mission den Aufbau von Telefonseelsorge-Stellen in Großstädten beschlossen. Knapp ein halbes Jahr später, am 8. Februar 1957, erfolgte von evangelischer Seite die Gründung einer Telefonseelsorge-Stelle in Kassel. Am 1. Oktober des gleichen Jahres wurde eine solche Stelle von katholischer Seite in Frankfurt eingerichtet.

Nicht viel später entstanden auch in anderen Ländern nach und nach ähnliche Organisationen wie die der Samaritans in England beziehungsweise der Telefonseelsorge in Deutschland. Eine in England (wieder-)geborene Idee breitete sich so langsam aber stetig in ganz Europa aus. Natürlich ergaben sich sehr schnell national bedingte und personenbezogene Modifikationen des englischen Samaritan-Konzeptes. Deutlich wird das auch in der Wahl der Namen, die man den Telefonnotdiensten in den verschiedenen Ländern gab:

»Tele-Onthaal« / »Tele-Accueil« (Belgien)
»Linka Duvery« (Vertrauenslinie, CSSR)
»Telefonseelsorge« (BR Deutschland)
»SOS Amitié, Service de secours par Téléphone« (Frankreich)
»Voce amica, Telefono amico« (Italien)
»Telefonische Hulpdiensten« (Niederlande)
»Telefon Zaufania« (Vertrauenstelefon, Polen)
»Die dargebotene Hand« (Schweiz)

1960 fand in Bossey bei Genf ein erstes europäisches Treffen hauptverantwortlicher Initiatoren der Telefonnotdienstarbeit statt. Das Bedürfnis nach Austausch und gegenseitiger Unterstützung in der Aufbauphase führte 1962 zu einer erneuten internationalen Zusammenkunft in Deutschland. Auf einem dritten Treffen 1964 in Oxford beschloß man die Gründung des internationalen Verbandes für Telefonseelsorge

IFOTES = International Federation of Telephonic Emergency Services/ Fédération Internationale des Services de Secours par Téléphone/Federazione Internazionale dei Centri di Aiuto per Telefono.

In dem Namen IFOTES spiegeln sich die verschiedenen Sprachräume der telefonischen Notdienste wider. Aufgabe dieser Organisation wurde es unter anderem, Gelegenheit zum internationalen Austausch zu geben, Forschungsmöglichkeiten anzuregen, Kongresse zu organisieren und mit der Internationalen Gesellschaft für Selbstmordverhütung (IASP) zu kooperieren.

1967 beschlossen die IFOTES-Mitglieder, Ziele und Arbeitsweisen ihrer Telefonnotdienste einheitlich festzulegen. Zu den wichtigsten selbst gewählten Bedingungen gehören unter anderem:

- 24stündiger Dienst
- Garantie der Anonymität des Klienten am Telefon und im persönlichen Gespräch
- Verschwiegenheit
- Auswahl und Ausbildung von Mitarbeitern
- Vermeidung jedes religiösen, politischen oder weltanschaulichen Druckes auf Anrufer und Mitarbeiter.

Es dauerte nicht lange, bis die gegründeten Telefonnotdienste sowohl in England als auch in Deutschland ihr ursprüngliches Ziel der Selbstmordverhütung deutlich erweiterten. Als Reaktion auf die Bedürfnisse der Anrufer, die sich in allen nur denkbaren Lebens- und Krisensituationen mit Fragen, Sorgen und Problemen an die Telefondienst-Mitarbeiter wandten, weitete sich das Hilfsangebot auf ganz allgemeine Konfliktberatung und vor allem auf Krisenintervention aus.

Nach der Gründung der ersten Telefonseelsorge-Stelle in Berlin kamen in der nun folgenden Zeit jährlich drei bis sieben neue Stellen in Deutschland hinzu. Ihre Zahl wuchs schnell. 1961 arbeiteten insgesamt 12 Stellen, 1967: 25, 1973: 42 und 1980: 78. Heute gibt es 84 in der Bundesrepublik Deutschland.

Entsprechend wuchs auch die Zahl der Anrufe. 1966 wurden bundesweit 52000 Anrufe gezählt, was rein rechnerisch einen Durchschnitt von 2000 Anrufen pro Stelle ausmachte. 1981 waren es bereits 573000 Anrufe, also durchschnittlich 7250 Anrufe für eine der 79 Stellen. 1985 verzeichnete man in unserem Land bei 84 Telefonseelsorge-Stellen ca. 645000 Anrufe.

26   Die Institution

Aufbau und Arbeitsweise einer Telefonseelsorge-Stelle

In der Regel arbeiten in einer TS-Stelle* ein bis zwei leitende, hauptamtliche, fest angestellte und bezahlte Mitarbeiter, bisweilen unterstützt durch ein bis zwei Teilzeitangestellte (Büro/Verwaltungsfachkräfte). Besonders charakteristisch für die Telefonseelsorge ist aber die große Anzahl (50 – 100) ehrenamtlicher Mitarbeiterinnen und Mitarbeiter. Aufbau und Arbeitsweise einer Beratungsstelle werden häufig in einer Satzung oder Geschäftsordnung festgelegt.

Ein Hauptmerkmal ist das durch die Mitarbeiter gewährleistete Angebot, 24 Stunden, rund um die Uhr, tagaus, tagein telefonisch als Gesprächspartner zur Verfügung zu stehen. Durch das Medium Telefon, den 24-Stunden-Dienst und die Form der ehrenamtlichen Mitarbeit stellt die Telefonseelsorge ein spezifisches Angebot der Krisenhilfe dar, das vielen Ratsuchenden als erste und manchmal auch einzige Anlauf- (besser: Anruf-) Stelle dient.

Um den täglichen Dienst rund um die Uhr zu gewährleisten, sind 70 bis 90 ehrenamtliche Mitarbeiter notwendig. 10 % der Mitarbeiter scheiden erfahrungsgemäß in jedem Jahr aus, so daß eine permanente Ergänzung der Mitarbeiterzahl und damit verbundene Ausbildungsmaßnahmen notwendig sind.

Nach den Leitlinien der beiden TS-Dachverbände soll eine Stelle so strukturiert werden, »daß ehrenamtliche, hauptamtliche und nebenamtliche Mitarbeiter in gemeinsamer Verantwortung zusammenwirken.«[1]**

Die Aufgaben der leitenden, hauptamtlichen Mitarbeiter sind u. a.:
- Organisation
- Auswahl, Aus- und Weiterbildung ehrenamtlicher Mitarbeiter
- Persönliche Beratungsgespräche (nicht in allen Stellen)
- Dienst am Telefon
- Öffentlichkeitsarbeit.

Trägerschaft und Organisationsform

Zur Rechtsform von Telefonseelsorge-Stellen heißt es in einem Grundsatzpapier: »Es gibt Stellen als eingetragene Vereine, als Dienststellen von Kirchen oder Synodalverbänden, als Einrichtungen von Caritas oder

---

* Es ist gebräuchlich, Telefonseelsorge mit TS abzukürzen
** Die Anmerkungen befinden sich auf den Seiten 212 ff.

Die Institution   27

Diakonie. In jedem Fall sollte ein Leitungsorgan (Vorstand oder ähnliches) gebildet werden, das auf der Basis dieser Leitlinien die Formen der Arbeit festlegt. In diesem Leitungsorgan sollte auch der Leiter vertreten sein sowie die Mitarbeiterschaft. Träger und Mitarbeiterschaft einer TS-Stelle gestalten gemeinsam die Arbeit.«[2]

Nach der auf Grund einer Privatinitiative und in der Rechtsform eines eingetragenen Vereins in Berlin gegründeten ersten Beratungsstelle in Deutschland (wenn auch noch nicht unter dem Namen Telefonseelsorge) und den Einrichtungen von evangelischer Seite in Kassel bzw. von katholischer in Frankfurt kam es durch die katholische Kirche in verschiedenen Städten zur Gründung von Einrichtungen mit der Bezeichnung »Offene Tür« (OT). Dabei handelt es sich um Beratungsstellen, die sowohl telefonisch, aber in besonderem Maße auch persönliche Beratung anbieten. Dies geschieht vor allem durch hauptamtliche Mitarbeiter (katholische Geistliche). Die OTs sind im Gegensatz zu den TS-Stellen nicht rund um die Uhr besetzt.

Von den 84 TS-Stellen, die es 1985 in der Bundesrepublik Deutschland gibt, werden 28 durch die evangelische und 9 durch die katholische Kirche finanziert. Von beiden Kirchen zu gleichen Teilen werden 47 Stellen getragen. Eine vierte, sehr kleine Kategorie hat die Rechtsform eines eingetragenen Vereins, der unabhängig, aber in der Regel nicht ohne Unterstützung der Kirchen existiert. Ein typisches Beispiel hierfür ist die Berliner Stelle.

1978 hat die Deutsche Bundespost eine einheitliche Rufnummer für Telefonseelsorge-Stellen eingeführt. Unter der Telefonnummer 11101 arbeiten in der Regel die von der evangelischen Kirche finanzierten Stellen, unter der Telefonnummer 11102 die von der katholischen Kirche finanzierten. 47 Stellen haben beide Rufnummern. Hier handelt es sich um ökumenisch arbeitende Stellen, bei denen beide Kirchen in der Regel zu gleichen Teilen die Finanzierung übernehmen. Nur ganz wenige Stellen sind über andere Telefonnummern zu erreichen. Beide von der Bundespost zur Verfügung gestellten Sondernummern (11101 / 11102) sind vom Zeittakt ausgenommen. Das bedeutet: Gespräche mit der Telefonseelsorge können zum Ortstarif (z. Z. 23 Pfennig, von einem öffentlichen Fernsprecher für 20 Pfennig) geführt werden, ohne »finanziellen Zeitdruck«. Leider gilt dies aber noch nicht für alle Ortsnetze.

28 Die Institution

Evangelischer und katholischer Telefonseelsorge-Dachverband

1960 schlossen sich die evangelischen TS-Stellen in der »Evangelischen Konferenz für Telefonseelsorge« als Fachverband des Diakonischen Werkes der Evangelischen Kirche in Deutschland (EDK) zusammen.
Die Leiter der katholischen TS- und OT-Stellen schlossen sich (in Anlehnung an das evangelische Modell) 1968 in der »Katholischen Arbeitsgemeinschaft Telefonseelsorge und Offene Tür« zusammen. Die Koordination der beiden Dachverbände erfolgt durch eine gemeinsame Kommission, die aus Vorstandsmitgliedern beider Verbände besteht. In den 70er Jahren wurden ökumenische TS-Stellen in gemeinsamer Regie der beiden großen Kirchen gegründet, da beide Dachverbände harmonisch und produktiv kooperierten. Diese Stellen sind auch an den beiden Telefonnummern zu erkennen (siehe S. 210).
Im August 1984 wurden die gewählten Vertreter der Katholischen Arbeitsgemeinschaft TS und OT vom ständigen Rat der Deutschen Bischofskonferenz aufgefordert, ihre Organisation aufzulösen und sich einer neuen Dachorganisation, der »Katholischen Fachkonferenz für TS und OT« innerhalb der übergeordneten »Katholischen Bundesarbeitsgemeinschaft Beratung« zu unterstellen. Diese Vorgehensweise löste auch auf seiten der evangelischen Kollegen Befremden aus und wurde teilweise als Entmachtung der langjährigen und bewährten »Katholischen Arbeitsgemeinschaft TS und OT« verstanden, die sich offenbar in eine zu enge, religiöse, moraltheologische und kirchliche Differenzen nivellierende Kooperation zur evangelischen TS-Organisation begeben hatte.
Es entstanden Befürchtungen, daß die von katholischer Seite (mit)finanzierten TS-Stellen nunmehr besondere moraltheologische Auflagen zu erfüllen hätten. Hatten bisher evangelische und katholische Christen als ehrenamtliche Mitarbeiter in TS-Stellen – unabhängig davon, ob evangelisch, katholisch oder ökumenisch finanziert – problemlos nebeneinander gearbeitet, wurde jetzt befürchtet, daß Konfessionszugehörigkeit ein entscheidendes, wichtiges Kriterium zur Mit- und Weiterarbeit werden würde.
Erfreulicherweise haben sich diese Befürchtungen bisher – soweit ersichtlich – nicht bewahrheitet. Eine konstruktive Zusammenarbeit zwischen der Evangelischen Konferenz für TS und dem neuen katholischen Dachverband Katholische Fachkonferenz für TS und OT halten beide Seiten für unbedingt wünschenswert.

Selbstverständnis und Konzeption der Telefonseelsorge

Als Mitglieder des Internationalen Verbandes für Telefonseelsorge (IFOTES) erkennen die beiden Dachverbände und die ihnen zugeordneten TS-Stellen die internationalen Richtlinien (Normen) von IFOTES, die Ziele, Grundsätze und Methoden der Arbeit festlegen, an. Diese wurden 1973 von der IFOTES-Generalversammlung in Genf einstimmig genehmigt:

A. ZIELE

1. Die Einrichtung der Telefonseelsorge will jedem Menschen in Not, Verzweiflung oder Selbstmordgefahr die Möglichkeit geben, unmittelbaren Kontakt mit einem anderen Menschen aufzunehmen, der wie ein Freund bereit und fähig ist, ihn anzuhören und mit ihm ein helfendes Gespräch zu führen, ohne ihn jemals in seiner Freiheit einzuschränken.

2. Die Bereitschaft zu helfen bezieht sich nicht nur auf die erste Begegnung am Telefon, sondern erstreckt sich auf die gesamte Dauer der Krise, während der der Hilfesuchende Gespräch und Geleit braucht.

3. Auf seinen Wunsch kann der Anrufende mit einer anderen Person, die ihm zu helfen in der Lage ist, in Verbindung gesetzt werden.

4. Alle von der Telefonseelsorge gewährte Hilfe hat zum Ziel, dem Anrufenden neuen Lebensmut und die Fähigkeit zu vermitteln, seine Lebenskrise zu bewältigen.

B. GRUNDSÄTZE

1. Dem Anrufenden ist absolute Verschwiegenheit zu garantieren. Von ihm gegebene Informationen dürfen nur mit seiner Genehmigung den Rahmen der Organisation verlassen.

2. Weder auf Anrufende noch auf Mitarbeiter darf konfessioneller, religiöser, politischer oder ideologischer Druck ausgeübt werden.

3. Alle künftigen Mitarbeiter werden einer sorgfältigen Auswahl und Ausbildung unterzogen, wobei die menschlichen Fähigkeiten wie Verständnis für andere, Einfühlungsvermögen und Sinn für Solidarität besonders zu berücksichtigen sind.

4. Dem Anrufenden darf weder eine finanzielle noch irgendeine andere Verpflichtung auferlegt werden.

5. Mitarbeiter können vor Gericht nur nach vorheriger Rücksprache sowohl mit dem Anrufenden als auch mit der Stellenleitung aussagen.

30 Die Institution

C. METHODEN

1. Die Mitglieder der Telefonseelsorge können bezahlte oder freiwillige Mitarbeiter sein, wobei den letzteren eine wesentliche Rolle zufällt. Alle zusammen bilden eine Arbeitsgemeinschaft.
2. Nach Abschluß einer Grundausbildung werden die Mitarbeiter in ihrer Tätigkeit durch eine oder mehrere von der Organisation bezeichnete Personen unterstützt. Durch Fortbildung wird die Qualifikation der Mitarbeiter laufend verbessert.
3. Eine Anzahl von Fachleuten muß den Stellen ratgebend zur Verfügung stehen, wobei diese nicht unbedingt Mitglieder der Organisation sein müssen.
4. Der erste Kontakt geschieht in der Regel durch das Telefon, er kann aber auch brieflich oder durch einen Besuch zustande kommen. Grundsätzlich ist es Sache des Anrufenden, den Kontakt herzustellen, weiterzuführen, zu unterbrechen und wieder aufzunehmen. Anrufer wie Mitarbeiter haben das Recht, anonym zu bleiben. Auch die Organisation könnte sich veranlaßt sehen zu erklären, daß sie zu weiterer Hilfe außerstande ist. Sie ist jedoch grundsätzlich bestrebt, Kontaktmöglichkeiten weitgehend offenzuhalten.
5. Es gehört zu den Wesensmerkmalen der Telefonseelsorge, daß sie zu jeder Tages- und Nachtzeit verfügbar ist.
6. Sofern eine Zusammenarbeit mit anderen Stellen im Interesse des Anrufenden erforderlich ist, bedarf es seiner vorhergehenden Zustimmung.

Auf den Mitgliederversammlungen der Evangelischen Konferenz für TS und der Katholischen Arbeitsgemeinschaft TS und OT wurde 1978 beschlossen, den von den beiden Verbänden getragenen und verantworteten Dienst an gemeinsam erarbeiteten und akzeptierten Leitlinien zu orientieren. Dazu folgende Auszüge aus dem Abschnitt »Selbstverständnis und Konzeption«:

Grundlage für den Dienst der Telefonseelsorge ist das gemeinsam formulierte Selbstverständnis der Evangelischen Konferenz für TS und der Katholischen Arbeitsgemeinschaft für TS und OT:

»Die Einrichtungen der Telefonseelsorge und der Offenen Tür in der Bundesrepublik Deutschland und Berlin (West) sind ein Ausdruck der seelsorgerlichen Verantwortung der christlichen Kirchen für die Menschen unserer Zeit. An der Gestaltung des von ihnen getragenen Dienstes wirken in ökumenischer Gemeinsamkeit alle mit, die sich diesem Auftrag verpflichtet wissen. Telefonseelsorge und Offene Tür bieten allen Ratsuchenden die Möglichkeit, befähigte und verschwiegene Gesprächspartner zu finden, die sie in ihrer jeweiligen Situation ernstnehmen, ihnen im Krisenfall beistehen und ihre Anonymität achten. Die Telefonseelsorgestellen nehmen diesen Dienst bei Tag und Nacht wahr, die Offenen Türen haben feste Sprechzeiten.

Die Mitarbeiter versuchen, den anderen in vorurteilsfreier und unbedingter Offenheit anzunehmen. Das Angebot besteht im Zuhören und im Klären, im Ermutigen und Ertragen, im Hinführen zu eigener Entscheidung und im Hinweis auf geeignete Fachleute. Das Gespräch kann nicht nur am Telefon, sondern auch – wenn nötig und gewünscht – in unmittelbarer persönlicher Begegnung geführt werden.«...

Mit ihrem Dienst versucht die Telefonseelsorge, einer doppelten Herausforderung zu entsprechen:

- einerseits den tieferen Bedürfnissen des Menschen in seelischen Notlagen und Lebenskrisen, wie sie sich in Sinnverlust, Beziehungslosigkeit, Vereinsamung oder Angst als Folge unbewältigter Lebensfragen zu erkennen geben,

- andererseits dem biblischen Auftrag, für Menschen da zu sein, die zu scheitern drohen, ihnen Hilfe, Beistand und persönlichen Zuspruch anzubieten und in alledem Mut zu neuem Glauben und neuer Hoffnung im Sinne des Evangeliums zu ermöglichen...

Im Rahmen der Hilfs- und Beratungsdienste, die heute in der Gesellschaft angeboten werden, versteht sich die Telefonseelsorge als eine Form der Krisenhilfe. Zu ihren Kennzeichen gehört die niedrige Kontaktschwelle mittels des Telefons und die Anonymität, ebenso die Bereitschaft zur Annahme und Offenheit für jeden Anrufer, die Verschwiegenheit und die Möglichkeit, jederzeit einen Gesprächspartner zu erreichen. Die Telefonseelsorge will dem Anrufer im Gespräch hörend, einfühlend und klärend Beistand leisten. Dadurch will sie den Klienten befähigen, sich in aktuellen Situationen zu verstehen und anzunehmen. Zugleich möchte sie ihn zur Auseinandersetzung mit sich selbst und seiner Umwelt ermutigen. Darüber hinaus will die Telefonseelsorge dem Klienten behilflich sein, vorhandene Beratungs- und Hilfsmöglichkeiten in Anspruch zu nehmen...

Der hauptamtliche Kölner Telefonseelsorge-Mitarbeiter und Diplompsychologe Hannspeter Schmidt bemerkt in einem Vergleich der eben zitierten internationalen Richtlinien mit den Leitlinien der deutschen TS-Dachverbände: Wird in den internationalen Normen (IFOTES) von Not, Verzweiflung und Selbstmordgefahr gesprochen, ist in den Leitlinien der deutschen TS-Stellen von »Sinnverlust, Beziehungslosigkeit, Vereinsamung oder Angst« der Anrufer die Rede. »Und wo es den einen genügt, daß in der TS ein Anrufer zu jemandem Kontakt aufnehmen kann, ›der wie ein Freund bereit und fähig ist, zuzuhören‹, da definieren sich die anderen als ›Ausdruck der seelsorgerlichen Verantwortung der christlichen Kirchen‹ und laden all jene ein, ›die sich diesem Auftrag verpflichtet fühlen‹. In den ›Leitlinien‹ findet insofern die, verglichen mit anderen Ländern, stärkere kirchliche Prägung der TS in der BRD ihren Niederschlag. Doch werden auch hier die charakteristischen Kernsätze beibehalten, die Angebot und Arbeitsweise aller telefonischen Hilfsdienste auszeichnen und durch ihr frühes Ziel der Suizidverhütung bestimmt sind: ›Die TS steht in Notfällen jedem Menschen jederzeit zur Verfügung.‹ Sie garantiert dem Anrufer Verschwiegenheit, toleriert jedwede konfessionelle, religiöse, politische und ideologische Einstellung...«[3]

Herbert Unterste, Theologe und ehemaliger Leiter der Telefonseelsorge Aachen, untersuchte die Einstellung der ehrenamtlichen Mitarbeiter zur Frage, ob sie ihren Dienst als kirchlichen, christlichen oder rein humanitären Dienst am Mitmenschen sehen. Er kam zu dem Ergebnis, daß die überwiegende Mehrheit der Mitarbeiter eine »entkonfessionalisierte Sicht«[4] ihres Dienstes hat und sich nicht als kirchliche Mitarbeiter oder Seelsorgehelfer versteht, »sondern einfach als christlich motivierte Menschen, die in mitmenschlicher Verantwortung und Sorge für den Anrufer in Not dasein möchten.«[5] Ergebnisse aus dieser interessanten Untersuchung werden in dem folgenden Kapitel »Kirche, Telefonseelsorge und Mitarbeiter« ausführlicher vorgestellt.

Kirche, Telefonseelsorge und Mitarbeiter

Der Begriff »Telefonseelsorge« weckt Assoziationen. Ist die Telefonseelsorge eine kirchliche Einrichtung, und wenn ja: Was ist ihr Auftrag? Wie sehen die Mitarbeiter ihre Beziehung zur Kirche, und was ist ihrer Meinung nach ihre eigentliche Aufgabe?

Die Telefonseelsorge-Stelle Bremen beispielsweise – sie besteht seit 22 Jahren – versteht sich in ihrem Jahresbericht 1984 als »wichtige Lebensäußerung« der Bremischen Evangelischen Kirche: »Ihre 70 ehrenamtchen Mitarbeiterinnen und Mitarbeiter kommen aus den verschiedensten Kirchengemeinden; sie teilen sich diesen Einsatz seelsorgerischer Bereitschaft ›rund um die Uhr‹ und gestalten damit *ein* Element ihres christlichen Lebensverständnisses. Das wird selten so pointiert formuliert...«[6]

Um ein umfassendes Bild der bundesdeutschen TS-Stellen wiederzugeben, so schreibt Hannspeter Schmidt, darf ihre Bedeutung als kirchliche

Einrichtung nicht unberücksichtigt bleiben. »Die Kirchen haben nicht nur die Trägerfunktion (in den meisten TS-Stellen jedenfalls; Anm. d. Autoren), sondern beeinflussen als Tendenzbetriebe die Einstellungskriterien für Mitarbeiter, interne Richtlinien, Ausbildungskonzepte und Öffentlichkeitsarbeit.«[7]

Auf die Frage, ob die Mitarbeiter auch in einer TS-Stelle mitarbeiten würden, wenn diese nicht von der Kirche getragen wird, antworteten in einer Repräsentativumfrage 80% der Befragten mit »ja« (13% »nein«, 7% »unentschieden«).[8]

In europäischen Nachbarländern sind die im internationalen Verband (IFOTES) zusammengeschlossenen Telefonnotdienste eindeutig öffentliche, nichtkirchliche Einrichtungen. Obwohl die überwiegende Mehrheit der Mitarbeiterinnen und Mitarbeiter in unserem Land bereit wäre, auch in einer nicht kirchlich getragenen Telefonnotdienst-Organisation zu arbeiten, wird selbst bei TS-Stellen, die ein eingetragener Verein sind und nur zu einem minimalen Anteil von der Kirche finanziell unterstützt werden, wie zum Beispiel die Berliner Telefonseelsorge, an einer christlichen Grundhaltung als wichtigem Merkmal für die Mitarbeit festgehalten. So heißt es in § 2 der Berliner Satzung: »Zweck des Vereins ist die menschliche, ärztliche und seelsorgerische Hilfe auf christlicher Grundlage für Menschen in Not...«

Pfarrer Karl Pehl (1957 Gründer der katholischen Frankfurter Telefonseelsorge) äußert sich in einer Festschrift zum 25jährigen Bestehen der Stelle zum Verhältnis Kirche / Telefonseelsorge: »Der Dienst der Telefonseelsorge ist weit im Vorfeld der Kirche angesiedelt (zwei Drittel der Anrufer haben kaum eine Beziehung zu den verfaßten Kirchen). Er versteht sich als ein Dienst unter vielen Hilfsangeboten, als ›erster Verbandsplatz‹ in der wachsenden Lebensnot unserer Tage.«[9]

Hannspeter Schmidt schreibt zur christlichen Grundhaltung als »Qualifikation« der Mitarbeiter: 24-Stunden-Dienst rund um die Uhr, Diskretion und Anonymität machen die Attraktivität der TS aus. Dies aber alles können auch nichtkirchliche Einrichtungen anbieten. Warum – so fragt er – also die Inanspruchnahme der *kirchlichen*-TS? Diese Frage, so schreibt er selbst, sei leicht zu beantworten: »Es gibt nur eine solche in der BRD!« Umgekehrt stellt sich für Schmidt aber auch die Frage, bei der die kirchlichen Träger nur schwer eine befriedigende Antwort finden: »Warum die Inanspruchnahme des Kirchlichen für die TS?«[10]

Eine mögliche Antwort findet man im »Informationsdienst TS«: »Die Kirchen finanzieren die TS. Sie können verlangen, daß TS-Arbeit in einer christlichen Haltung geschieht.«[11] Als »christliche Grundhaltung« gilt die unvoreingenommene Zuwendung des Mitarbeiters zum unbekannten

34 Die Institution

Anrufer. Diese sei »ein Stück Nächstenliebe, in ihrer Anonymität selbstlos und ohne Geltungsbedürfnis«.[12] Daraus schlußfolgert Schmidt, daß die christliche Grundhaltung für die Kirchen wichtig sei, nicht für den Anrufer. Denn nach dem TS-Grundsatz, sich selbst in Gesprächen zurückzunehmen und das Anliegen des Anrufers in den Mittelpunkt zu rücken, verzichtet die TS bewußt auf ein Missionieren und verhält sich damit nach anerkannten Kriterien gesprächspsychotherapeutisch orientierter Beratung – non-direktiv und klientenzentriert. Die TS stellt ihre eigene Einstellung zurück und fragt nach dem Interesse des Anrufers. »Und am wenigsten«, so stellt Schmidt lakonisch fest, »wird in der TS nach religiöser Erbauung verlangt.«[13]

Benita Dietel kam in einer Untersuchung zu dem Ergebnis, daß sogar ältere Mitbürger das Wort »Seelsorge« als Bestandteil des Namens Telefonseelsorge nicht in Zusammenhang mit »Verkündigung« verstehen.[14] Den Anrufern geht es (in der Regel) nicht um Glaubensstärkung oder religiöse Klärung ihrer Sorgen. So ist die TS eher eine Institution, ein »Instrument, das Kreise erreicht, zu denen die Kirchen offiziell wenig Zugang haben«[15].

Schmidt spricht von einer »Beweisnot«[16], die die TS gegenüber ihren kirchlichen Trägern hat. So müssen denn auch erzwungenermaßen religiöse Motive auf beiden Seiten des Telefonkontaktes gesucht werden. Dankbar wird in diesem Zusammenhang für den religiösen Motiv-Aspekt des Anrufers auf einen Satz C. G. Jungs hingewiesen, nach dem jedes Problem eines über 45 Jahre alten Menschen religiös bestimmt sei.

Den TS-Mitarbeitern wird unterstellt, sie könnten diesen Dienst auf Dauer nur leisten, wenn ihnen die Kraftquelle des christlichen Glaubens zugänglich ist und sie die Bereitschaft hätten, »sich auf das Wagnis des christlichen Glaubens einzulassen«[17]. Das bedeutet konsequenterweise, so Schmidt, daß allen ausländischen, nichtkirchlichen Stellen die Bewältigungskapazität für ihre Arbeit fehlt.[18] Daß dem nicht so ist, muß nicht weiter ausgeführt werden, es entsteht aber die Frage, wie die ehrenamtlichen Mitarbeiter ihr Verhältnis zur Kirche sehen.

Wie sehen die Telefonseelsorge-Mitarbeiter ihre Beziehung zur Kirche?

Herbert Unterste, 1975 bis 1979 Leiter der Telefonseelsorge in Aachen, kommt in seiner schon erwähnten Repräsentativumfrage bei TS-Mitarbeitern in der Bundesrepublik Deutschland 1982 zu folgendem interessanten Ergebnis:

Zwei Drittel der von ihm Befragten sind der Ansicht, daß weder Konfessionszugehörigkeit noch Glaube an Gott notwendige »Qualifikationen« für die Mitarbeit sind. Dagegen halten aber 80 % der Mitarbeiter eine psychologische Ausbildung für unabdingbar. H. Unterste kommt zu dem Schluß, daß für die überwiegende Mehrheit der Mitarbeiter der kirchliche Auftrag ihrer Arbeit irrelevant ist. »Die Ergebnisse der Untersuchung zeigen, daß die überwältigende Mehrheit der ehrenamtlichen Mitarbeiter ihren Dienst als einen Beratungsdienst versteht, der grundsätzlich an keine kirchliche Institution gebunden ist, vielmehr für die Mitarbeiter seinen Wert in sich selbst hat und keiner kirchlichen Legitimation bedarf.« Wie bereits im vorigen Kapitel erwähnt, würden 80 % der Mitarbeiter auch in einer TS-Stelle mitarbeiten, die nicht von den Kirchen getragen wird.[19]

Dies ist ein erstaunliches Ergebnis, wenn man bedenkt, daß 90 % der TS-Stellen in der Bundesrepublik durch eine der beiden Kirchen beziehungsweise durch beide gemeinsam finanziert werden.

Die entkonfessionalisierte Sicht des TS-Dienstes durch ehrenamtliche Mitarbeiter wird denn auch dadurch zum Ausdruck gebracht, daß bei der zitierten Befragung lediglich 8 % die folgende Notwendigkeit bejahen konnten: Ein ehrenamtlicher Mitarbeiter der TS muß zugleich auch Mitglied einer der beiden Kirchen sein. 28 % dagegen sind ausdrücklich der Meinung, daß dies überhaupt keine Rolle zu spielen habe. Die Mehrheit der Befragten sieht also in der Mitwirkung konfessionsloser und sogar atheistisch gesonnener Mitarbeiter bei der TS überhaupt kein Problem.

Beratung, aktives Zuhören und für den Anrufer dasein ist nach der Befragung für die Mehrheit der Mitarbeiter christliches Tun. Dies bedarf keineswegs der Institution Kirche und ist – so die Folgerung von H. Unterste – »für den einzelnen Mitarbeiter keine Amtshandlung, sondern urpersönliches Engagement..., in eigener Verantwortung, für das er sich nicht durch die Kirchen delegiert fühlt.«[20]

Die Namenswahl »Telefonseelsorge« vermittelt das Gefühl, man habe es mit einer kirchlichen Einrichtung zu tun, was de facto bezüglich der Finanzierung bei fast allen TS-Stellen ja auch stimmt. Dennoch ist festzuhalten: Der christliche Glaube spielt bei Mitarbeitern, aber auch bei Anrufern ganz offensichtlich eine nur sehr untergeordnete Rolle. Die überzeugende und deutliche Mehrheit der Mitarbeiter versteht sich nicht als im kirchlichen Auftrag arbeitend. Lediglich 12 % der befragten Mitarbeiter gaben bei einer Berliner Untersuchung an, in ihrem christlichen Glauben eine Eigenschaft zu haben, die eine Hilfe bei der Arbeit darstellt. 7 % meinten, bei Problemen im Zusammenhang mit ihrem TS-Dienst Entlastung im Gebet zu finden.[21]

36   Die Institution

Tatsache ist: Die Häufigkeit, mit der sich Anrufer zu Fragen nach Religion und Weltanschauung an die Telefonseelsorge wenden, ist gering und liegt zum Beispiel in der Berliner Anrufer-Anlaßstatistik auf dem letzten Platz (nur etwa 3 % der Anrufe pro Jahr).

Kirchliche Telefonseelsorge oder psychologische Telefonberatung?

Bei ausländischen Telefonnotdiensten existiert generell eine distanzierte bis kritische Haltung gegenüber jeder möglichen Einflußnahme der Kirche auf die Arbeit am Telefon. Daraus wiederholt entstandene Anfragen zur kirchlichen Trägerschaft bei den bundesdeutschen TS-Stellen – zum Beispiel in Richtung religiöser Manipulation – werden von deutschen Mitarbeitern immer wieder als völlig unbegründet zurückgewiesen.

Scheinbar haben die bundesdeutschen Mitarbeiter mit der kirchlichen Trägerschaft der TS weniger Probleme als umgekehrt die kirchlichen Träger mit der TS-Arbeit. Besonders auf seiten der katholischen Kirche besteht – so Schmidt – »immer wieder eine Skepsis den therapeutischen Methoden gegenüber, die von Angst vor Einflußverlust gekennzeichnet ist. Die Kirchen enthalten sich dabei nicht provokativer Formulierungen, wie z. B. ›Telefonseelsorge oder Schmalspurpsychologie‹, ›Theologische Dimension verfehlt?‹ usw.«[22]

»Die Zweifel am religiösen und christlichen Charakter der TS werden hauptsächlich genährt durch das als Standardwerk der TS beider Konfessionen geltende Lehrbuch von H. Harsch, der die Telefonberatung auf eine weitgehend wert- und normfreie Kommunikationstechnik reduziert.«[23]

Weitere Kritik an der TS aus kirchlicher Sicht wird dann noch zum Beispiel an dem für ehrenamtliche Mitarbeiter gültigen Ausbildungsrahmenplan festgemacht: »Dieser nennt als letztes von 7 inneren Kriterien zur Auswahl der Mitarbeiter ›nebenbei‹ eine positive Einstellung zum christlichen Grundcharakter der TS, was immer das heißen mag.«[24] Es wird kritisiert, daß der Schwerpunkt der TS zu sehr auf psychotherapeutischen Methoden basiert. Diesen Methoden wird der Vorwurf gemacht, daß sie in einem »inhaltslosen Formalismus zu sozialtechnologischen Konfliktlösungsmechanismen« zu erstarren drohen.[25]

Diese Kritik bleibt nicht unwidersprochen: So wird beispielsweise zum Lehrbuch von H. Harsch angeführt, »daß es Generationen von TS-Mitarbeitern das Umgehen mit dem Gesprächspartner enorm erleichtert hat, ... Einsichten und Respekt, Verständnis und Akzeptanz, Einfühlungsvermögen und Artikulationsfähigkeit in der Ausbildung wachsen ließ.«[26]

In einer zusammenfassenden Interpretation kommt Schmidt zu dem Ergebnis, daß die Kirchen die entkonfessionalisierte Sicht des TS-Dienstes durch die Mitarbeiter als eine Bedrohung ihres Einflusses empfinden müssen, denn auch bei christlichem Engagement erleben sich ja die Mitarbeiter nicht als im kirchlichen Auftrage tätig. Die Kirchen sind darüber beunruhigt, daß sie Einfluß und Führung aufgrund der Selbstverantwortung und des Selbstbestimmungswunsches der TS-Mitarbeiter völlig verlieren könnten. Dies wird auch durch die schon beschriebene Neuordnungsinitiative der katholischen Bischofskonferenz mit ihren Konsequenzen für die katholische TS-Dachorganisation deutlich. »So geht es in der Auseinandersetzung über die theologische Dimension der TS-Arbeit nicht um die ›christliche Grundhaltung‹ der Mitarbeiter, sondern um kirchlichen Einfluß, kirchliche Zeichensetzung« und die Unentbehrlichkeit der Institution Kirche.[27]

Das sind sicherlich harte Worte für die kirchlichen Träger der TS, aber diese kritische Analyse entbehrt keinesfalls einer realen Grundlage. TS-Insider befürchten schon seit längerem, daß von seiten der Kirche ein Prozeß eingeleitet wird, mit dem Ziel, die allzu autonom arbeitende TS an die »kurze Leine« zu legen.

So war bereits im Jahresbericht 1983 der TS-Dachverbände zu lesen: »Die Mitarbeiterinnen und Mitarbeiter spüren – freilich nicht erst in diesen Tagen – eine Art Verpflichtung von und gegenüber den Trägern, den Dienst der Telefonseelsorge als kirchlichen, d. h. seelsorglich-diakonischen Dienst darzustellen und seinen Ort und Stellenwert im Verbund mit den anderen Diensten und dem ursprünglichen Auftrag unserer Kirchen zu benennen.«[28]

Unter der Überschrift »Ob ich das kann?« dokumentiert die TS Koblenz in ihrem Bericht zum 20jährigen Bestehen die Vorlage (Entwurf) für eine neue Rahmenordnung der Aus- und Fortbildung ehrenamtlicher Mitarbeiter. Darin heißt es in der Präambel: »Telefonseelsorge und Offene Tür sind ein seelsorgerlich-diakonischer Dienst der evangelischen und katholischen Kirche. Diese Arbeit der Kirchen und kirchlichen Gemeinschaften geschieht fachlich qualifiziert und ist geprägt durch das Evangelium von Jesus Christus als der gemeinsam verbindlichen Grundlage für ihr seelsorgliches Handeln.« Im Rahmen der Ausbildung, so heißt es in dem Entwurf weiter, bedeute »Arbeit an der eigenen Person« u. a., »den überlieferten Glauben der Kirchen kennenlernen und Glaubenserfahrung reflektieren, kirchliche Werte und Normen als Korrektur eigener und gesellschaftlicher Verhaltensweisen akzeptieren«.[29]

Hierzu stellt sich für die TS-Mitarbeiter nicht nur die »Ob ich das kann?«-Frage, sondern auch für die Institution Kirche die Frage der Realisierbarkeit ihres Vorhabens.

38 Die Institution

Zur Polarität kirchliche Telefonseelsorge versus psychologische Telefonberatung schreibt der Würzburger Diplompsychologe und hauptamtliche Mitarbeiter Hans Neidhart: »Telefonseelsorge ist eine kirchliche Einrichtung, und es wäre zu kurz gegriffen, wollte man diesen Identitätsaspekt auf ihre Organisationsform (kirchliche Trägerschaft) reduzieren. In den Gründerjahren waren es ja nicht die verfaßten Kirchen, sondern Einzelpersonen und kleine Gruppen, die diese ›zeitgemäße‹ Form der Seelsorge kreierten. Anlaß war ihre Betroffenheit angesichts existentieller Krisen von Menschen ihrer nächsten Umgebung sowie aus dem Impuls des Evangeliums heraus, sich scheiternden und leidenden Menschen zuzuwenden.

Von daher ist Telefonseelsorge schon immer Ausdruck christlich motivierten Handelns. Daß kirchliche Träger inzwischen darüber hinaus nach der expliziten theologischen und ekklesiologischen Legitimation der Telefonseelsorge fragen, ist das Ergebnis einer Entwicklung, die anscheinend viele ›Basisbewegungen‹ nehmen, wenn sie ›in die Jahre kommen‹: Es entstehen immer komplexere Organisationsstrukturen, und über einen wachsenden Bedarf von Finanzmitteln bilden sich Abhängigkeiten. Die Gefahr dabei ist, daß im Zuge einer solchen Entwicklung der ursprüngliche Impuls bürokratisiert und so in seiner Lebendigkeit und Entfaltung behindert wird...

In Zeiten zunehmender Distanz großer Teile der Bevölkerung zu den Kirchen stellt sich natürlich die Frage, wieviele denn wohl durch das ›Aushängeschild‹ (den Namen »Telefonseelsorge«; Anm. d. Autoren) gehindert werden, sich in einer Krise an die Telefonseelsorge zu wenden. Zu wenige wissen, daß es in den TS-Gesprächen vorrangig darum geht, den Anrufer in ›vorurteilsfreier und unbedingter (!) Offenheit anzunehmen‹, daß man als Anrufer sich nicht davor fürchten muß, kirchlich vereinnahmt zu werden.«[30]

Zusammenfassend sieht Neidhart die Telefonseelsorge schon als einen »Vorposten der Kirche in einer säkularen Gesellschaft«[31]. Genauso wichtig ist ihm aber auch der Aspekt der Teilnahme an der psychosozialen Versorgung der Bevölkerung durch die TS, unter anderem durch Krisenintervention und ihre Funktion als »Schaltstation« bei der Vermittlung von Beratungs- und Therapieangeboten.

Das scheinbare Gegensatzpaar kirchliche Seelsorge und Sozialpsychiatrie erfordert »eine Bestimmung des Verhältnisses von Theologie und Sozialwissenschaften« in der TS-Arbeit. »Dabei kann und darf keine der beiden Seiten einen ›Alleinvertretungsanspruch‹ bei der Definition des TS-Selbstverständnisses erheben.«[32]

Zum Bild der Telefonseelsorge in der Öffentlichkeit

Damit jemand in einer Krisensituation überhaupt erwägen kann, sich an einen Mitarbeiter der Telefonseelsorge als Gesprächspartner zu wenden, muß ihm diese Institution und die Art ihres besonderen Angebotes bekannt sein. Die mögliche Inanspruchnahme der TS hängt aber nicht allein davon ab, daß man von ihrer Existenz weiß, sondern im stärkeren Maße von den Vorstellungen und Ideen, die man über sie hat. Fehleinschätzungen und Fehlinformationen über die TS-Arbeit können dazu führen, den möglichen Nutzen eines Telefongespräches zu verkennen.

Welches Bild macht sich die Öffentlichkeit von der TS, ihren Aufgaben und Zielen? Eine repräsentative Befragung in der Bundesrepublik Deutschland existiert dazu nicht. Einzelne TS-Stellen haben sich in Eigeninitiative bemüht, in Umfragen etwas darüber zu erfahren. 1984 führten Mitarbeiter der TS Hagen 50 Tonbandinterviews mit Straßenpassanten. Sie gaben sich zunächst weder als TS-Mitarbeiter zu erkennen noch sagten sie etwas über das eigentliche Interviewthema. Die Befragten im Alter von 13–78 Jahren – die Relation Männer/Frauen war zahlenmäßig ausgewogen – wurden zufällig ausgewählt.

In jedem Gespräch wurden vier Fragenbereiche behandelt:

1. An wen wenden sich Menschen bei persönlichen Problemen?
2. Gibt es eine »Alltagsberatung«?
3. Welche Rolle spielen Beratungseinrichtungen im Bewußtsein der Bevölkerung?
4. Wie weit ist die TS in Hagen bekannt, und welche Vorstellungen verbinden sich damit?

Die erste Frage lautete: »Jeder Mensch hat persönliche Probleme; an wen wenden Sie sich oder würden Sie sich wenden?« Fast die Hälfte der Befragten (19) gaben an, sich bei persönlichen Problemen an niemanden zu wenden. »Ich lebe seit 43 Jahren allein und bin ganz allein mit allem fertig geworden«, sagte eine Frau. Eine andere Passantin antwortete: »Ich versuche, allein mit meinen Problemen fertig zu werden. Ich habe viel Negatives erlebt. Wissen Sie, das Leben ist eine harte Schule.« Eine weitere Antwort: »Momentan habe ich keine Probleme, sonst versuche ich immer, alleine damit fertig zu werden. Meine Lebenseinstellung ist: Man soll sich nicht so sehr auf andere verlassen, da kann man oft Enttäuschungen erleben. Ich bin ein Typ, der auf Nummer Sicher geht.«

Über die Hälfte der Befragten konnte nahestehende Menschen benennen, an die sie sich bei Problemen wenden: Ehepartner, Freunde, Eltern, Bekannte.

40 Die Institution

Auf die Fragen »Wie steht es mit der gegenseitigen Beratung ›von Mensch zu Mensch‹« und »Gibt es eine ›Alltagsberatung‹« konnten sich bis auf acht Befragte alle vorstellen, bereit zu sein, mit anderen über deren Probleme zu sprechen: »Ja, wenn jemand auf mich zukommt und Hilfe erwartet, dann versuche ich auch, demjenigen Hilfe zu geben.« Fast alle Befragten konnten auch die Frage beantworten, wie sie sich ein helfendes Gespräch vorstellen würden: »Zuhören ist das Wichtigste, und dann versuche ich zu verstehen«, so eine 30jährige Frau. Solche und viele ähnliche Antworten legten für die Hagener TS-Mitarbeiter die Vermutung nahe, daß im Alltag vielleicht doch viel mehr helfende Gespräche untereinander stattfinden, als überhaupt jemand ahnt. Trotzdem sahen sie zwei Widersprüche: »Fast alle Befragten trauen sich zu, anderen Berater zu sein, aber (siehe Frage 1) fast die Hälfte will, wenn es um eigene Probleme geht, allein damit fertig werden. Mit anderen anders umgehen als mit sich selbst? Wir vermuten, daß sich hier – so wie in vielen helfenden Berufen (sicher auch bei uns als Telefonseelsorge-Mitarbeitern) – eine merkwürdige Helfernorm zeigen könnte: Für den anderen fürsorgend und helfend dazusein, für sich selbst aber eher Strenge und Disziplin fordern.«[33]

Ein zweiter Widerspruch ergibt sich für die TS-Mitarbeiter aus ihrer täglichen Erfahrung am Telefon: »Viele Menschen rufen an, weil sie – trotz Bemühens – gerade keinen Menschen gefunden haben, der mit ihnen eine Krise durchsteht. Sie sind verzweifelt, weil selbst die Bereitschaft zum Zuhören oft nicht vorhanden war.« »Miteinander sprechen ist ein ›Lebensmittel‹, das offensichtlich oft fehlt«, resümiert die Hagener TS.[34]

Auf die Frage, welche Beratungsdienste die Befragten gegebenenfalls selbst in Anspruch nehmen würden oder auf welche sie hinweisen könnten, wußten die meisten zahlreiche Beratungsstellen zu benennen. Jeder vierte Befragte nannte die Telefonseelsorge (zu diesem Zeitpunkt war die Identität der Interviewer den Befragten noch nicht bekannt). Obwohl von Kirchen getragene Beratungsstellen (z. B. Diakonisches Werk, Caritas usw.) und die Kirchen selbst »vordergründig betrachtet überdurchschnittlich gut abschnitten, wurde mehrfach eine kritische Distanz hörbar, wie z. B.:

›...da hab ich nicht so 'ne große Beziehung zu.‹
›...würd ich nicht empfehlen, bin grundsätzlich gegen die Institution Kirche.‹
›...da halt ich nicht das meiste von.‹
›...ich hab meinen Glauben, bin kein Kirchgänger.‹«[35]

Das Wissen von der Existenz verschiedener Beratungsstellen und die Bereitschaft, sie bei eigenen Problemen in Anspruch zu nehmen, scheint weit auseinanderzuklaffen. Insbesondere die kritische Distanz zur Kirche und ihren Beratungsinstitutionen war an die Befürchtung geknüpft, »vereinnahmt oder bezüglich Entscheidungen in eine bestimmte Richtung gedrängt zu werden«.[36]

Die Hälfte der Angesprochenen kannte die TS Hagen. Auf die Frage, ob sie selbst bei Problemen die Telefonseelsorge anrufen würden, antworteten 25 % davon mit ja, machten dann aber Einschränkungen wie diese:

»... wenn ich niemanden hätte, mit dem ich das besprechen könnte«,

»... nur bei schwerwiegenden Problemen«,

»... wenn ich gar nicht mehr weiter wüßte«,

»... aber da müßte wer weiß was passieren«,

»... aber ich hoffe nicht, daß ich das nötig habe«,

»... als letzte Stelle«,

»... weil das anonym ist«,

»... wenn mir kein anderer helfen kann«.[37]

Ablehnungen, sich an die Telefonseelsorge zu wenden – von jedem vierten ausgesprochen – wurden u. a. so begründet:

»... habe Zweifel an der Ausbildung des Personals«,

»... ist eine zu große Überwindung, bei einem Fremden anzutreten und zu beichten«,

»... ich muß meine Probleme selbst lösen, darf den Kopf nicht in den Sand stecken«,

»... ist alles 0-8-15«,

»... ist mir zu unpersönlich am Telefon«,

»... zu anonym«,

»... ist mir zu kalt am Telefon«,

»... Sorge, erkannt zu werden«.[38]

Ein Ergebnis der Interviews war die Feststellung, daß das Wissen von der Existenz der Telefonseelsorge groß, eine genauere Kenntnis der Arbeit jedoch gering ist. Eine beachtliche Anzahl von Personen steht der TS skeptisch gegenüber und erhofft sich von ihr bei der Bewältigung von eigenen Problemen keine Hilfe, Unterstützung oder Entlastung. Die TS anzurufen, scheint für viele überhaupt erst als »letzte Möglichkeit« in Frage zu kommen. Das Medium Telefon wird von einigen nicht für geeignet gehalten, über persönliche Probleme zu sprechen, so daß die Hemmschwelle, sich an die TS zu wenden, offenbar noch höher ist als bei der Möglichkeit, persönliche Beratung in Anspruch zu nehmen.

42   Die Institution

Und so ist es dann vielleicht auch zu verstehen, daß bei den Interviews auf der Straße »unerwartet viele Menschen, die Minuten vorher noch sagten, sie würden mit allem allein fertig oder würden sich an nahestehende Personen wenden«, plötzlich von ihren Sorgen berichteten, weinten, gegen ihre Tränen ankämpften und Fassung zu bewahren versuchten. »Alkoholabhängigkeit, Erziehungsfragen, Arbeitslosigkeit, Behinderung, Krankheit, Ausländerfeindlichkeit waren einige der Probleme, die so bei winterlichen Temperaturen auf offener Straße mitgeteilt wurden. Das Stichwort Telefonseelsorge reichte ihnen, um Vertrauen zu haben und über persönliche Probleme und Leiderfahrungen zu sprechen. Wie ›voll‹ müssen viele Menschen sein, und wieviel Kraft müssen sie in die Aufrechterhaltung der Fassade investieren, daß so wenig ausreicht, um so viel zu bewirken?« fragen sich die Mitarbeiter der TS Hagen.[39]

Stimmen zur Telefonseelsorge

Was sagen Menschen spontan, wenn man sie auf das Stichwort Telefonseelsorge anspricht? Ohne den Anspruch auf Repräsentativität sollen hier fünf Personen stellvertretend für viele zu Wort kommen:

»Besser als nichts ist es sicher...«
Arzt, 33 Jahre alt, arbeitet im Krankenhaus, in Facharztausbildung (Psychiatrie), getrennt lebend, ein Kind:

Was fällt Ihnen spontan zu dem Begriff Telefonseelsorge ein?
Hilfe für Leute, die in Not sind, von kirchlicher Seite. Ich stelle mir vor, Leute rufen da an, denen es akut schlechtgeht, zum Beispiel Suizidgefährdete.
Was rufen da Ihrer Einschätzung nach für Menschen an?
Menschen, die sonst keine andere Gesprächsmöglichkeit haben, Einsame, viele ältere Leute, Menschen mit Familienproblemen.
Was sind wohl die häufigsten Beweggründe, die Telefonseelsorge anzurufen?
Ich denke Familienprobleme, Partnerprobleme, Schwierigkeiten und Sorgen, die durch Einsamkeit bedingt sind, finanzielle Sorgen.
Können Sie sich vorstellen, einmal selbst die Telefonseelsorge anzurufen?
Ja, das kann ich mir schon vorstellen, wenn ich keine andere Möglichkeit hätte. Ich halte es aber eigentlich schon für besser, wenn man mit einem anderen Menschen direkt sprechen kann, als am Telefon, aber besser als nichts ist es sicher.

»Telefonfürsorge – Pfarrer, Selbstmorde, Kinder, Feuerwehr...«
Studentin der Amerikanistik, 31 Jahre alt, verheiratet, ein Kind:

Was fällt Ihnen spontan zu dem Begriff Telefonseelsorge ein?
Was, Telefonfürsorge? Pfarrer, Selbstmorde, Kinder, Feuerwehr.
Was rufen da Ihrer Einschätzung nach für Menschen an?
Leute, die Depressionen haben, die verzweifelt sind, also alles mögliche.
Was sind wohl die häufigsten Beweggründe, die Telefonseelsorge anzurufen?
Familiendramen, Liebesdramen, Eifersuchtsdramen, Trinkprobleme, und Drogen wahrscheinlich.
Können Sie sich vorstellen, einmal selbst die Telefonseelsorge anzurufen?
Ich wüßte die Nummer gar nicht, ich wüßte nicht einmal, wo ich die suchen sollte. Aber eigentlich nicht, nein.
Warum nicht?
Weil ich eher andere Leute anrufen würde.

»Wahrscheinlich Einsamkeit, Eheprobleme und Alkohol...«
Erzieherin, 39 Jahre alt, verheiratet, getrennt lebend, drei Kinder:

Was fällt Ihnen spontan zu dem Begriff Telefonseelsorge ein?
Eine Station für Menschen, die nicht mehr weiterwissen, wo sie sich irgendwie Rat holen können.
Was rufen da Ihrer Meinung nach für Menschen an?
Alle Menschen, die irgendwie in einer verzweifelten Situation sind, also entweder ganz akut, so daß sie ganz aktuell nicht mehr wissen, wie sie sich in einer Situation verhalten sollen – und solche, die vielleicht so unter Einsamkeit leiden, daß sie diese Telefonnummer mal wählen, einfach, um ein Gespräch führen zu können.
Was sind wohl die häufigsten Beweggründe, die Telefonseelsorge anzurufen?
Wahrscheinlich Einsamkeit, Eheprobleme und Alkohol, aber auf jeden Fall immer keinen Menschen haben, mit dem man sonst darüber sprechen kann.
Können Sie sich vorstellen, einmal selbst die Telefonseelsorge anzurufen?
Nein, das glaube ich nicht.
Warum nicht?
Weil ich mir einbilde, in der glücklichen Situation zu sein, daß ich Menschen finden würde, mit denen ich über meine Probleme sprechen könnte. Also mit Leuten, die ich kenne und die ich mir entsprechend aussuchen würde.

44   Die Institution

»Für mich Entlastung...«
Pfarrer, 35 Jahre alt, verheiratet, zwei Kinder:

Was fällt Ihnen spontan zu dem Begriff Telefonseelsorge ein?
Eine Telefonnummer, Menschen, die mich auf die Telefonseelsorge ansprechen, und für mich Entlastung, da ich andere weitervermitteln kann.
Was rufen da Ihrer Einschätzung nach für Menschen an?
Das ist für mich schwer einzuschätzen, wegen mangelnder Erfahrung. Die Menschen, von denen ich das sagen könnte, sind mittleren Alters und bereits in psychotherapeutischer Behandlung gewesen.
Was sind wohl die häufigsten Beweggründe, die Telefonseelsorge anzurufen?
Das kann ich nur vermuten. Meine Vermutungen beziehen sich konkret auf zwei Fälle. Im ersten Fall ging es um eine ausweglose Eheproblematik, im zweiten Fall kann ich das nicht so genau sagen.
Können Sie sich vorstellen, einmal selbst die Telefonseelsorge anzurufen?
Ja, das kann ich mir gut vorstellen.

»Eher Menschen aus den unteren Schichten, Sozialfälle...«
Auszubildende, 21 Jahre:

Was fällt Ihnen spontan zu dem Begriff Telefonseelsorge ein?
Daß dort jemand sitzt, der für andere Leute da ist, die da ihren Kummer auslassen können.
Was rufen da Ihrer Einschätzung nach für Menschen an?
Eher Menschen aus den unteren Schichten, Sozialfälle.
Was sind wohl die häufigsten Beweggründe, die Telefonseelsorge anzurufen?
Das weiß ich nicht, ich habe darüber keine Informationen. Ich persönlich wüßte überhaupt nicht, warum ich da anrufen sollte.
Können Sie sich vorstellen, einmal selbst die Telefonseelsorge anzurufen?
Ehrlich gesagt nicht.
Warum nicht?
Erstens weil ich überhaupt nicht genau weiß, wofür die eigentlich da ist, und sonst würde ich mich eher an andere Stellen oder erst einmal an einen Freund oder so wenden.

Die Telefonseelsorge ist allen fünf Interviewten bekannt und wird mit Begriffen wie Krise und Suizidgefährdung, nicht mehr weiterwissen, Kummer rauslassen und Entlastung assoziiert. Die beiden Männer können sich durchaus vorstellen, einmal bei der TS anzurufen, die drei Frauen haben andere Gesprächspartner, an die sie sich wenden könnten und würden, wenn sie einmal massive Probleme hätten. Bevor wir uns mit den Anrufern der TS beschäftigen: Wer sind die Mitarbeiter dieser Einrichtung?

Die Mitarbeiterinnen und Mitarbeiter

Am anderen Ende der Leitung...

Das Angebot der Telefonseelsorge, rund um die Uhr erreichbar zu sein, basiert auf dem Hilfsangebot freiwilliger, unbezahlter Mitarbeiterinnen und Mitarbeiter. Diese auch als ehrenamtliche Mitarbeiter bezeichneten Helfer haben sich bereiterklärt, neben ihren privaten, beruflichen oder gesellschaftlichen Verpflichtungen einen Teil ihrer Freizeit für die Telefonseelsorgearbeit zur Verfügung zu stellen.

Die Arbeit am Telefon stellt hohe Anforderungen an die Mitarbeiter. Hilfsbereitschaft und guter Wille allein reichen dafür nicht aus. Ertragen zu können, wie viel im Gespräch mit Anrufern offen und ungeklärt bleibt und sich darüber klarzuwerden, warum man am anderen Ende der Telefonleitung sein will, stellt den ehrenamtlichen Mitarbeiter vor grundsätzliche Fragen zu seiner Person und Entwicklungsgeschichte. Hinzu kommt die körperliche Belastung einer durchwachten Nacht, die enorme Kraft kostet. Aber lassen wir die Mitarbeiter selbst sprechen:

»Menschliche Not ist umfassender, als ich es je geahnt habe – im Schutze der Anonymität sprechen Menschen zum ersten Mal ehrlich über sich und ihre Abgründe – ich wüßte nicht, was ich tun würde, wenn ich in der Situation mancher Menschen wäre – ich komme mir oft vor wie ein Mülleimer – es gibt Menschen, die scheinen in eine totale Krise zu geraten – wie deprimierend, daß Menschen keine anderen Gesprächspartner haben als uns...«[40]

»Der Menschheit ganzer Jammer faßt mich an...‹, dieses Zitat aus Goethes Faust geht mir oft durch Kopf und Herz, wenn ich vom Dienst heimfahre. Die vielen schrecklichen Dinge, die Menschen widerfahren, fast schlimmer noch, die Menschen einander antun, belasten. Vieles versinkt sehr bald im Vergessen. Wie sollte man diesen Dienst sonst durchstehen? Manches geht mir lange nach. Um so tröstlicher ist die Erinnerung an Gespräche, die es glücklicherweise auch gibt, die auf bestimmte Weise positiv bewegend oder gar fröhlich sind.«[41]

»Einmal, manchmal auch zweimal im Monat mache ich Dienst in der Telefonseelsorge. Die Schicht beginnt um 22.00 Uhr und endet um 7.30 Uhr. Bis 1.00 Uhr löst meist ein Gespräch das andere ab. Gegen Morgen wird es ruhiger. Dann sind manchmal auch 2 – 3 Stunden Schlaf möglich; oft aber auch nicht. Die Gespräche sind fast immer belastend, gehen unter die Haut und wirken nach. Sie beschäftigen mich auch noch lange nach dem Dienst. Eine Nacht lang wirklich ›ganz Ohr zu sein‹ – nicht nur Worte aufzunehmen, sondern auch das Nichtausgesprochene zu erahnen, zu fühlen – ist für mich eine kaum zu schaffende Leistung. Es gelingt auch nicht immer... Gelingt es mir, eine Gesprächssituation zu schaffen, in der sich der Anrufer wirklich angenommen fühlt, dann freue ich mich darüber. Ich mag ganz einfach dieses Gefühl, mit dieser Leistung hilfreich gewesen zu sein. Leistungsdruck also auch im Ehrenamt? Ja! Den Druck erfahre ich durch die Not des Anrufers und durch mich selbst. Ein mißglücktes Werkstück kann man neu beginnen – ein verunglücktes Gespräch kaum. Ein Gespräch kann ja nicht rückgängig gemacht werden. Der Dienst am Telefon schlaucht aber nicht nur, er gibt auch viel; nicht nur Freude über eine gute Leistung. Meine eigenen Probleme relativieren sich durch die Probleme der Anrufer. Ich lerne besser, mit meinen eigenen Problemen umzugehen.«[42]

Wer arbeitet bei der Telefonseelsorge – Zahlen und Fakten:

Zahl der Mitarbeiter

Nach den statistischen Zahlen von 1985[43] betrug die Anzahl der TS-Mitarbeiter 5645. Nur 393 von ihnen waren hauptamtlich beschäftigte (also bezahlte) Mitarbeiter. 142 davon arbeiteten ganztags, 251 waren teilzeitbeschäftigt. 93 % arbeiten ehrenamtlich.

Geschlechtsverteilung

Bei fast allen TS-Stellen sind zwei Drittel der ehrenamtlichen Mitarbeiter Frauen und nur ein Drittel Männer. 1985 waren es 3983 Frauen und 1269 Männer. Diese Geschlechterrelation ist seit Jahren konstant. Der Jahresbericht 1982 der Dachverbände hat dafür eine einfache Erklärung: »Die Zahl der am Telefon arbeitenden Frauen ist etwa doppelt so hoch wie die der Männer. Dies auch in anderen Bereichen der Kirche vorzufindende Faktum dürfte jedoch nicht *allein* damit zu erklären sein, daß in einer arbeitsteiligen Gesellschaft die Männer durch ihre Berufsausübung bedingt sich weniger in dieser Sparte ehrenamtlicher Arbeit engagieren. Vielmehr ist zu vermuten, daß Frauen in der Beratungsarbeit ein besonderes Sensorium entwickeln und auch den stärkeren Belastungen durch den Dienst am Telefon eher gewachsen sind als Männer.«[44]

48   Die Mitarbeiter

Alter

Der Altersdurchschnitt der Mitarbeiter liegt zwischen dem vierten und fünften Lebensjahrzehnt. Natürlich gibt es Abweichungen, wie z. B. bei der Telefonseelsorge Berlin, wo der Altersdurchschnitt bei etwa 35 Jahren liegt. Mitarbeiter unter 25 Jahren bzw. über 65 Jahren sind relativ selten. Und noch etwas fällt auf: Von etwa 55 Jahren an aufwärts ist der Anteil der mitarbeitenden Frauen deutlich höher als ohnehin schon. Hier sind es fast ausschließlich (99 %) die Frauen, die einen solchen ehrenamtlichen Dienst zu leisten bereit sind.

1985 war der Altersaufbau der TS-Mitarbeiter (aufgerundet) wie folgt:

unter 30 Jahren: 9 %
30 – 45 Jahre: 39 %
46 – 65 Jahre: 44 %
über 65 Jahre: 9 %

Ausbildungsstand

Etwa 75 % der Mitarbeiter verfügen über Abitur, Fachhochschul- bzw. Universitätsausbildung. Auffällig zum Beispiel bei der Berliner TS (aber sicherlich nicht nur bei dieser Stelle) ist der hohe Anteil der Mitarbeiter, die aus sozialen Berufen kommen. Zusätzlich also zu ihrem »helfenden Beruf« wird bei der TS ein ehrenamtliches Engagement verfolgt, das sich inhaltlich mit den täglichen Berufsaufgaben zu decken scheint. Insbesondere in Berlin ist die Berufsgruppe der Psychologen sehr stark vertreten. Oftmals ist der Einstieg in die Mitarbeit bei der TS durch das im Rahmen ihrer universitären Ausbildung notwendige Praktikum erfolgt.

Wie kamen die Mitarbeiter zur Telefonseelsorge?

Ungefähr 50 % der Mitarbeiter der TS Berlin gaben in einer Befragung[45] an, durch bereits aktive Telefonseelsorge-Mitarbeiter, mit denen sie befreundet waren, auf diese Einrichtung aufmerksam gemacht worden zu sein. In informellen Vorgesprächen hatten sie die Möglichkeit, sich über die Arbeit zu informieren.

Durch Zeitungsartikel, aber auch durch gezielte Anzeigen, Plakatwerbung und durch Informationen von anderen sozialen Einrichtungen kam der andere Teil der Mitarbeiter zu dieser Tätigkeit.

Eine 38jährige Frau berichtet: »Ich hab' zufällig mal eine Sendung im Radio über Telefonseelsorge gehört, eine Werbesendung, daß sich da jeder bewerben kann, und ich hatte vorher gedacht, das ist nur etwas für

Pfarrer und Psychologen. Und da ich das nicht bin, hatte ich das nie für mich in Erwägung gezogen.«[46]

Schweigepflicht

Besonders in kleineren Städten wird von den ehrenamtlichen Mitarbeitern verlangt, daß sie nicht mit anderen Personen über ihre Zugehörigkeit zu dieser Institution sprechen. Nur die nächsten Angehörigen (Lebens- oder Ehepartner) dürfen darüber informiert sein. Dies dient zur Aufrechterhaltung der Anonymität von Anrufern und Mitarbeitern. In kleineren Städten ist die Wahrscheinlichkeit höher, daß ein Anrufer durch einen Mitarbeiter identifiziert werden könnte. In größeren Städten, insbesondere in Berlin, wird die Geheimhaltung über die Mitarbeit bei der Telefonseelsorge nicht in dieser absoluten Weise verlangt. In jedem Fall aber gilt für alle Mitarbeiter die Regel, daß sie der Schweigepflicht unterliegen. Vor Gericht können sie ein Zeugnisverweigerungsrecht in Anspruch nehmen.

Auswahl, Aus- und Fortbildung

In den Anfängen der TS-Arbeit reichte es aus, Lebenserfahrung und christliches Engagement zu haben und vor allem die generelle Bereitschaft, bei dieser »neuen Sache Telefonseelsorge« mitzumachen. Die Mitarbeiter wurden durch persönliche Ansprache geworben, festgelegte Auswahlkriterien und eine Ausbildung, die auf die Arbeit am Telefon vorbereitete, gab es nicht. Erklärtes Ziel war es, so Otto Kehr, einer der Väter der TS in Deutschland, diese als einen Dienst anzubieten, »bei dem in der Gesprächsbegegnung kein großes Gefälle entsteht zwischen dem Hochspezialisierten und dem, der aus der Trivialität und Verfahrenheit seiner Lebensproblematik heraus anruft«.[47]

Kritik von Beratungsexperten an der Arbeit der Telefonseelsorge – zum Beispiel der Vorwurf, es würde unmethodisch gearbeitet – begegnete man in der Aufbauphase gerne mit dem Argument, die TS leiste erste Hilfe: »Es sei angemessen, auf dem Notverbandplatz nicht mit Röntgengerät und der schwerfälligen Fachapparatur zu arbeiten«[48], erklärte Otto Kehr. »Aus einer gewissen Protesthaltung gegenüber den Fachleuten, die den ehrenamtlichen Dienst als suspekt ansahen, wurde ostentativ betont, daß man bewußt ›methodenfrei‹ und auf der Basis menschlicher Nähe arbeite. Aber sehr rasch wurde erkannt, daß es aus Verantwortung gegenüber der schwierigen Problematik des Anrufenden gar nicht um die Alternativen ›Experte oder Laie‹, ›fachlich oder menschlich‹ gehen darf, sondern daß

50   Die Mitarbeiter

die sachgemäße Lösung in einer engen Symbiose von Fachmann und Laie geschehen muß.«[49]

Eine Annäherung an psychologische und psychotherapeutische Methoden fand in jahrelanger und intensiver Auseinandersetzung statt, »wobei Konzeptionen entstanden, die sich an die Gesprächstherapie von Rogers und Tausch und auch an die Transaktionsanalyse von Ruth Cohn und anderen Schulen anlehnten«.[50] (Wobei hier angemerkt werden muß, daß man es mit den Theorien in der TS nie so ganz genau genommen hat. Die Transaktionsanalyse ist eigentlich mit dem Namen Eric Berne verbunden, während Ruth Cohns Name für die themenzentrierte Interaktion steht.)

Aufgrund dieser Entwicklung entstand Anfang der siebziger Jahre ein Ausbildungskonzept für ehrenamtliche Mitarbeiter, das vorsah, in Aus- und Fortbildungsgruppen – statt wie bisher durch Vorträge – die Selbstwahrnehmung zu verbessern und Gesprächstechniken zur nichtdirektiven, Klient-zentrierten Gesprächsführung (nach Rogers) zu vermitteln.

Mit dem Entwurf der »Leitlinien« für TS-Arbeit wurde 1976 auch ein »Rahmenplan für die Aus- und Fortbildung von Mitarbeitern in der Telefonseelsorge« erstellt, der zur Zeit von den beiden TS-Verbänden überarbeitet wird. Auswahlkriterien und -verfahren werden ebenfalls im Rahmenplan beschrieben.

Es werden unter anderem folgende Voraussetzungen für die Mitarbeit für wichtig gehalten:

– eine ausgewogene und überzeugende Motivation
– psychische Stabilität und Belastbarkeit
– Sensibilität für eigene und fremde Gefühle
– Kontaktfähigkeit und Einfühlungsvermögen
– Toleranz und das Bemühen um Objektivität
– Lern- und Entwicklungsfähigkeit
– Sinn für Solidarität
– Bereitschaft zum Zuhören
– gutes sprachliches Ausdrucksvermögen

Der zur Zeit noch gültige »Rahmenplan« sieht als letztes Kriterium vor: »Eine positive Einstellung zum christlichen Grundcharakter der Telefonseelsorge muß erwartet werden.« Der neue Entwurf beschreibt – ebenfalls als zuletzt genanntes Kriterium: »Die Bereitschaft, die Arbeit der Telefonseelsorge als einen seelsorglich-diakonischen Dienst der Kirchen für Ratsuchende zu verstehen und sich damit zu identifizieren.«

Die Mitarbeiter 51

Zur Auswahl

Ein Auswahlverfahren ist notwendig, denn nicht jeder, der sich bei der Telefonseelsorge engagieren will, ist für diese Arbeit geeignet. Die Auswahlverfahren sind nicht unumstritten, und jede TS-Stelle geht dabei anders vor. Das Auswahlverfahren enthält aber in der Regel folgende Elemente:
– Information über die Arbeit der TS-Stelle
– Information über Art und Dauer der Ausbildung
– Fragebogen zu Person und Motivation des Bewerbers
– Einzel- und/oder Gruppengespräche zwischen Bewerber(n) und haupt- und ehrenamtlichen TS-Mitarbeitern

Über die Ausbildung

Die ehrenamtlichen Mitarbeiter erhalten eine auf den Dienst am Telefon vorbereitende Ausbildung, die zwischen 6 und 18 Monate dauert. Dabei treffen sich die Ausbildungsteilnehmer ein- bis viermal wöchentlich für mehrere Stunden.

Im »Rahmenplan« heißt es zu den Zielen der Ausbildung: »Die Ausbildung soll den Mitarbeiter befähigen, am Telefon mit den Anrufern helfende Gespräche zu führen. Sie soll ihn darauf vorbereiten, dies nicht als Einzelner, sondern als Mitglied einer TS-Stelle zu tun. Die Aufgabe des Mitarbeiters in der TS ist weder die eines Psychotherapeuten, der in einem langen Prozeß tiefliegende psychische Probleme aufarbeitet, noch die eines spezialisierten Fachmannes, der in einem Sachgebiet Bescheid weiß. Die Aufgabe ist vielmehr, für Menschen mit verschiedenen Problemen, besonders in Krisensituationen, in gleicher Weise hörend, einfühlend, klärend zur Verfügung zu stehen und ihnen erste Schritte auf die Lösung ihres Problems hin zu ermöglichen.« Das bedeutet ein breiteres Arbeits- und Problemfeld für den TS-Mitarbeiter, als es üblicherweise in einer psychotherapeutischen Beratungspraxis anzutreffen ist. Gleichzeitig ist es aber durch die Art der Telefonnotruf-Einrichtung in Zielen und Möglichkeiten der Problembearbeitung begrenzter und kurzfristiger.

Schwerpunkte der Ausbildung sind unter anderem:
– sich über die eigene Motivation klarzuwerden,
– die Möglichkeiten und Grenzen der eigenen Person sowie der TS-Arbeit wahrzunehmen,
– sensibler zu werden für eigenes und fremdes Erleben und Verhalten,
– Grundhaltungen und Techniken der Gesprächsführung kennenzulernen und zu üben,

52 Die Mitarbeiter

– psychologische, soziologische und theologische Theorien, Erkenntnisse und Informationen zu den am häufigsten benannten Problemen der Anrufer kennenzulernen und sich damit auseinanderzusetzen.

Zur Fortbildung

An die erfolgreich absolvierte Ausbildung – erst jetzt wird entschieden, wer endgültig Mitarbeiter wird – schließt sich eine kontinuierliche Fort- und Weiterbildung an. Dazu werden verschiedene Angebote gemacht: zum Beispiel Supervision und themenspezifische Seminare, Fallbesprechungen und der Erfahrungsaustausch mit Kolleginnen und Kollegen der eigenen wie auch anderer TS-Stellen im nationalen wie im internationalen Bereich.

Wichtiges Ziel der Fortbildung ist es, die durch die TS-Arbeit belasteten Mitarbeiter zu unterstützen und ein schnelles »Ausbrennen« möglichst zu verhindern (dieses Wort beschreibt einen totalen Motivations-, Kraft- und Interesseverlust, der durch Überforderung entsteht).

Der ehrenamtliche Mitarbeiter in der Beschreibung zweier Telefonseelsorge-Stellen

Die evangelische TS München schreibt in ihrem Jahresbericht 1985 zum Stichwort »ehrenamtliche Mitarbeiter«:

»Jeder ehrenamtliche Mitarbeiter wird in einem einjährigen Ausbildungskurs auf seine Aufgabe vorbereitet und steht danach in kontinuierlicher Fortbildung und im Austausch über seine Arbeit. Jeder ehrenamtliche Mitarbeiter sitzt aber über alle fachliche Vorbereitung hinaus als Mensch, als Nächster, am Telefon. In Aus- und Fortbildung werden darum auch nicht nur Inhalte und Methoden vermittelt, sondern die ehrenamtlichen Mitarbeiter werden zum Erkennen und Einbringen ihrer persönlichen Eigenarten und Stärken ermutigt. Möglicherweise ist das ein weiterer wichtiger Grund für die hohe Inanspruchnahme der TS: Der Anrufer begegnet am Telefon keinem hochspezialisierten Fachmann, demgegenüber er sich leicht als weit unterlegen erleben kann, sondern einem wohl geschulten, aber vor allem mitmenschlich engagierten ehrenamtlichen Mitarbeiter, mit dem er seiner Meinung nach leichter in eine partnerschaftliche Beziehung treten kann. Und so groß die Vielfalt der am Telefon besprochenen Probleme, so groß ist auch die Vielfalt der ehrenamtlichen Mitarbeiter der TS.«[51]

Die TS Karlsruhe beschreibt den idealtypischen Mitarbeiter so:

»...sind bei unseren Planungen immer von folgender Grundüberzeugung ausgegangen: Ein guter Telefonseelsorger (ein sogenannter Laie) braucht nicht in erster Linie Fachwissen, Gesprächstechniken usw., sondern die Fähigkeit, sich selbst – seine Gefühle, Kräfte, Grenzen – echt zu spüren, damit von ihm her die Voraussetzungen zu einer echten Begegnung mit dem Anrufer gegeben sind. Anders ausgedrückt: Der Telefonseelsorger sollte sich nicht zum (Mini-)Fachmann, sondern immer mehr zu einem offenen, sich seiner selbst bewußten Menschen hin entwickeln. ›Selbstexploration‹ ist deshalb für uns ein wichtiges Stichwort.«[52]

Zur Motivation und Auswahl der Telefonseelsorge-Mitarbeiter

> Gute Handlungen sind
> sublimierte böse.
> *Nietzsche*

Mit dem Angebot, für jedermann, zu jeder Zeit und zu jedem Thema in unbedingter Offenheit - zumindestens telefonisch – präsent zu sein, suggeriert die Telefonseelsorge einen harmonischen, fast paradiesischen Zustand, der in unserer Gesellschaft nahezu ohnegleichen ist. Das kann nicht ohne Konsequenzen für die Anrufer wie für die ehrenamtlichen Mitarbeiter bleiben, insbesondere aber hat es eine Bedeutung für diejenigen, die sich bei der TS um ehrenamtliche Mitarbeit bewerben.

In einer Gesellschaft, die sich vorwiegend durch materielle Werte definiert und in der eher gilt: »Hast du was, bist du was«, fällt die Person auf, die im Gegensatz zum Zeittrend sich und ihre Dienste kostenlos, unentgeltlich oder – wie es in der spezifischen Sprache der TS harmonisierend heißt – »ehrenamtlich« zur Verfügung stellt.

Was für ein Mitmensch kann sich hinter dem Angebot verbergen, in der TS zu einer Zeit arbeiten zu wollen (Stichwort Nachtdienst), wo es nur allzu verständlich und menschlich wäre, ans Ausspannen, Erholen und Schlafen zu denken?

Um Mißverständnissen vorzubeugen: Die Telefonseelsorge funktioniert rund um die Uhr mit ihrem Hilfsangebot, weil es ehrenamtliche Mitarbeiter gibt, die bereit sind, sich ohne materielle Entschädigung zu engagieren. Die Mitarbeiter müssen wohl oder übel ihre Zeit »ehrenamtlich opfern«, weil es niemanden gibt, der ihre Arbeit und ihren Zeitaufwand bezahlen kann oder will. Das wird besonders dann als Problem erlebt, wenn ein ehrenamtlicher Mitarbeiter seinen bezahlten Arbeitsplatz verliert, der es ihm u. a. ermöglicht hat, sich in seiner Freizeit in dieser Form sozial zu engagieren.

Die TS ist also dringend darauf angewiesen, daß sich ihr Menschen in

54   Die Mitarbeiter

dieser Weise zur Verfügung stellen. Einige TS-Stellen scheinen bei der Gewinnung neuer, geeigneter ehrenamtlicher Mitarbeiter keine Probleme zu haben. Die meisten Stellen aber müssen durch gezielte Öffentlichkeitsarbeit (z. B. Zeitungsartikel, Radiointerviews) darauf hinweisen, daß sie ehrenamtliche Mitarbeiter suchen.

Diese Ansprache und Aufforderung zur ehrenamtlichen Mitarbeit bei der TS hat zur Folge, daß sich ganz unterschiedlich geeignete, aber potentiell interessierte Bewerber melden. Wie bei allen helfenden Berufen gilt auch für diese Bewerbung, daß dabei neben dem bewußten Motiv des Helfenwollens auch stark unbewußte Beweggründe beteiligt sein können. Dem mit dieser Materie vertrauten Leser wird spätestens jetzt das fast schon geflügelte Wort vom »Helfersyndrom« einfallen (Schmidbauers »hilflose Helfer« lassen grüßen[53]). Der am häufigsten genannte Grund, bei der TS mitarbeiten zu wollen, ist dann auch der Wunsch, anderen zu helfen.

Ein über einen längeren Zeitraum erfolgendes altruistisches (helfendes) Handeln – so erklären uns lerntheoretische Persönlichkeitstheorien – bringt entweder einen direkten oder wenigstens einen indirekten Vorteil für den Helfer. Der direkte Vorteil kann darin bestehen, daß der Helfer Anerkennung erfährt, der indirekte Vorteil darin, daß ihm durch sein Handeln negative Dinge erspart bleiben. Hierzu ein Beispiel: Durch das engagierte Helfen hat man gar keine Zeit, über seine eigenen Probleme nachzudenken. Man tröstet sich damit, daß es anderen noch viel schlechter geht. Der ursprüngliche Antrieb, sich altruistisch zu verhalten, so könnte man sagen, ist also immer ein egoistischer.

Anna Freud interpretiert altruistisches Verhalten als eine Form der Abtretung eigener Wünsche an andere. Als verboten erlebte egoistische Triebregungen werden auf andere Personen projiziert. Die eigene Bedürfnisbefriedigung besteht dann im Mitgenuß der Bedürfnisbefriedigung anderer. (Ein klassisches Alltagsbeispiel ist der Vater, der seinem zweijährigen Sohn eine hochkomplizierte elektrische Eisenbahnanlage kauft und dann selbst damit spielt.) Statt also die eigenen Wünsche und Bedürfnisse zu verfolgen, werden sie bei anderen wahrgenommen und für andere realisiert. Anna Freud bezweifelt, daß es »eine wirkliche altruistische Beziehung zum Nebenmenschen gibt, bei der der eigene Triebgenuß... keine Rolle mehr spielt.«[54]

Aus psychoanalytischer Sicht können an dem Wunsch, in einer Einrichtung wie der Telefonseelsorge mitzuarbeiten, u. a. folgende unbewußte Motive beteiligt sein: Der auffällig engagiert vorgetragene Wunsch, anderen zu helfen, ist unter Umständen nichts anderes als die Abwehr einer eigenen, nicht zugelassenen oder eingestandenen Hilflosigkeit. Die eigene Hilfsbedürftigkeit wird konsequent geleugnet und abgelehnt und höchstens in Form von Ausbildung bzw. Fortbildung akzeptiert, um die eigenen Fähigkeiten zur Hilfeleistung für andere noch zu verbessern. Eine starre und strenge Idealvorstellung von der eigenen Person (Ich-Ideal) gaukelt – nach außen hin – eine starke Fassade vor. Das Aufrechterhalten und Funktionieren dieser Fassade wird von einem überkritischen und vielleicht sogar fast bösartig peinigenden Gewissen überwacht. Eigene Schwäche und Hilfsbedürftigkeit ist unerträglich und wird verleugnet.

Möglicherweise ist also das unbewußte Motiv des potentiellen Mitarbeiters, selbst Hilfe zu bekommen. Vielleicht will er endlich einmal um seiner selbst willen geliebt werden, nicht seines Verhaltens wegen, und schon wieder ist er in der »Falle«, da er scheinbar nur eine Existenzberechtigung hat, wenn er anderen Gutes tut.

Wer so im Schatten seines strengen Gewissens (Über-Ichs) lebt, das ständig von ihm verlangt, vitale Impulse ungelebt zu lassen, der muß versuchen, durch rastlose, scheinbar selbstaufopfernde Arbeit für andere sich das Maß an Anerkennung zu verschaffen, das ihm sein eigenes Über-Ich versagt. Gegenseitigkeit und Intimität werden dabei jedoch streng vermieden. So hilft dann auch das Telefon mit, Distanz zu wahren. Wünsche nach Nähe, Wärme und Anerkennung (orale und narzißtische Bedürftigkeit) wuchern im Verborgenen.

Häufig kann man feststellen, daß der Wunsch, bei der TS mitzuarbeiten, auch aus dem Bedürfnis gespeist wird, eine mehr oder weniger bewußt erlebte Lebenskrise zu bewältigen. So kann zum Beispiel die Tatsache, daß die Kinder selbständiger geworden sind und das Haus zu verlassen drohen, ein Gefühl hervorrufen, die bisherige Hausfrauen- und Mutterrolle könne überflüssig werden, man selbst sei vielleicht sogar überflüssig. Aus einer solchen Krise kann dann leicht der Wunsch entstehen, zum Beispiel in die Rolle des Telefonseelsorgers zu schlüpfen, um sich wieder als wichtig und nützlich zu erleben.

Im Extremfall sucht der einsame Bewerber auf diese Art und Weise anonym die Nähe zum ratsuchenden Anrufer, auch unter dem unbewußten Aspekt, für sich selbst eine Möglichkeit zu finden, aus der eigenen Einsamkeit zu entkommen.

Den leitenden (hauptamtlichen) Mitarbeitern der TS ist bekannt, daß ihre Institution für depressive Persönlichkeiten mit Helfersyndrom eine magnetische Anziehungskraft hat.

Das Nietzsche-Wort, daß gute Handlungen sublimierte böse sind, beruht auf einer Vorausahnung tiefenpsychologischer Erkenntnisse: Eine Umgehensweise des Unbewußten mit feindseligen Impulsen kann dazu führen, daß diese verpönten, nicht zugelassenen Regungen ins Gegenteil

56   Die Mitarbeiter

umgewandelt werden. Jetzt manifestiert sich nicht mehr Aggression und Haß, sondern allgemein anerkannte Fürsorge und Hilfsbereitschaft. Eigentliche Ursachen für das nach allen Seiten sichtbar werdende Hilfsangebot können also im Kern ganz anderer Natur sein. Denkbar aber sind auch unbewußte Schuldgefühle, die bei dem Hilfsangebot eine entscheidende Rolle spielen und die dazu führen, sich in Form einer selbst auferlegten, aufopferungsvollen Buße – also auch im Sinne einer Wiedergutmachung – zu engagieren.

Um abermals Mißverständnissen vorzubeugen: Die dargestellten Mechanismen – Hilfe zu geben, um Hilfe zu erhalten, und die Umwandlung von feindseligen Impulsen in fürsorgerische – stellen eigentlich die psychische Basis für jeden helfenden Beruf dar (Beispiel: der Spritzen gebende, operierende Arzt). Natürlich ist die Tätigkeit des Arztes ebenso wie die des Telefonseelsorgers unverzichtbar. Es sei lediglich auf die Möglichkeit von extremen Ausprägungen von Narzißmus, Depression und Aggressivität (sei sie versteckt oder offen) bei Bewerbern aufmerksam gemacht. Solche Persönlichkeiten werden kaum das notwendige Einfühlungsvermögen und die unabdingbare Stabilität (Ich-Stärke) für die Arbeit am Telefon haben.

Außer Einfühlungsvermögen und Ich-Stärke benötigt der TS-Mitarbeiter aber auch die Fähigkeit, eigene Probleme und Gefühle zu erkennen sowie die Bereitschaft, sich damit kritisch auseinanderzusetzen. Auch ohne ein gewisses Maß an Optimismus, der auf der Hoffnung und dem Vertrauen basiert, daß viele von Menschen geschaffene Probleme und Konflikte auch wieder durch sie selbst gelöst werden können, sind für die Arbeit am Telefon unerläßlich.

Was wäre das Leben ohne Hoffnung! (Hölderlin)

Telefonseelsorger, ein Beruf?
Ehrenamtliche Arbeit im Spannungsfeld Anrufer/Laie/Experte

»Die meisten Krisensituationen werden ohne fremde Hilfe bewältigt. In vielen Krisenfällen sind einfach Formen mitmenschlicher Hilfen ausreichend, ohne daß psychotherapeutisches Fachwissen erforderlich wäre. Eine Professionalisierung derjenigen Hilfen, die auch vom Laien geleistet werden können, sollte auch im Hinblick auf die ständig steigenden Kosten des Gesundheitswesens vermieden werden. Maßnahmen, die zur Erhaltung natürlicher, familiärer und gesellschaftlicher Hilfen oder ihrem Wiederaufbau dienen, sind überall dort einer professionellen Hilfe vorzuziehen, wo diese gleichwertige Ergebnisse versprechen.«[55]

Zwei Aspekte werden in diesem Zitat aus der Psychiatrie-Enquete angesprochen: Die Kostenexplosion im sozialen und medizinischen Bereich
und die Notwendigkeit der Stärkung anderer als professioneller Hilfen in
Krisensituationen.

Die Hintergründe des Kostenaspektes sind leicht zu interpretieren,
schreibt die Berliner Soziologin Elisabeth Brodersen: »Fehlen die Mittel
zur Anstellung hauptamtlicher Kräfte, besinnt man sich eben auf die, die
bereit sind, unentgeltlich, sprich ehrenamtlich zu arbeiten. Der ehrenamtliche Helfer soll dort einspringen, wo wegen Mittel- und Personal-
knappheit in der sozialen Versorgung Engpässe auftreten. Ihm wird das
an Arbeit zugeschoben, was Fachleute nicht mehr bewältigen. So gesehen
haben die ehrenamtlichen Hilfen eine klare Lückenbüßer- und Ersatz-
funktion.«[56]

Die ehrenamtlichen Mitarbeiter der Telefonseelsorge sind jedoch nach
der Einschätzung des Würzburger Psychologen Hans Neidhart nicht bereit, »in einer Zeit zunehmender Kürzungen im Sozialbereich als billige
Lückenbüßer einzuspringen. Durchgängig erwarten und fordern sie professionelle Unterstützung für ihr freiwilliges Engagement in Form von
Aus- und Fortbildung.«[57]

Im Unterschied zu anderen Bereichen ehrenamtlichen Engagements leisten die TS-Mitarbeiter keinen untergeordneten Hilfsdienst für profes-
sionell-hauptamtliche Mitarbeiter. Sie arbeiten nach ihrer Ausbildung
eigenständig und selbstverantwortlich, wenngleich kostenlos. Neidhart
beobachtet einen Wandel in der Motivationsstruktur ehrenamtlicher Mitarbeiter: »Eine einseitige Helfermotivation (›nur‹ geben wollen, für andere dasein usw.) wird abgelöst durch eine differenziertere Sicht des eigenen Engagements, die sich am besten durch ein ausgewogenes Verhältnis
von ›Geben‹ und ›Nehmen‹ beschreiben läßt.«[58]

Die TS Münster kritisiert die Bezeichnung »ehrenamtlicher« Mitarbeiter
und spricht (analog zu dem z. B. im englischsprachigen Raum üblichen
Begriff »volunteer«) von ihren Mitarbeitern als »freiwilligen« Mitarbeitern. TS-Arbeit sei kein Ehrenamt, wenn man vom ursprünglichen Wortsinn ausgeht, nach der ein Ehrenamt (wie z. B. beim Schöffen- und Vor-
mundsamt) mit Ansehen, Würde oder sogar Auszeichnung verbunden
ist.[59]

Die freiwilligen Mitarbeiter sind aber, so die TS Münster, nicht gleichzu-
setzen mit »Laien« im Sinne von Nicht-Experten im psychosozialen Bereich. Immerhin werden sie sorgfältig ausgewählt und ausgebildet und in
ihrer Kompetenz von den professionell-hauptamtlichen Mitarbeitern laufend gefördert und unterstützt.

Die TS Karlsruhe verdeutlicht diese besondere Zwitterstellung des Mitar-

58   Die Mitarbeiter

beiters zwischen Laie und Experte am Vergleich mit einer so alten ehrenamtlichen Institution wie der der freiwilligen Feuerwehr und entdeckt
erstaunlich viele Parallelen:
> »Es geht beiden darum, zu löschen, ›wenn das Haus in Flammen steht‹.
> Beide investieren beachtlich viel von ihrer Freizeit. Beide brauchen
> Ausbildung und laufende Übung (Fortbildung). Das Arbeitsfeld bei-
> der wird zunehmend komplizierter und erfordert immer mehr Kennt-
> nisse, um sinnvoll und wirksam helfen zu können. Beide spüren das
> starke Gefälle hin zu einer vollen Professionalität. Der entscheidende
> Unterschied liegt aber wohl darin, daß die Feuerwehr ihre Effizienz
> klar und deutlich beschreiben und messen kann, Telefonseelsorge es
> aber mit der menschlichen Seele und dem menschlichen Leben in sei-
> ner unüberschaubaren Vielgestalt und Dynamik zu tun hat.
> Der Telefonseelsorger steht immer in einer starken inneren Spannung.
> Einerseits weiß oder ahnt er doch, daß das, was uns Menschen in seeli-
> schen Nöten und Problemen hilft, letztlich nur menschliche Nähe und
> Verständnis, Zuspruch und Ermutigung zum Leben ist. Andererseits
> erfährt er im Laufe seiner Tätigkeit immer klarer und sachlicher, wie
> und wo professionelle Hilfe einfach in Anspruch genommen werden
> muß. Anders gesagt: Der Telefonseelsorger muß immer von neuem mit
> Verstand und echtem Gefühl klären, welche Art von Hilfe jetzt wirk-
> lich hilft. Das ist eine lange Suche des Sich-Bescheidens (die Bibel
> spricht hier von Demut). Er wird die Chancen und die Grenzen sowohl
> aller Selbsthilfearbeit wie auch aller professionellen Hilfen immer wie-
> der an der eigenen Seele erleiden, wird hin und her gerissen sein und
> muß unablässig daran arbeiten. Er trägt in Ansätzen ja all die Erwar-
> tungen der Anrufer an ihn auch in sich selbst. Das eine: Mir kann kein
> Fachmann helfen; aber du, Telefonseelsorger, du Christ und Mit-
> mensch, du müßtest doch Mitgefühl mit mir haben und mir helfen kön-
> nen. Und das andere: Aller guter Wille und alle Hilfsbereitschaft er-
> setzt nicht eine klare, nüchterne Diagnose und anschließende Therapie
> mit den Hilfsmöglichkeiten der modernen Wissenschaft.«[60]

Die Karlsruher TS kommt zu dem Ergebnis: Telefonseelsorger ist keine
klar definierbare Berufsgruppe. Hier arbeiten unterschiedliche Menschen zusammen und nützen ihr Verschiedensein in Lebenserfahrung,
Temperament und Wissen, um miteinander zu lernen, wie man einem
anderen Menschen in einer besonderen Krisensituation begegnen und
nahe sein kann.
Der TS-Mitarbeiter sitzt gleichsam zwischen allen Stühlen: Da sind auf
der einen Seite sowohl die »Profis« in der psychosozialen Versorgung,

denen gegenüber er bisweilen deutliche Kompetenzdefizite spürt, als auch die anderen »Profis« aus dem kirchlichen Seelsorgebereich, denen er Rechenschaft über christliche Orientierung schuldig ist; und da sind auf der anderen Seite die Anrufer mit den unterschiedlichsten Problemen und oft wenig realistischen Erwartungshaltungen und nicht zuletzt auch noch seine eigenen Probleme und Nöte, seien sie reaktiviert durch die Anrufer oder seine eigene aktuelle Befindlichkeit.

Die Mitarbeiter der TS Düren dokumentieren offen, was Anrufer in Gesprächen bei ihnen selbst auslösen:

- der hat eine Stimme wie mein Mann
- meine Güte, redet der um sein Problem herum
- das kann ich nicht ertragen, das ist zu schwer
- mein Gott, ist das ein armes Wesen
- was soll ich bloß sagen?
- wie finde ich nur guten Kontakt?
- sie ist so alt wie meine Tochter
- genau wie ich
- hat er nicht schon mal angerufen?
- ich würde am liebsten mitweinen
- ob sie sich wirklich umbringt?
- wie komme ich jetzt zu einem guten Ende des Gesprächs?
- sie tut mir so leid
- wie kann ich ihr nur umfassend helfen?
- was will sie eigentlich?[61]

Die Dürener Mitarbeiter benennen auch ihre Gefühle während der Gespräche:

Ich fühle mich

- traurig – schuldig – verzagt – ohnmächtig – ratlos – hilflos – dempri-miert – stark – erfolgreich – beschämt – ausgebeutet – wütend – gütig – glücklich – dankbar – nah – leer – distanziert – empört – verwirrt – erfrischt – verlacht – nützlich – hilfreich – überflüssig – enttäuscht – gelangweilt – betroffen – bewegt – angerührt – angeregt – vergnügt – begeistert – müde – ruhig – entsetzt – erschrocken – überwältigt – ängst-lich – erfüllt.[62]

Im Jahresbericht 1985 der Duisburger TS wird über die Erfahrungen mit einem Stand auf dem »Markt der Möglichkeiten« anläßlich des Kirchen-tages 1985 in Düsseldorf berichtet. Neben vielen Informationsfragen (wie

60   Die Mitarbeiter

wird man Mitarbeiter, wie ist die Ausbildung...) kam es auch zu zahlreichen Beratungsgesprächen und zu einer »Erfahrung besonderer Art«:
Nicht nur *ein* Besucher, der, nachdem er den Stand mehrfach umrundet hatte, kam und sagte, daß er die Telefonseelsorge in einer schwierigen Situation in Anspruch genommen und Hilfe erfahren habe, daß er Mitarbeiter mit dem und dem immer und immer wieder genervt und doch Freundlichkeit und Bereitschaft erlebt habe. Nun gehe es ihm besser, und er wolle sehen, was das für Menschen seien, die da am Telefon sitzen und bereit sind für den anderen. Und nun stelle er fest, es seien ganz normale Menschen – so wie er und viele andere auch!
Und siehe da, unsere Mitarbeiter machten die gleiche Feststellung. Die sich so zu erkennen gebenden Anrufer waren nicht absonderlich, nicht anders als sie selbst – sie hatten in einer Krise für eine gewisse Zeit den Begleiter gebraucht.[63]

Abschließend wollen wir noch zwei Mitarbeiterinnen der Telefonseelsorge zu Wort kommen lassen. Die erste berichtet über Erfahrungen aus ihrer achtjährigen ehrenamtlichen Mitarbeit:
»Eine... Erfahrung war, daß ich meine Fähigkeiten überschätzte. Dem großen Elan der Anfangszeit, nach dem Motto ›ich könne die Menschen erziehen und bei den Anrufern vieles bewirken‹, folgten natürlich Enttäuschungen. Die Folge war, daß ich mich zurückzog.
Mittlerweile habe ich mich auch hier auf das rechte Maß eingependelt, d. h., ich versehe meinen Dienst – meist nachts – ohne die Erwartung oder Hoffnung, etwas beim Anrufer erreichen zu können. Ich bin illusionsloser und realistischer geworden. Mit offenem Ohr und Herzen für den Anrufer, aber gleichzeitig mit einer gewissen Skepsis nehme ich jedesmal den Hörer ab. Es ist schon viel, wenn ich im Gespräch merke, daß ich beim Anrufer einen festgefahrenen Gedankengang auf ein anderes Gleis habe umleiten können. Mehr kann ich am Telefon nicht erreichen...
Durch den Telefondienst wurde ich sensibler und toleranter für die verschiedensten Lebenssituationen anderer. Die Teamgruppe ist mir im Laufe der Zeit wichtiger geworden. Sie ist für mich heute notwendige Ergänzung zum Telefondienst, die ich nicht mehr missen möchte. Besonders in der Zeit der Ent-Täuschungen half mir die Kontinuität der Gruppe. Ich denke, es ist schon sehr viel, wenn ich überhaupt gewillt bin, mich im Gespräch ganz auf den Anrufer und die Gefühle, die er bei mir auslöst, zu konzentrieren. Nicht mehr, aber auch nicht weniger kann eine TS leisten.«[64]

Nachts am Telefon
Wie erlebt eine Mitarbeiterin der Telefonseelsorge
ihren Nachtdienst?

»Aus dem normalen Leben will ich schweigen« – einem Leben in Alkoholabhängigkeit. Reden möchte er davon, wie es dazu kam und anders hätte kommen können, und daß alles überhaupt so ungerecht und traurig ist – Sehnsucht nach Änderung.

Natürlich kennt er längst die einschlägigen Anlaufstellen, Entzugs- und Entwöhnungsbehandlungen, Hilfsorganisationen. Ich lasse ihn bei seiner Flasche zurück. Ebenso wie ich später die Daueranruferin, die mich nötigt, die ach so vertraute erste Meile mit ihr zu gehen, nicht eine zweite begleite. Weil ich zu müde dazu bin, weil ich vielleicht das Suchen nach einem unbequemeren, aber weiterführenden Weg aus der Einsamkeit verhindere, weil ein nächster anruft.

Der Schreibtischsessel ist bequem, die Telefonzelle ist eng und hart. Wie nah kann ich der Frau sein, die zur Telefonseelsorge flüchtete vor ihrem randalierenden Mann? Was ist meine kleine Unruhe – ›hat sie einen Stift zum Notieren der Frauenhausnummer und auch noch zwei Groschen zum Anrufen dort bei sich?‹ – gegen ihr Aufgestörtsein?

Eine Mutter schluchzt um ihren in Drogensucht gefangenen Sohn. Wie nah darf ich ihr sein, damit sie Schmerz, Schuldgefühl, Scham ausweinen kann und ich nicht abwehre mit hilflos schnellem Trost?

Der alte Mann klagt seine Frau an, die ihm »mit dem Hin und Her ihrer Krebskrankheit die letzten schönen Jahre raubt«. Wie nah muß ich ihm kommen, um hinter seinen wütenden Vorwürfen die Verzweiflung zu erkennen?

Menschen rühren mich an mit ihrer Stimme, kein Anblick ordnet ein, kein Geruch stört, nichts verstellt mir den Weg zu dem Anrufer. Finden meine Wort-Schritte zu ihnen?

»Naja, dann will ich mal auflegen«, resigniert einer nach einigen Gesprächsminuten, überfordert von meinem unbedachten Wissen, was gut für ihn wäre, unwillig darüber, daß ich seinen Widerstand benannte. Ganz sicher alleingelassen von mir, weil ich nicht gehört habe, was ich ihm tun sollte, nicht verstanden habe, wo er hier und jetzt in seinem Erleben zu finden war.

Recht behutsam setze ich meine Worte der sich nun meldenden unruhigen, fahrigen Stimme entgegen. Angst, eine Wirrnis an Schwierigkeiten, der Therapeut nicht erreichbar. Und am Schluß: »Wir passen ja eigentlich viel besser zusammen«, insistiert er: »Wann können wir uns treffen?«

62 Die Mitarbeiter

Niemanden kann ich aufsuchen; der Notarzt bin ich nicht, der Weck-dienst auch nicht, und leider bekomme ich weder im Fußboden kra-spelnde Mäuse noch lärmende Obermieter zur Ruhe.

Aber bei ihr bleibe ich jetzt, in dieser durchlässigen Stunde zwischen Nacht und Tag. Schlaflosigkeit läßt sie anrufen, die Tabletten helfen gar nicht, lösen auch nicht die Verspannungen in Hals und Gesicht. Sie spricht stockend, leise, monoton: Dunkle Leere umgibt sie, nichts treibt sie, diese Leere zu füllen, was hätte das auch für einen Sinn? Sie schafft es ja sowieso nicht, und alles ist ihr ganz egal. Aber hellhörig ist sie, verwundbar in ihrem Verlangen nach Zuwendung. Wer sieht mei-nem statistischen Kreuzchen, ins Tagebuch, das vor mir liegt, eingetra-gen, ihr Leiden am schweren Gewicht der Depression an?

»Ohne Männer geht es nicht!« war vorhin das energische Resümee jahrzehntelanger Erfahrung. Und das gleiche sagte der verzweifelte Schrei: »Ich muß ihn zurückkriegen!« – den Freund, den das junge Mädchen gerade mit einer anderen im Bett wußte.

Doch die Ehefrau möchte loskommen von ihrem Partner, den sie kaum noch erträgt. Ein Streiflicht fällt auf das Geflecht aus gewachsenen Bin-dungen, enttäuschten Hoffnungen, eingefahrenen Verhaltensweisen, das sie langweilt, beengt und quält. Was hindert sie, es zu zerreißen? Was blendet sie aus, vor mir, vor sich selbst? Ich versuche, ihren sich widersprechenden Gedankengängen nachzuspüren; ab und an ein In-nehalten: Da beginnt das ihr Mögliche und Gemäße sich abzugrenzen, der Freiraum, in dem sie ihre Entscheidung wird finden und verantwor-ten müssen – heute noch nicht.

Kein drohender Suizidversuch in dieser Nacht, keine Wahnidee oder Abartigkeit, kein verlorenes Schweigen. Nichts Besonderes. Hilferufe aus dem normalen, belasteten, versöhnungsbedürftigen Leben.[65]

Die Anrufer

In jeder Minute wählen mehrere Bundesbürger die Notrufnummer der Telefonseelsorge. Wieviele Anrufer auf ein Besetztzeichen stoßen, weiß man nicht, aber mindestens jede Minute spricht ein Mensch in der Bundesrepublik mit einem TS-Mitarbeiter über seine Probleme, Sorgen und Nöte.
Wer sind die Anrufer der Telefonseelsorge, und was sind ihre Probleme?

Ist es normal, die 1 11 01 zu wählen?
Gedanken eines Anrufers

Der Gedanke kommt so spontan, daß ich fast darüber erschrecke. Der Gedanke, daß ich, ausgerechnet ich, die Telefonseelsorge anrufe. Bin ich nicht bisher hervorragend ohne fremde Hilfe in meinem Leben zurechtgekommen? Natürlich! Im Gegenteil sogar: Ich habe anderen geholfen, wenn sie in Schwierigkeiten waren, zu Hause in der Familie, am Arbeitsplatz, im Verein. Komisch, daß von der ganzen Kraft nichts mehr übrig ist, um mir jetzt selbst helfen zu können, meine eigenen Probleme anzupacken und sie zu lösen. Ich bin völlig leer, fühle mich wie ausgebrannt – fix und fertig. Ich könnte heulen.
Natürlich habe ich gemerkt, wie ich immer stärker unter Druck geriet. Das kam ja nicht plötzlich, so quasi über Nacht. Aber ich habe es lange nicht ernstgenommen, das Gefühl, ich muß etwas tun, klären, reden. Ich hab' die Dinge halt laufen lassen, habe weggeschaut, bin davongelaufen. Und jetzt schlagen mir die Wogen über dem Kopf zusammen, so, daß ich fast keine Luft mehr bekomme. Und ausgerechnet dort, wo ich sonst über meine Schwierigkeiten und Probleme sprechen konnte, wo ich Verständnis und auch Hilfe fand, dort kann ich jetzt nicht reden, bin ich blockiert. Dort, nämlich zu Hause, wo ich sonst auftanken und mich regenerieren konnte, stimmt es nicht mehr, stimmt es für mich nicht mehr. Da sind ja meine Probleme, da kommen sie her.
Ganz vorsichtig habe ich versucht, meine besten Freunde anzusprechen. Ich hatte die Hoffnung, jemanden zu finden, der zuhört, der Verständnis hat, der vielleicht in der gleichen Situation ist oder war. Leider

64   Die Anrufer

Fehlanzeige: Keine Zeit, dumme Sprüche, keine Nähe. Abgeblitzt! Ich
bin ganz schön enttäuscht. Die erinnern sich gar nicht mehr an die Situationen, als sie bei mir mit ihren Sorgen ein offenes Ohr gefunden
hatten. Jetzt lassen sie mich hängen. Dabei brauche ich so dringend
jemanden, mit dem ich einmal offen reden kann, über mich, über
meine Ehe, über meine Angst, meine Hemmungen und auch meine
Wünsche. Und wie ich unter Druck stehe, so stark, daß ich befürchte,
daß der Kessel bald platzt. Davor habe ich die meiste Angst. Und jetzt
sitze ich hier. Mitten in der Nacht. Alles ist so ruhig. Aber das macht sie
für mich noch unerträglicher, die Spannung in mir. Ich sitze am Telefon
hier, überlege und kann doch keinen Gedanken ganz zu Ende denken.
Vor mir liegt die Nummer der Telefonseelsorge. Ich bringe es aber einfach nicht fertig, den Hörer abzunehmen und die fünf Zahlen zu wählen. Warum bloß nicht? Seelsorge – das ist doch mit Sicherheit etwas
Kirchliches. Und Kirche, damit habe ich schon lange nichts mehr am
Hut. Da habe ich so meine Erfahrungen. Ich stelle mir vor, da sitzt
vielleicht ein Pfarrer am anderen Ende der Leitung, der mir mit frommen Sprüchen aus der Bibel kommt. Ich spüre direkt, wie er mir seine
Hand auf die Schulter legt und sagt: »Mein Sohn verzage nicht...« oder
so ähnlich. Nein, das könnte ich heute abend nicht mehr vertragen.
Außerdem habe ich da ein komisches Gefühl im Bauch. Bei Kirchens
anzurufen wäre in meiner Situation etwa so, als wollte ich eine Sache in
einem Laden umtauschen, in dem ich sie gar nicht gekauft habe.
Da fällt mir ein, vielleicht habe ich aber auch einen Psychologen am
anderen Ende. So einen perfekt ausgebildeten, wie ich einen aus der
Selbsterfahrungsgruppe her kenne, die ich einmal besucht habe. So
einen, der schon nach den ersten drei Worten weiß, was mit mir los ist,
der mich dann gar nicht mehr richtig anhören kann, weil er schon eine
Schublade für mich herausgesucht hat, in die er mich hineinstecken
kann. Ich meine so einen Vollprofi mit Diplom und unverständlichen
Fachausdrücken. Da läuft es mir direkt ganz kalt den Rücken herunter.
Nein, mit so einem Fachmann könnte ich jetzt nicht reden.
Neulich war im Fernsehen ein kurzer Bericht über eine Telefonseelsorge in Stuttgart. Eigentlich ganz interessant. Da machte eine niedli-
che, ältere Dame, so mit Spitzenkrägelchen, Dienst. So ein richtig
liebes Frauchen. Ganz zart und zerbrechlich sah sie aus. Bei der hätte
ich ganz schön Hemmungen, von meinen ehelichen Problemen zu sprechen. Da gibt es ganz schöne Brocken – mein lieber Mann! Ich glaube,
die würden die gute Dame glatt vom Hocker hauen. Überhaupt, ich
glaube, es würde mir schon schwerfallen, gerade mit einer Frau über
meine Probleme zu sprechen. Oder es meldet sich so ein junger Spund,

der ja noch überhaupt keine Lebenserfahrung hat, und dem soll ich dann mein Problem erklären. Undenkbar für mich. Langsam habe ich das Gefühl, ich suche förmlich nach Gründen, um nicht bei der Telefonseelsorge anzurufen. Wer zwingt mich denn eigentlich dazu? So ein Anruf, bei dem es um so viele private, ja intime Probleme geht, ist ja wirklich schon ein Wagnis. Kann ich den Leuten dort bei der Telefonseelsorge auch wirklich vertrauen? Kann ich Vertrauen haben, daß ich meine Meinung offen aussprechen und auch behalten kann, daß mich keiner umkrempeln, verändern will. Daß mich keiner kritisiert, moralisiert? Vertrauen, daß das, was ich dort sage, auch dort bleibt, nicht weitergetragen – nicht breitgetreten wird? Vertrauen darauf, daß ich anonym bleiben kann, unter allen Umständen? Nehmen die mich überhaupt ernst, wenn ich mit solchen Vorstellungen, Bedingungen komme? Nehmen die mich auch ernst, wenn ich unsicher, zunächst nur ganz wenig von mir erzähle, vorsichtig bin, die dicken Brocken zunächst zurückhalte? Oder muß ich gleich dick auftragen, um Interesse zu wecken? Kann ich das überhaupt?

Mensch, mache ich es mir aber schwer. Dabei ist es schon weit nach Mitternacht, und ich muß morgen früh raus. Aber so kann ich einfach nicht ins Bett. So, wie ich mich jetzt fühle, ohne mit jemandem gesprochen – mich ausgesprochen zu haben. Sprechen, ja, das muß ich unbedingt. Aber es muß ein vernünftiges Gespräch sein, ein Gespräch, das etwas taugt, das mir auch etwas bringt. Da bin ich schon anspruchsvoll. Ich will ein Gespräch, das Tiefgang hat, das nicht so an der Oberfläche dahinplätschert, einen Kontakt, der die Distanz überwindet, eigentlich suche ich ja Nähe, Verstehen, Wärme. Geht denn das überhaupt über das Telefon? Nähe spüren? Ich erinnere mich im Moment an keine Situation, wo ich so etwas schon einmal erlebt hätte – beim Telefonieren, meine ich. Und außerdem fällt mir da ein, er kostet ja nichts, der Anruf bei der Telefonseelsorge – außer der Postgebühr natürlich. Ist das nicht auch eine Erfahrung von mir, daß das, was nichts kostet, in der Regel auch nicht viel taugen kann? Oh je, ich merke schon, was für ein schwieriger Mensch ich bin, so kompliziert, voller Mißtrauen, Angst und Zweifel. – Voller Hemmungen vor dem Unbekannten, dem Neuen. Ist das überhaupt normal? Bin ich eigentlich normal? Daß ich hier sitze und es nicht fertigbringe, ein ganz normales Telefonat zu führen – ist das noch normal? Das ist überhaupt eine gute Frage! Ich glaube, jetzt packe ich es! Ich wähle die 11101... Ich höre eine Stimme: »Telefonseelsorge... guten Abend...« und sage: »Guten Abend« und frage: »Bin ich eigentlich normal, wenn ich bei Ihnen anrufe...?«[66]

66 Die Anrufer

Zahl der Anrufe

Jährlich erhalten die 84 TS-Stellen in der Bundesrepublik Deutschland etwa 645 000 Anrufe.[67]
Seit Gründung der Telefonseelsorge hat diese Institution schätzungsweise 7 Millionen Anrufe erhalten. Die Zahl der Anrufe darf jedoch nicht mit der Gesamtzahl unterschiedlicher Anrufer gleichgesetzt werden. Nicht jeder Anrufer wendet sich nur einmal an die TS, viele rufen häufiger an. In der TS-Statistik wird deshalb versucht, nach Erst-, Mehrfach- und Daueranrufern zu unterscheiden.
1984 wurden nach der offiziellen Gesamtstatistik aller TS-Stellen in der Bundesrepublik 35 % der Anrufe von Erstanrufern getätigt. Die Mitarbeiter schätzten 23 % als Mehrfach- und 17 % als Daueranrufer ein. Bei 25 % der Anrufe waren sie nicht in der Lage, eine sichere Zuordnung nach dem Schema Erst-, Mehrfach- oder Daueranrufer vorzunehmen.
Das bedeutet: Mindestens 40 % der Anrufe erfolgten von Personen, die die TS mehrmals im Monat, mehrfach in der Woche oder sogar des öfteren am gleichen Tag in Anspruch nahmen.
Bei einer realistischen Einschätzung kann man davon ausgehen, daß weniger als 50 % der Anrufer Erstanrufer sind und auch Einmalanrufer bleiben.[68]
Die folgende Tabelle informiert über die Häufigkeit von Erst-, Dauer- und Mehrfachanrufern im Bundesdurchschnitt in den Jahren 1981–1984:

	1984	1983	1982	1981
Erstanrufer	46,6 %	49,0 %	46,6 %	49,0 %
Mehrfachanrufer	31,0 %	29,2 %	31,3 %	29,8 %
Daueranrufer	22,4 %	21,7 %	22,0 %	21,2 %

Tabelle 1

Die Tabelle zeigt, daß man bei der TS zwei annähernd gleich große Anrufergruppen unterscheiden kann: Erst- und Einmalanrufer und Mehrfach- bis Daueranrufer.
Geht man von etwa 50 % Erstanrufern aus, läßt dies den Schluß zu, daß sich – bei insgesamt 7 Millionen Anrufen seit Bestehen dieser Institution – ungefähr 3,5 Millionen Bundesbürger oder etwa 5 % der Gesamtbevölkerung in einer Krisensituation an die TS gewandt haben.
Bei einer 1984 erreichten Gesamtanrufzahl von etwas über 640 000 kann man für die Bevölkerung der Bundesrepublik die statistische

Aussage machen, daß im genannten Jahr einer von 200 Bundesbürgern die TS wenigstens einmal angerufen hat (= 0,5 % der Gesamtbevölkerung).
Eine Übersicht über die Entwicklung der Anruf- und TS-Stellenzahlen seit 1956 gibt die folgende Tabelle:

Jahr	Zahl der Anrufe	Zahl der TS-Stellen
1956	600	1
1966	52000	27
1967	71000	28
1968	81000	30
1969	99000	31
1970	105000	33
1971	122000	34
1972	141000	37
1973	198000	40
1974	300000	45
1975	420000	53
1976	440000	56
1977	460000	56
1978	508000	62
1979	509000	68
1980	565000	78
1981	573000	80
1982	638000	82
1983	656000	83
1984	645000	84

Tabelle 2

Eine Übersicht über die Anrufzahlen (1984) bei verschiedenen zufällig ausgewählten TS-Stellen gibt die Tabelle 3 (S. 68).

Zum Zahlenverhältnis Anruferinnen/Anrufer

Das Telefon klingelt. Zwei Menschen sind auf ihre Stimme reduziert, auf ihre Worte und ihren Tonfall. Wie sonst auch bei Begegnungen zwischen Menschen gilt die erste, oft ganz unbewußte Orientierung der Frage »Mann oder Frau?«
Auf die Gesamtstatistik der TS 1984 bezogen waren 57 % der Anrufer Frauen, 28 % Männer. Bei 15 % der Anrufe – so die offizielle Statistik für die Bundesrepublik – konnte keine Zuordnung vorgenommen werden.

68 Die Anrufer

	Anrufe 1984	Gründungsjahr
Berlin	23161	1956
Hamburg (ev.)	23000	1958
München (ev.)	21290	1968
München (kath.)	18802	1962
Stuttgart (ev.)	14868	1960
Köln (ev.)	14675	1968
Duisburg-Mühlheim (ökum.)	12052	1974
Karlsruhe (ökum.)	11813	1962
Bielefeld (ökum.)	11572	1974
Freiburg (ökum.)	10601	1974
Niederrhein (Wesel, ökum.)	9719	1982
Würzburg (ökum.)	8566	1972
Hagen (ökum.)	8544	1974
Bad Kreuznach (ökum.)	5792	1980
Hanau (ökum.)	6329	1976
Düren (kath.)	2687	1980

Tabelle 3

Dies ist eine erstaunlich hohe Zahl, die sich dadurch erklärt, daß es sich hierbei wohl in der Mehrzahl um sogenannte Auflege- und Schweigeanrufe handelt, bei denen der Anrufer kein Wort sagt bzw. nach dem Melden der TS sofort auflegt.

Eine Übersicht über die Geschlechtsverteilung der Anrufer für die Bundesrepublik und einige ausgewählte Stellen im Jahr 1984 enthält die folgende Tabelle:

	Männer	Frauen
BRD	32,9%	67,1%
Karlsruhe (ö)	18,0%	82,0%
Stuttgart (e)	25,6%	74,4%
Düren (k)	28,9%	70,5%
Freiburg (ö)	30,1%	69,9%
Bielefeld (ö)	33,0%	67,0%
München (k)	33,3%	66,7%
München (e)	34,4%	65,6%
Berlin	41,3%	58,7%
Hagen (ö)	42,0%	58,0%

Tabelle 4

Die Relation Anruferinnen/Anrufer ist seit 1975 nahezu gleich geblieben. Von 100 Anrufen werden 67 von Frauen und nur 33 von Männern getätigt.

Wie ist das Phänomen zu interpretieren, daß doppelt soviele Frauen bei der TS anrufen wie Männer? In der Bundesrepublik gibt es 52 % Frauen und 48 % Männer. Geht es den Frauen in unserer Gesellschaft doppelt so schlecht, oder haben die Männer eine doppelt so hohe Hemmschwelle, anzurufen? Zeigt das Ergebnis, daß Frauen leichter über ihre Gefühle sprechen können, oder haben Männer etwa weniger Probleme?

Es ist bekannt, daß in sozialen Berufen Frauen überrepräsentiert sind. Kommt die Telefonseelsorge dem Bedürfnis von Frauen entgegen, in einer Mutter- und Helferinnenrolle tätig zu sein? Sind Frauen gefühlvoller und einfühlsamer und deshalb besser für den TS-Dienst geeignet als Männer? Oder können es sich Frauen eher leisten, ehrenamtlich tätig zu werden – vor allem vielleicht dann, wenn ihr Ehemann den Lebensunterhalt für die Familie verdient und die fast schon erwachsenen Kinder im Begriff sind, das Elternhaus zu verlassen?

Bestätigt die deutlich geringere Zahl der männlichen Anrufer bei der TS, daß Männer selbst bei einem anonymen Telefongespräch weniger dazu in der Lage sind, Schwäche und Hilfsbedürftigkeit zuzulassen und zuzugeben? Gilt in unserer Gesellschaft für Jungs immer noch das Motto »Indianer weinen nicht, Indianer kennen keinen Schmerz«? Sind Frauen psychisch weniger stabil oder sind Männer bessere Verdränger? Verfügen Frauen letztlich über bessere Problem-Bewältigungsstrategien und nehmen deshalb das Aussprachenangebot der TS schneller an?

Vielleicht liegt es auch an der Art der Probleme? Rufen soviele Frauen aus Enttäuschung und Kummer über oder Sorge um ihren Mann an? Aus feministischer Perspektive könnte die hohe Zahl der Anruferinnen als Beleg für die Unterdrückung der Frau in der Männergesellschaft interpretiert werden. So würden dann also nicht nur Frauenhäuser und spezielle Telefonnotruf-Einrichtungen für Frauen (zum Beispiel für vergewaltigte Frauen) das Potential der von Männern gegenüber Frauen ausgeübten Gewalt dokumentieren, sondern auch die TS.

Wie ist die Relation Anruferinnen/Anrufer bei ausländischen Telefonnotdiensten? Dazu einige Zahlen von 1984 in Tabelle 5 (S. 70).

In einigen Ländern ist die Geschlechterrelation unter den Telefonnotdienst-Anrufern ausgewogener, zum Beispiel in den Niederlanden und in Israel. Hat dies vielleicht auch eine psychologische und gesamtgesellschaftliche Bedeutung?

70   Die Anrufer

	Männer	Frauen
BRD	32,9%	67,1%
Finnland	45,0%	55,0%
Israel	48,6%	51,4%
Portugal	38,3%	61,7%
Niederlande	48,0%	52,0%
Ungarn	57,5%	42,5%
Schweiz	28,0%	72,0%

Tabelle 5

Alter

1984 kamen die meisten Anrufe aus der Altersgruppe der 31 – 45jährigen (25 %). Bei 32 % der Anrufe blieb das Alter ungenannt. Für die Altersverteilung der Anrufer ergibt sich somit insgesamt folgendes Bild:

bis zu 20	Jahre:	4 %
21 – 30	Jahre:	13 %
31 – 45	Jahre:	25 %
46 – 65	Jahre:	22 %
über 65	Jahre:	4 %
unbekannt:		32 %

Eine vergleichende Übersicht (Bundesdurchschnitt und einige ausgewählte TS-Stellen 1984) gibt die Tabelle 6 auf der nächsten Seite (interessante Werte sind hervorgehoben).

Die meisten Anrufe kommen demnach aus der Altersgruppe der 31 – 45jährigen, Menschen also, die in ihrer Lebensmitte stehen und nach soziologischer Einschätzung zu der sozial potentesten Altersklasse gehören, sich vielleicht aber in einer »midlife crisis« befinden (vgl. S. 201f.). Dieses Ergebnis widerspricht gängigen Klischeevorstellungen vom »alten und vereinsamten, weil völlig isolierten Anrufer«.

Die zweitstärkste Anrufer-Altersgruppe sind die 46 – 65jährigen. Hier gibt es bei einzelnen TS-Stellen deutliche Unterschiede. Es fällt auf, daß junge (bis 20) wie auch ältere Menschen (über 65) im Bundesdurchschnitt von der TS wenig Gebrauch machen. Bei einzelnen Stellen ergibt sich dazu ein anderes Bild, wie aus der Tabelle ersichtlich ist. Dies könnte auch mit der Altersstruktur der Bevölkerung im Umfeld einer TS-Stelle zusammenhängen. In Berlin zum Beispiel gibt es deutlich mehr ältere Menschen als im Bundesdurchschnitt. Vielleicht haben aber auch das Al-

	bis 20 Jahre	21–30 Jahre	31–45 Jahre	46–65 Jahre	über 65 Jahre
BRD TS	5,9%	19,1%	36,8%	32,4%	5,9%
Stuttgart (e)	**2,7%**	**31,7%**	35,2%	**23,2%**	7,3%
München (k)	4,3%	17,4%	41,3%	32,6%	4,3%
München (e)	6,7%	23,9%	**43,0%**	25,1%	**1,3%**
Köln (e)	4,0%	**13,3%**	**28,0%**	26,7%	**28,0%**
Düren (k)	**13,3%**	17,4%	33,5%	33,0%	2,1%
Hanau (ö)	**17,0%**	18,0%	34,0%	27,0%	4,0%
Freiburg (ö)	4,6%	15,8%	**43,9%**	29,4%	6,3%
Bielefeld (ö)	5,8%	20,7%	37,0%	26,8%	9,7%
Würzburg (ö)	5,7%	19,3%	35,0%	**36,3%**	3,7%
Berlin	5,6%	**13,5%**	33,5%	34,2%	**12,9%**

Tabelle 6

ter der TS-Stelle selbst, ihr Bild in der Öffentlichkeit sowie das Alter der Mitarbeiter einen Einfluß auf die Altersstruktur der Anrufer.

Familienstand

Im Bundesdurchschnitt blieb bei 40 % der Anrufe der Familienstand unbekannt. Bei Gesprächen, in denen er genannt wurde (wir betrachten jetzt lediglich die verbleibenden 60 %), ergibt sich folgendes Bild – wieder zusätzlich ergänzt durch einen Überblicksvergleich unter verschiedenen TS-Stellen 1984:

	ledig	verh.	verw.	gesch.	getr. leb.
BRD	35,7%	35,9%	9,6%	14,4%	4,5%
Berlin	33,1%	34,3%	13,3%	19,2%	–
Stuttgart (e)	45,2%	33,0%	8,0%	9,9%	3,9%
Köln (e)	25,8%	30,3%	28,8%	10,6%	4,5%

Tabelle 7

Im Bundesdurchschnitt ist die Anruferzahl von Ledigen und Verheirateten nahezu gleich groß. Die Geschiedenen stellen die drittstärkste Anrufergruppe. Die hohe Zahl von verheirateten Anrufern macht auf die großen Kommunikations- und Partnerprobleme aufmerksam.

72   Die Anrufer

Anonymität

Vom Angebot, als Anrufender anonym bleiben zu können, machten 1984
77 % Gebrauch, 23 % nannten ihren (bzw. einen) Namen. Über die Entwicklung im Bundesdurchschnitt seit 1975 informiert die folgende Tabelle:

Jahr	anonym
1975	65,0 %
1976	64,8 %
1977	65,4 %
1978	68,6 %
1979	72,3 %
1980	71,0 %
1981	76,5 %
1982	70,0 %
1983	76,3 %
1984	77,4 %

Tabelle 8

Die Tabelle zeigt, daß der Anteil der Anrufer, die anonym bleiben wollen, in den letzten 10 Jahren kontinuierlich zugenommen hat.

Anrufe nach Monat, Wochentag und Tageszeit

Eine Gesamtstatistik über die Verteilung der Anrufe auf Monat, Wochentag und Tageszeit existiert nicht. Es gibt jedoch Angaben in den Jahresbe-
richten einzelner TS-Stellen.

Monate
Betrachtet man das Anrufverhalten über 12 Monate hinweg, ergibt sich
(basierend auf 55714 Anrufen bei sechs TS-Stellen) für 1984 folgendes
Bild (s. Tabelle 9, S. 73).
Die Zahl der Anrufe bleibt über die Monate hinweg relativ konstant.
Lediglich ein geringfügiger Trend, eine leichte Zunahme im Frühjahr
(März / April) und um den Jahreswechsel herum (Dezember / Januar) ist
zu verzeichnen. Auch in den Sommer- und Ferienmonaten (Juli / August)
ist ein ganz leichtes Ansteigen der Anrufe festzustellen. Bei einzelnen
Stellen macht die Differenz zwischen dem Monat mit der höchsten und

Januar	8,5 %
Februar	7,7 % (entspricht 4290 Anrufen)
März	8,7 % (entspricht 4847 Anrufen) Differenz: 557 Anrufe
April	8,7 %
Mai	8,4 %
Juni	8,0 %
Juli	8,5 %
August	8,6 %
September	7,9 %
Oktober	8,5 %
November	8,0 %
Dezember	8,6 %

Tabelle 9

der niedrigsten Zahl der Anrufe nur maximal zwei Prozent aus. Wer also glaubt, daß der Monat Dezember mit den Krisentagen Weihnachten und Silvester etwa doppelt soviele Anrufe bringt, wie beispielsweise der Februar, irrt.

Auch eine Beobachtung über einen Zeitraum von sechs Jahren bei der TS Bielefeld (1979–1984, insgesamt 69045 Anrufe) bestätigt den schon beschriebenen Trend:

Januar	8,7 %
Februar	7,8 %
März	8,6 %
April	8,0 %
Mai	8,1 %
Juni	8,3 %
Juli	8,5 %
August	8,4 %
September	8,2 %
Oktober	8,4 %
November	8,2 %
Dezember	9,0 %

Tabelle 10

Wochentage

Über die Verteilung der Anrufe auf die verschiedenen Wochentage liegt leider ebenfalls keine Gesamtstatistik vor. In seiner Untersuchung über die Anrufer der TS Köln im Jahr 1981 kam Schmidt (basierend auf 11413 Anrufen) zu folgendem Ergebnis[69]:

74 Die Anrufer

Montag	15,7%
Dienstag	14,2%
Mittwoch	12,7%
Donnerstag	15,6%
Freitag	15,0%
Samstag	13,5%
Sonntag	13,2%

Tabelle 11

Die Tabelle zeigt eine leichte Zunahme der Anrufe vor und nach dem Wochenende. Dies entspricht auch der Erfahrung von anderen TS-Mitarbeitern: »Das Wochenende wird ›vorbereitet‹ und ›nachbereitet‹ im TS-Gespräch; Partnerschaftsschwierigkeiten und Familienkonflikte werden bedrückender angesichts der Tatsache, daß wieder eine Zeit... bevorsteht, in der man aufeinander angewiesen ist – sich nicht aus dem Wege gehen kann.«[70]

Tageszeit
Rufen nachts oder tagsüber mehr Menschen bei der TS an? Auch zu dieser Frage gibt es keine Gesamtstatistik. Betrachtet man einzelne TS-Stellen, ergibt sich mit insgesamt 52510 Anrufen für 1984 folgendes Bild:

	8–12	12–16	16–20	20–24	0–8*
Bielefeld (ök)	17,0%	20,0%	19,6%	20,6%	22,9%
Duisburg (ök)	16,0%	22,0%	22,0%	22,0%	18,0%
Freiburg (ök)	15,8%	19,0%	19,4%	27,4%	18,3%
Niederrhein (ök)	15,0%	19,0%	21,0%	23,0%	22,0%
Würzburg (ök)	15,2%	17,7%	22,5%	21,7%	22,9%
Durchschnitt	15,8%	19,5%	20,9%	22,9%	20,8%*

* diese Zeitspanne (0–8 Uhr) ist doppelt so lang wie die anderen!
Tabelle 12

Die Durchschnittszahlen zeigen, daß zwischen 20 und 8 Uhr 43,7 % der Anrufe eingehen. Tagsüber (8–20 Uhr) sind es 56,3 %. Die relative Ausgewogenheit zwischen Tages- und Nachtanrufen erstaunt.

Die Anrufer 75

Gesprächsdauer

Über die Dauer der Telefongespräche wird bei den TS-Stellen meist keine
Statistik geführt. Nach Schätzungen sind etwa 25 % der Gespräche 1–10
Minuten lang. Diese Gesprächsdauer trifft vor allem für Schweige-, Auf-
lege- und Scherzanrufe zu. In der Regel dauern die Gespräche etwa 20
bis 40 Minuten. Nur ein kleiner Prozentsatz liegt bei einer Stunde und
länger.

Erst- und Mehrfachanrufer

Wie bereits erwähnt, versucht die TS-Statistik, zwischen Erst- bzw. Ein-
malanrufern, Mehrfach- und Daueranrufern zu differenzieren. Diese Unterscheidung ist sehr schwierig, weil es beispielsweise bei einer Zahl von
80 verschiedenen ehrenamtlichen Mitarbeitern am Telefon völlig unmöglich ist, daß jeder Mitarbeiter über jedes Gespräch und jeden Anrufer
informiert ist. Dennoch kann man häufig auch aufgrund der Mitteilung
durch die Anrufer selbst feststellen, daß sie nicht das erste Mal anrufen.
Sogenannte Daueranrufer, die sich mehrmals in der Woche telefonisch
melden, manche von ihnen sogar täglich, sind relativ leicht wiederzuerkennen und gar nicht so selten.
Aufgrund der begrenzten Möglichkeiten telefonischer Beratung und
Hilfe erscheint es sinnvoll und notwendig, Mehrfach-, aber insbesondere
Daueranrufer von Erstanrufern zu unterscheiden. Die Kriterien für diese
Differenzierung sind nicht einheitlich. Unter Mehrfachanrufern werden
Personen verstanden, die für eine bestimmte zeitlich begrenzte Krise die
TS als Gesprächspartner in Anspruch nehmen, im Gegensatz zu Dauer-
anrufern, die sich in einer permanenten Krise zu befinden scheinen und
bei denen durch Telefongespräche kaum mehr eine Problembearbeitung
und -lösung absehbar ist. Diese Anrufergruppe stellt alle Telefonseel-
sorge-Stellen zunehmend vor erhebliche Probleme (vgl. zum Problem der
Daueranrufer auch S. 96).
In Tabelle 13 (S. 76) vergleichen wir einige ausgewählte Telefonseelsorge-
Stellen mit dem Bundesdurchschnitt bezüglich Erst-, Dauer- und Mehrfachanrufern 1984.
Diese Zahlen sind mit Vorsicht zu interpretieren, da bei der Unterscheidung leicht Einschätzungsfehler entstehen können. Bei dem aufgeführten
Städtevergleich scheint Berlin die wenigsten Daueranrufer zu haben,
Stuttgart die wenigsten Erst- und Einmalanrufer. Bemerkenswert ist, daß
kleinere TS-Stellen (unter 10000 Anrufe pro Jahr) in ihren Jahresberich-

76   Die Anrufer

Anrufer	BRD	Berlin	Freiburg	Stuttgart	Bielefeld
Erst	46,6%	65,5%	52,7%	41,3%	61,7%
Mehrfach	31,0%	21,1%	25,8%	33,3%	12,8%
Dauer	22,4%	13,4%	21,5%	25,4%	22,5%

Tabelle 13

ten häufig keine Angaben über Erst-, Mehrfach- und Daueranrufer machen. Seit 1984 wird der Umgang mit Mehrfach- und Daueranrufern in den TS-Stellen engagiert diskutiert.

Anlässe und Probleme

Unter Wahrung der Anonymität des Anrufers werden vom TS-Mitarbeiter aus statistischen Gründen nach jedem Gespräch einige Informationen dokumentiert, so z. B.: Datum und Uhrzeit des Anrufes, das Geschlecht des Anrufers und in Stichworten die angesprochenen Problembereiche und – sollte es sich aus dem Gesprächsverlauf ergeben – auch Alter und Familienstand.

Von 1977 bis 1982 arbeiteten die TS-Stellen in der Bundesrepublik mit einem einheitlichen Dokumentationsschema, dem sogenannten »Anlaßkatalog«, um über die Probleminhalte in den vielen Tausenden Telefonseelsorge-Gesprächen statistisch etwas aussagen zu können. Dies geschah nicht zuletzt auch mit der Absicht, zu einer Aussage darüber zu kommen, was die Menschen in unserer Gesellschaft bewegt. Es diente aber auch für die Auswahl von Inhalten und Themen für die Aus- und Fortbildung der ehrenamtlichen Mitarbeiter. Unter Zuhilfenahme des Anlaßkataloges sollten nur die Problembereiche des Anrufers festgehalten werden, die von ihm selbst angesprochen werden.

Immer wieder wurde betont, daß es nicht Aufgabe der TS-Mitarbeiter ist, als Diagnostiker im psychologischen oder medizinischen Sinn tätig zu sein. Somit stellen der Anlaßkatalog und die mit ihm gewonnenen Daten eine von nichtprofessionellen (aber doch ausgebildeten) Mitarbeitern gewonnene Dokumentation dar, die nicht an strengen wissenschaftlichen Standards gemessen werden darf.

Der Anlaßkatalog enthält zusammengefaßt die folgenden sieben Hauptproblemkategorien:

– Psychische Probleme
– Partnerprobleme

- Besondere Lebenssituationen
- Familien- und Generationsprobleme
- Soziale/finanzielle Probleme
- Religion und Weltanschauung
- Sonstige Anlässe.

Jede dieser Kategorien enthält diverse Unterpunkte, um genauer beschreiben zu können, welche Probleme die Anrufer selbst benennen. So enthält die Kategorie »**Psychische Probleme**« u. a. folgende Unterpunkte:
- Angst vor Versagen / mangelndes Selbstwertgefühl
- Depressives Verhalten
- Angstzustände
- Zwänge
- Suchtprobleme (Alkohol / Medikamente / andere Drogen)
- Suizid (Suizidgedanken / Suizidversuch)

Die Kategorie »**Partnerprobleme**« beinhaltet Beziehungsprobleme von Verheirateten und Unverheirateten mit u. a. folgenden Unterpunkten:
- Eifersucht
- Nichtverstehen / Entfremdung / Auseinanderleben
- Sexuelle Probleme
- Trennung / Scheidung

Einer ausführlicheren Erklärung bedarf die Kategorie »**Besondere Lebenssituationen**«. Darunter wird hauptsächlich verstanden:
- Vereinsamung und Isolierung
- Probleme alleinstehender Menschen
- Wunsch nach Unterhaltung
- Probleme alternder Menschen
- Organische Krankheiten
- Akute Schicksalsschläge

In der Kategorie »**Familien- und Generationsprobleme**« geht es um Schwierigkeiten und Sorgen, die Kinder und Jugendliche mit ihren Eltern und anderen Angehörigen haben sowie umgekehrt Eltern mit ihren Kindern. Im einzelnen:
- Erziehungsfragen
- Generationsprobleme

- Probleme mit krankem / behindertem Familienmitglied
- Probleme alleinerziehender Mütter / Väter

Die Kategorie »**Soziale/finanzielle Probleme**« beinhaltet u. a.:
- Probleme im Zusammenhang mit der Berufstätigkeit
- Wirtschaftliche und finanzielle Fragen
- Wohnungsprobleme
- Schwierigkeiten mit Nachbarn / Bekannten / Freunden

Die Kategorie »**Religion und Weltanschauung**« umfaßt u. a.:
- Fragen nach dem Sinn des Lebens
- Persönliche Glaubensfragen
- Philosophisch-weltanschauliche Fragen

Unter »**Sonstigen Anlässen**« wird verstanden:
- Allgemeine Auskünfte und Fragen
- Informationen und Mitteilungen über TS
- Anrufe, bei denen spätestens nach Meldung durch die TS vom Anrufer aufgelegt wird (sog. »Aufleger«)
- Längere Anrufe, bei denen sich der Anrufer nicht verbal äußert (Schweigeanruf)
- Dank und Anregungen
- Beschimpfungen / Beschwerden
- Scherzanrufe

Das vorliegende Dokumentationsschema (»Anlaßkatalog«) wurde seit 1980 zunehmend kritisiert. Es wird deshalb bereits seit 1983 nicht mehr bundeseinheitlich verwendet und ausgewertet. Von den beiden TS-Dachverbänden ist ein neues Schema in Vorbereitung. Haupteinwand gegen den bisherigen Anlaßkatalog ist, daß er aus einem Konglomerat von unterschiedlichen Kategorien besteht: Probleme des Anrufers, Erwartungen, Gesprächsinhalte, diagnostische Kriterien und psychische Reaktionen.

Trotz aller Unzulänglichkeit des bisherigen Dokumentationssystems lassen sich aufgrund der vorliegenden Daten dennoch Aussagen über die Probleme der Anrufer machen.

Zur besseren Übersichtlichkeit wurde bei den folgenden Tabellen die Kategorie »Sonstige Anlässe« herausgenommen. Sie machte zwar zwischen 1975 und 1982 etwa ein Viertel der Anrufe aus, erfaßt aber im Gegensatz zu den übrigen Kategorien keine konkreten und benennbaren Sorgen und Probleme der Anrufer. Damit soll keinesfalls unterstellt werden, daß die

Anrufe, die unter dieser Rubrik registriert werden (z. B. Schweigeanrufe) nicht durch gravierende Nöte motiviert sind. Es läßt sich hier lediglich keine deutliche inhaltliche Aussage machen.

Die folgende Übersicht enthält die prozentuale Verteilung der Anrufe, bezogen auf die verschiedenen Problem-Kategorien (alle TS-Stellen in der Bundesrepublik, 1975–1982; Angaben in Prozent):

Problembereich	1975	1976	1977	1978	1979	1980	1981	1982
1. Psychische Probleme	29,4	28,9	30,7	31,2	32,8	32,8	33,6	33,9
2. Partnerprobleme	25,8	25,9	25,7	25,0	23,5	23,6	23,1	22,8
3. Besondere Lebenssituationen	16,8	17,4	19,2	21,2	22,3	22,2	22,1	22,4
4. Familien-/Generationenprobleme	13,3	13,2	10,1	9,3	9,1	9,1	9,0	8,9
5. Soziale/finanz. Probleme	9,9	8,9	8,8	8,7	8,4	8,3	8,3	8,5
6. Religion/Weltanschauung	5,4	5,8	5,6	4,7	4,1	4,1	4,0	3,6

Tabelle 14

1982 machten die ersten drei Problembereiche (»psychische Probleme«, »Partnerprobleme« und »besondere Lebenssituationen«) zusammen 79,1 % der durch die Anrufer in den Gesprächen benannten Probleme aus (1975: 72,0 %).

Die beiden Kategorien »Familien-« und »soziale Probleme« sind annähernd gleich groß und folgen mit deutlichem Abstand. Der Themenbereich »Religion / Weltanschauung« stellt während der ganzen Zeit deutlich die kleinste Problemgruppe dar.

Die »psychischen Probleme« nahmen von 1975 bis 1982 langsam, aber kontinuierlich um insgesamt 4,5 % zu. Die Probleme in »besonderen Lebenssituationen« stiegen um 5,6 %, wobei diese Steigerung fast ausschließlich in den ersten vier Jahren (1975 – 1978) erfolgte. Bei den »Partnerproblemen« ist eine Abnahme um 3,0 % festzustellen, die ebenfalls in den ersten vier Jahren des hier betrachteten Zeitraums stattfand. Bei der kleinsten Gruppe – den religiösen Problemen – ist seit 1977 eine konstante Abnahme (um etwa $1/3 = 1,8$ %) zu verzeichnen.

Bedauerlicherweise steht seit 1983 keine bundesweite Problemdokumentation zur Verfügung. Um aktuellere Zahlen zu erhalten, werden nachfolgend die Jahresberichte einzelner TS-Stellen ausgewertet, die noch die alte Anlaßstatistik erheben. Mehrere Stellen und ihre Anruf-Problemdokumentation werden zusammengefaßt dargestellt. Dazu wurden die

80 Die Anrufer

Jahresberichte und statistischen Angaben (1984) von folgenden Stellen
ausgewertet: Berlin, Bielefeld (ök.), Duisburg (ök.), Hagen (ök.), Karlsruhe (ök.), Köln (ev.), Stuttgart (ev.), Würzburg (ök.).
Diese Stellen erhielten 1984 zusammen 105 251 Anrufe. In dieser Anzahl
sind 18,8 % (= 19 787) Anrufe enthalten, die unter die Rubrik »sonstige
Anlässe« (z. B. Schweigeanrufe) fielen und über die, wie bereits erklärt,
keine konkrete Problemaussage gemacht werden kann. Somit basieren
die folgenden Angaben über die Probleme der Anrufer auf 85 464 Gesprächen (Angaben in der Tabelle in Prozent):

	Psych. Probleme	Partner- probleme	Bes. Lebens- situation	Fam.- probleme	Soz./Fin. Probleme	Religion
Berlin	46,1	16,7	20,7	6,2	7,6	2,7
Bielefeld	38,3	23,0	20,9	8,1	6,9	2,9
Duisburg	31,7	27,2	20,9	8,9	8,2	3,2
Hagen	36,6	25,1	20,5	7,9	7,2	2,8
Karlsruhe	34,2	31,8	12,1	12,5	6,2	9,4
Köln	31,1	16,9	32,3	6,0	11,9	1,9
Stuttgart	37,7	20,4	22,6	7,1	9,4	3,9
Würzburg	35,1	30,2	13,1	10,6	4,6	6,6
Durchschnitt	36,4	23,9	20,4	8,4	7,8	4,2
Bundesrep. 82	33,9	22,8	22,4	8,9	8,5	3,6
Differenz	+2,5	+1,1	−2,0	−0,5	−0,7	+0,5

Tabelle 15

Geht man von einer Vergleichbarkeit zwischen dem Bundesdurchschnitt
1982 und der hier vorgelegten Zusammenfassung einzelner Stellen
(1984) aus, ist festzustellen, daß sich an der Rangfolge der drei Hauptproblembereiche nichts geändert hat. Nach wie vor sind »psychische
Probleme«, »Partnerprobleme« und »besondere Lebenssituationen« die
am häufigsten genannten Anlässe, sich an die TS zu wenden (81 %). Von
1982 bis 1984 hat sich die schon für den Acht-Jahreszeitraum 1975 – 1982
festgestellte Zunahme der »psychischen Probleme« beschleunigt fortge-
setzt (+2,5 %). Erstaunlich, aber bei dieser Auswahl von TS-Stellen im
Rahmen des Möglichen, ist die Abnahme der Anrufe mit dem Problembereich »besondere Lebenssituationen« um 2,0 %. Bei diesem Problembereich waren die Anrufe in den Jahren davor im Bundesdurchschnitt
deutlich angestiegen. Die anderen Differenzen bei den verschiedenen

Problembereichen sind von geringer Bedeutung und sollen deshalb hier unkommentiert bleiben.

Wurden bisher die Hauptproblembereiche der Anrufer überblickartig und für den Bundesdurchschnitt dargestellt, wobei sich deutliche Schwerpunkte und Trends abgezeichnet haben, soll es im folgenden um die exemplarische Darstellung einer TS-Stelle und ihrer Anrufer gehen. Damit kann ein detaillierterer Einblick in die Problemsituationen und Anrufanlässe ermöglicht werden.

Die Anrufer der Telefonseelsorge Berlin

Wie schon beschrieben, ist die Telefonseelsorge Berlin die älteste Einrichtung dieser Art in Deutschland und konnte im Oktober 1986 auf ein 30jähriges Bestehen zurückblicken. Als eingetragener Verein wird sie im Gegensatz zu den anderen TS-Stellen nur zu einem kleinen Prozentsatz (etwa 15 %) von der (evangelischen) Kirche finanziert. Die restliche Finanzierung wird durch den Berliner Senat (etwa 30 %), durch gerichtlich festgesetzte Bußgeldzahlungen (etwa 15 %) und durch private Spenden (etwa 40 %) erbracht.

Auch hier zunächst: Zahlen und Fakten

1985 erhielt die TS Berlin 22093 Anrufe. Das ergibt einen Tagesdurchschnitt von etwa 60 Anrufen. In dieser Summe sind 4720 Stör- und Scherzanrufe enthalten, die aber in der Statistik der Berliner Stelle nicht weiter berücksichtigt werden, so daß von einer modifizierten Gesamtzahl von 17373 Anrufen ausgegangen wird.

Davon erfolgten 9794 Anrufe von Frauen (56,4 %) und 7020 von Männern (40,4 %). Bei 559 Anrufen (3,2 %) war das Geschlecht des Anrufenden nicht festzustellen, da es sich um Anrufe handelte, in denen keinerlei verbale Äußerung erfolgte (sogenannte »Schweigeanrufe«).

Bei dem Versuch einer Kategorisierung nach Erst-, Mehrfach- und Daueranrufern ergab sich folgendes Bild:

– 12252 Erst- bzw. Einmalanrufer (70,5 %)
– 2927 Mehrfachanrufer (16,8 %)
– 2194 Daueranrufer (12,7 %).

Nach Einschätzung der hauptamtlichen Mitarbeiter ist die reale Zahl der Erstanrufer wesentlich geringer und dürfte bei weniger als der Hälfte, vielleicht sogar deutlich darunter liegen. Das hängt, wie schon beschrieben, mit der sich durch ein großes ehrenamtliches Mitarbeiterteam (etwa

82   Die Anrufer

80) ergebenden Schwierigkeit zusammen, Mehrfachanrufer sicher wiederzuerkennen.

46,4 % der Anrufe ergaben Informationen über den Familienstand:
– 2907 Verheiratete (16,7 %)
– 2578 Ledige (14,8 %)
– 1581 Geschiedene (9,1 %)
– 1006 Verwitwete (5,8 %)
– 9301 Anrufe ohne Angabe zum Familienstand (53,6 %).

Von der Möglichkeit, im Gespräch anonym zu bleiben, wurde in 10663 Anrufen Gebrauch gemacht (61,4 %). 6710 mal wurde ein Name genannt (38,6 %).

Zur Altersverteilung:

bis 19 Jahre:		333 Anrufe	(1,9 %)
20–29	:	949	(5,5 %)
30–39	:	1389	(8,0 %)
40–49	:	1244	(7,2 %)
50–59	:	1175	(6,8 %)
60–69	:	460	(2,6 %)
70–79	:	350	(2,0 %)
ab 80	:	207	(1,2 %)
ohne Angabe	:	11262	(64,8 %)

Zur Tageszeitverteilung der Anrufe:

0– 9 Uhr	4429	(25,5 %)
9–14	3683	(21,2 %)
14–19	4102	(23,6 %)
19–24	5159	(29,7 %)

Anlässe und Probleme

In 17373 Gesprächen wurden insgesamt 26637 Probleme durch die Anrufer benannt (durchschnittlich 1,5 Problemnennungen pro Anruf).

Eine Übersicht über die in den Anrufen 1985 benannten Hauptproblembereiche gibt die Tabelle 16, die zur besseren Übersicht und wie bereits erklärt die Rubrik »sonstige Anlässe« unberücksichtigt läßt.

Es fällt auf, daß sich die Rangfolge der Problembereiche bei der TS Berlin von der letzten Statistik für den Bundesdurchschnitt (1982) und auch von unserer Städtezusammenfassung (1984) unterscheidet: Finden sich sonst die »Partnerprobleme« mit deutlichem Abstand an zweiter Stelle, so steht

Problembereiche	Nennungen	Prozent
1. Psychische Probleme	10398	44,2%
2. Besondere Lebenssituationen	5341	22,7%
3. Partnerprobleme	3744	15,9%
4. Soziale/finanzielle Probleme	2078	8,8%
5. Familien- und Generationenprobleme	1457	6,2%
6. Religion/Weltanschauung	507	2,2%
Summe	23525	100%

Tabelle 16

bei der Berliner Statistik der Problembereich »besondere Lebenssituationen« an zweiter Stelle. In der Rangfolge getauscht haben auch die Hauptproblembereiche »soziale/finanzielle Probleme« (vorgerückt in Berlin auf Platz 4, von sonst bundesweit 5) und »Familien- und Generationsprobleme« (in Berlin 5 statt bundesweit 4). Aber auch die prozentualen Unterschiede sind beachtenswert. Das gilt in besonderem Maße für den Bereich »psychische Probleme« (in Berlin weit über dem Bundesdurchschnitt) und den »Partnerproblem«-Bereich (in Berlin deutlich unter dem Bundesdurchschnitt).

Neben der Rangfolge der Hauptproblembereiche ist vor allem die Reihenfolge der einzelnen Problemanlässe von Interesse. Dazu eine Übersicht mit den 35 häufigsten Nennungen (Tabelle 17, S. 84f.).[71]

Die Rangfolge der von den Anrufern bei der TS Berlin genannten Probleme fordert einen Vergleich mit anderen TS-Stellen heraus. Ist die Rangfolge der Probleme ähnlich, oder gibt es deutliche Unterschiede z. B. aufgrund der besonderen Situation Berlins? Spielt u. U. die Größe der Stadt, in der die TS arbeitet, eine wesentliche Rolle?

Eine weitere Übersicht vergleicht die Rangfolge der Einzelanlässe der Anrufe bei der TS Berlin mit der anderer Stellen (Köln, Freiburg, Würzburg und Hamburg) und gibt den Durchschnittswert, errechnet aus diesen 5 Stellen, in Prozent an (Tabelle 18, S. 86).

Zur besseren Übersicht noch einmal die Durchschnittswerte der 16 häufigsten Einzelanlässe einer Auswahl von Telefonseelsorge-Stellen im Vergleich mit Berlin (Angaben in Prozent) in Tabelle 19 (S. 87).

Die Hauptprobleme Alkohol, Einsamkeit, Trennung vom Partner und Depression stehen bei den hier referierten Statistiken eindeutig und übereinstimmend an der Spitze der Problemanlässe – dies wird auch von fast allen anderen TS-Stellen so berichtet.

Bei der TS Berlin fällt jedoch in einem Vergleich mit dem Durchschnitt

84 Die Anrufer

Einzelanlaß / Inhalt / Problem	Hauptproblembereich	Nennung	%
1. Leiden an Alkoholabhängigkeit	Psychische Probleme	2093	8,9 %
2. Vereinsamung und Isolierung	Besondere Lebenssituationen	1457	6,2 %
3. Trennung vom Partner	Partnerprobleme	1327	5,6 %
4. Depressive Verstimmung	Psychische Probleme	1239	5,3 %
5. Organische Krankheiten	Besondere Lebenssituationen	1037	4,4 %
6. Suizidgedanken	Psychische Probleme	1020	4,3 %
7. Wunsch nach Unterhaltung	Besondere Lebenssituationen	829	3,5 %
8. Gestörtes Denken	Psychische Probleme	748	3,2 %
9. Sonst. psych. Auffälligkeiten	Psychische Probleme	719	3,1 %
10. Abweichendes Sexualverhalten	Psychische Probleme	692	2,9 %
11. Sorge um andere	Besondere Lebenssituationen	689	2,9 %
12. Arbeitslosigkeit / Berufswelt	Soziale / finanzielle Probleme	673	2,9 %
13. Angstzustände	Psychische Probleme	651	2,8 %
14. Nichtverstehen / Entfremdung	Partnerprobleme	599	2,6 %
15. Mangelndes Selbstwertgefühl	Psychische Probleme	577	2,5 %
16. Generationsprobleme	Familien- / Generationsprobleme	509	2,2 %
17. Streit / Bedrohung / Tätlichkeiten	Partnerprobleme	459	2,0 %
18. Sorge um Suizidgefährdete	Psychische Probleme	401	1,7 %
19. Wirtschaftliche / finanz. Probl.	Soziale / finanzielle Probleme	358	1,5 %
20. Akute Schicksalsschläge	Besondere Lebenssituationen	345	1,5 %
21. Problem alternder Menschen	Besondere Lebenssituationen	341	1,4 %
22. Probl. v. Ausländern / Randgruppen	Soziale / finanzielle Probleme	318	1,4 %
23. Sorge um Suchtgefährdete	Psychische Probleme	317	1,3 %
24. Suizidankündigung	Psychische Probleme	300	1,3 %
25. Probleme im Zusammenhang mit Therapie	Psychische Probleme	292	1,2 %
26. Frühere Suizidversuche	Psychische Probleme	271	1,2 %
27. Homosexualität	Partnerprobleme	269	1,1 %
28. Sonstige Partnerprobleme	Partnerprobleme	262	1,1 %
29. Wahnvorstellungen	Psychische Probleme	257	1,1 %
30. Wohnungsprobleme	Soziale / finanzielle Probleme	255	1,1 %
31. Probl. alleinstehender Menschen	Besondere Lebenssituationen	226	1,0 %
32. Dramatisierendes Verhalten	Psychische Probleme	221	0,9 %

Die Anrufer 85

Einzelanlaß/Inhalt/Problem	Hauptproblembereich	Nennung	%
33. Außenbeziehungen	Partnerprobleme	221	0,9%
34. Gefährdung v. Kindern/ Jugendl.	Familien/Generationsprobleme	200	0,9%
35. Partnersuche/Partnerwahl	Partnerprobleme	194	0,8%
Summe		20366	86,7%

Tabelle 17

der hier betrachteten TS-Stellen die Häufung der Anrufe zu Alkoholproblemen und zur Suizidthematik auf. Das Thema Alkohol ist auch bei den anderen Stellen eines der Hauptprobleme, jedoch werden bei der TS Berlin fast doppelt so häufig Suizidgedanken ausgesprochen. Auch (organische) Krankheiten werden in Berlin häufiger thematisiert.

Der einfache Wunsch nach Unterhaltung scheint in den Gesprächen mit der Berliner Telefonseelsorge deutlicher im Hintergrund zu stehen als bei anderen Stellen. Erstaunlich ist, daß Probleme alleinstehender Menschen und sexuelle Probleme in der Partnerbeziehung in Berlin erst am Ende der Rangliste aufgeführt werden, obwohl sie im Vergleichsdurchschnitt weit höhere Rangplätze einnehmen.

Nachdem wir jetzt die einzelnen Problemanlässe einer TS-Stelle am Beispiel Berlin sehr differenziert dargestellt haben – und das auch im Vergleich zu anderen Stellen –, wenden wir uns zunächst ganz speziellen Anrufergruppen zu, die bisher nicht berücksichtigt wurden.

Besondere Anrufergruppen

Im vorigen Kapitel haben wir die von den Anrufern in den Gesprächen mit den Mitarbeitern der Telefonseelsorge benannten Probleme vorgestellt. Dabei wurde deutlich, daß psychische Probleme wie Alkoholabhängigkeit, Einsamkeit und Depression sowie Partnerprobleme (insbesondere im Zusammenhang mit Trennung vom Partner) im Vordergrund der Gespräche stehen. Sie machen statistisch gesehen etwa ein Drittel aus.

Eine der größten Gruppen jedoch – wir haben sie bei der statistischen Darstellung der Hauptproblemfelder bisher unberücksichtigt gelassen – setzt sich aus den Anrufen zusammen, in denen die Probleme, Sorgen und Nöte nicht ausgesprochen werden. Am deutlichsten dokumentieren dies

86   Die Anrufer

Einzelanlaß / Inhalt / Problem	Ber-lin	Köln	Frei-burg	Würz-burg	Ham-burg	Durch-schnitt
1. Leiden an Alkoholabhängigkeit	8,9	4,9	7,1	3,3	8,3	6,5
2. Vereinsamung und Isolierung	6,2	8,3	5,6	6,1	5,2	6,3
3. Trennung vom Partner	5,6	4,0	3,8	9,8	6,1	5,9
4. Depressive Verstimmung	5,3	4,8	7,0	5,7	5,1	5,6
5. Organische Krankheiten	4,4	3,7	3,2	2,2	3,2	3,3
6. Suizidgedanken	4,3	1,0	2,0	2,1	2,1	2,3
7. Wunsch nach Unterhaltung	3,5	12,6	7,3	4,3	3,6	6,3
8. Gestörtes Denken	3,2	0,3	2,2	0,8	1,3	1,6
9. Sonst. psych. Auffälligkeiten	3,1	0,1	2,8	2,4	1,5	2,0
10. Abweichendes Sexualverhalten	2,9	3,4	2,8	3,8	1,9	3,0
11. Sorge um andere	2,9	2,3	2,0	2,0	3,6	2,6
12. Arbeitslosigkeit / Berufswelt	2,9	3,4	2,0	1,1	2,0	2,3
13. Angstzustände	2,8	2,0	2,8	1,3	2,3	2,2
14. Nichtverstehen / Entfremdung	2,6	4,4	3,8	3,6	5,2	4,0
15. Mangelndes Selbstwertgefühl	2,5	6,8	4,1	3,9	3,4	4,1
16. Generationsprobleme	2,2	3,3	1,3	3,4	2,8	2,6
17. Streit / Bedrohung / Tätlichkeiten	2,0	1,1	1,7	1,9	1,9	1,7
18. Sorge um Suizidgefährdete	1,7	0,4	0,4	0,3	0,5	0,7
19. Wirtschaftliche / finanz. Probl.	1,5	3,0	1,4	0,9	2,1	1,8
20. Akute Schicksalsschläge	1,5	1,0	0,4	0,8	1,4	1,0
21. Probleme alternder Menschen	1,4	0,5	1,0	0,3	1,3	0,9
22. Probl. v. Ausländern / Randgruppen	1,4	1,0	0,3	0	0,2	0,6
23. Sorge um Suchtgefährdete	1,3	1,2	0,6	0,1	0,8	0,8
24. Suizidankündigung	1,3	0,6	0,7	1,0	0,6	0,8
25. Probleme im Zusammenhang mit Therapie	1,2	1,6	2,0	0,5	1,4	1,3
26. Frühere Suizidversuche	1,2	0,2	0,6	0,6	0,5	0,6
27. Homosexualität	1,1	0,7	0,2	0,2	0,7	0,6
28. Sonstige Partnerprobleme	1,1	0,1	3,5	2,9	0,9	1,7
29. Wahnvorstellungen	1,1	0,2	0,7	0,8	0,8	0,7
30. Wohnungsprobleme	1,1	1,1	0,6	0,4	1,0	0,8
31. Probl. alleinstehender Menschen	1,0	3,5	2,3	1,7	2,3	2,2
32. Dramatisierendes Verhalten	0,9	0,4	1,4	1,6	1,5	1,2
33. Außenbeziehungen	0,9	1,3	2,2	2,8	2,0	1,8
34. Gefährdung v. Kindern / Jugendl.	0,9	0,2	0,5	1,1	0,4	0,6
35. Partnersuche / Partnerwahl	0,8	1,6	1,6	2,1	2,1	1,6
Summe	86,7	85,0	81,9	75,8	80,0	82,0

Tabelle 18

die zahlreichen Auflege- und Schweigeanrufe. Aber auch bei sogenannten Scherzanrufen wird keine ernsthafte Auseinandersetzung mit dem ausgedachten und vorgetragenen »Problem« erwartet. Dennoch stellt sich die Frage, ob die von den Scherzanrufern gewählten Themen wirklich so zu-

Die Anrufer 87

Einzelanlaß (Rang Berlin)	Durchschnitt	Berlin	Diff. Bln./D.
1. Leiden an Alkoholabhängigkeit (1)	6,5	8,9	+2,4
2. Vereinsamung und Isolierung (2)	6,3	6,2	−0,1
3. Wunsch nach Unterhaltung (7)	6,3	3,5	−2,8
4. Trennung vom Partner (3)	5,9	5,6	−0,3
5. Depressive Verstimmung (4)	5,6	5,3	−0,3
6. Mangelndes Selbstwertgefühl (14)	4,1	2,5	−1,6
7. Nichtverstehen/Entfremdung (13)	4,0	2,6	−1,4
8. Organische Krankheiten (5)	3,3	4,4	+1,1
9. Abweichendes Sexualverhalten (10)	3,0	2,9	−0,1
10. Generationsprobleme (16)	2,6	2,2	−0,4
11. Sorge um andere (11)	2,6	2,9	+0,3
12. Sonstige sexuelle Probleme (35)	2,5	0,8	−1,7
13. Suizidgedanken (6)	2,3	4,3	+2,0
14. Arbeitslosigkeit/Berufswelt (12)	2,3	2,9	+0,6
15. Angstzustände (13)	2,2	2,8	+0,6
16. Probleme alleinstehender Menschen (31)	2,2	1,0	−1,2

Tabelle 19

fällig sind oder nicht doch einen versteckten Hinweis auf ein persönliches Problem enthalten.

Bei einer Reihe von Anrufen jedenfalls wird der Wunsch des Anrufers nach Hilfe in einer Problemsituation bewußt oder unbewußt deutlich versteckt gehalten. So kann sich aus einem Gesprächsanfang wie »Ich wollte nur mal sehen, ob da um diese Uhrzeit überhaupt noch jemand ist...« durchaus ein Dialog entwickeln, der die Einstiegsebene »Telefonseelsorge rund um die Uhr besetzt?« schnell verläßt und zu anderen, den eigentlichen Themen und Problemen des Anrufers gelangt, als die Anfangsfrage vermuten läßt.

Mit scheinbar eindeutigen Wünschen treten im Gegensatz dazu Anrufer an die TS heran, die beim Telefonieren sexuelle Erregung und Befriedigung suchen. Ihre Zahl – so klagen Mitarbeiterinnen – ist in den letzten Jahren stetig gestiegen.

Im folgenden Kapitel wenden wir uns diesen speziellen – für die TS zum Teil besonders problematischen Anrufergruppen und ihren Problemen zu. Sie machen fast ein Viertel aller Anrufe aus. Dabei werden wir auch auf das Phänomen der Daueranrufer eingehen, die sich mit unterschiedlichen Problemen wieder und wieder an eine oder sogar mehrere TS-Stellen wenden.

88   Die Anrufer

Von Auflegern und Schweigern

Wie schwer fällt mir ein Wort
an die Verkommenen
die einen Traum nicht unterscheiden können
von den starken Ästen des Birnbaums.

Wie schwer fällt mir ein Wort
auf dieser staubigen Straße
die meinen Schuhen feindlicher ist
als die Sonne dem Schnee
und das Wasser der Wüste.

Wie schwer fällt mir ein Wort
an meinen Vater und an meine Mutter,
wie schwer fällt mir ein Wort
an alle die mich sehen, alternd
in einem erstochenen Herbst.

Wie schwer fällt mir ein Wort
in diesen Tagen die vergeßlich sind.
Wie schwer fällt mir ein Wort.

Thomas Bernhard[72]

Fast alle TS-Stellen erhalten eine große Anzahl von Anrufen, bei denen kein Gespräch zustande kommt. Man unterscheidet zwei Gruppen: Anrufer, die spätestens nach der Meldung durch den TS-Mitarbeiter auflegen, ohne etwas gesagt zu haben (»Aufleger«), und Anrufer, die zwar »dran« bleiben, sich aber längere Zeit verbal überhaupt nicht äußern (»Schweigeanrufer«), um dann aufzulegen.

Die sogenannten Auflege-Anrufe machen bei fast allen TS-Stellen die zahlenmäßig größte (oder zweitgrößte) Anrufgruppe aus. Dazu die folgende Tabelle über Auflege- und Schweigeanrufe am Beispiel einiger ausgewählter TS-Stellen 1985 (Prozentzahlen bezogen auf die Zahl aller Anrufe):

	Freiburg	Hamburg	Köln	Würzburg
Aufleger	1453 (8,6 %)	1850 (6,0 %)	2211 (7,6 %)	1477 (14,3 %)
Schweiger	225 (1,3 %)	317 (1,0 %)	454 (1,6 %)	151 (1,5 %)

Tabelle 20

In Würzburg und Freiburg machen die sogenannten »Aufleger« die größte Anrufgruppe überhaupt aus. An zweiter Stelle folgen in Würzburg Anrufer mit Partner-Trennungsproblemen (7,1 % aller Anlässe) und in Freiburg Anrufer, mit dem Wunsch nach Unterhaltung (5,3 %). In Hamburg stehen Alkoholprobleme an der Spitze der Anlaßstatistik (6,9 %), in

Köln der Wunsch nach Unterhaltung (10,1 %). In beiden Städten folgen die »Aufleger« jeweils an zweiter Stelle.

Die Anrufmotive der Auflege- und Schweigeanrufer sind unbekannt. Eine verbale Kommunikation findet nicht statt. Gleichwohl kann man Vermutungen darüber anstellen, was in diesen Anrufern vorgeht. Beide Anrufergruppen sind sicherlich durch eine starke Ambivalenz gegenüber dem telefonischen Hilfsangebot gekennzeichnet. Sie befinden sich in dem Konflikt zwischen dem Wunsch, sich anzuvertrauen, und ihrer gleichzeitigen Angst davor. So wenden sie sich an die TS und machen im selben Moment einen »Rückzieher«, die Aufleger schneller und konsequenter als die Schweiger. So betrachtet könnte man sagen: Ein Auflege-Anruf ist ein verkürzter Schweigeanruf.

Sehr wahrscheinlich spielen bei diesen Anrufern frühe Erfahrungen mit Zurückweisungen eine Rolle, die ein Ur-Mißtrauen hinterlassen haben. Die einmal oder sogar mehrfach gemachte gravierende Erfahrung, nicht angenommen und angehört zu werden wird aktiv vorweggenommen, etwa nach dem Motto: »Lieber lege ich zuerst auf, ehe ich vom anderen wieder zurückgewiesen werde.« Dabei können Rationalisierungen wie »die können mir ja sicherlich doch nicht helfen« oder »das hat alles keinen Sinn« als rechtfertigende Scheinbegründung für den Anrufer dienen.

Auf ein weiteres mögliches Motiv dieser Anrufergruppen macht der amerikanische Telefonnotdienst-Spezialist Gene W. Brockopp aufmerksam: Der Vorteil der Telefonkommunikation, schnell einen Kontakt und damit auch eine vertraute Beziehung zu einem anderen Menschen aufnehmen zu können, könnte für gehemmte und kontaktgestörte Anrufer vielleicht auch eine Überforderung darstellen, die zu Angst führt.[73]

Aber auch eine Reihe von weiteren Aspekten zu Auflege- und Schweigeanrufen sei hier erwähnt: Der Anrufer oder die Anruferin trifft auf eine Stimme, die den Erwartungen nicht entspricht. Ein Mann antwortet, obwohl lieber eine Frau gewünscht wurde – oder umgekehrt. Es sind Situationen denkbar, in denen ein Mann lieber und leichter »von Mann zu Mann« sprechen bzw. eine Frau lieber »von Frau zu Frau« sprechen möchte.

Möglicherweise löst die Stimme und Sprechweise des TS-Gesprächspartners aber auch Antipathien aus, sei es, daß Assoziationen an bekannte Personen geweckt werden oder daß die Art der ersten telefonischen Meldung durch den TS-Mitarbeiter den Eindruck macht, er sei nicht richtig engagiert, übermüdet, gestreßt – Dinge, die unter Umständen zutreffen können, häufig aber auch nur Projektionen des Anrufers sind.

Bisweilen – so George Day von den britischen Samaritans – bleibt dem Schweigeanrufer das Wort im Halse stecken, weil er eigentlich zu explo-

90 Die Anrufer

dieren droht. Er will zwar mit jemandem reden, weiß aber nicht, wie er beginnen, sein Chaos in Worte fassen soll. Day berichtet, daß häufig wenige Minuten nach dem Auflegen ein zweiter Anlauf erfolgt, bei dem es dem Anrufer dann gelingt, seine Sprechblockierung zu überwinden.

Auflegen oder Schweigen kann aber auch ein Ausdruck aggressiver Impulse gegenüber dem TS-Mitarbeiter sein, die dieser stellvertretend für andere Personen abbekommt. Schweigen ist dann – mit George Bernhard Shaw – »der vollkommenste Ausdruck der Verachtung«. Anrufen und sofortiges Wiederauflegen verursacht Wirbel und demonstriert eine ablehnende Haltung gegenüber dem gesprächsbereiten TS-Mitarbeiter, etwa nach dem mehr oder weniger bewußten Motto: »Du wartest auf ein Gespräch – aber ich werde nicht mit dir sprechen.« Bisweilen gehen solche Aktivitäten auch soweit, daß versucht wird, die Leitung der TS zu blockieren, um damit andere Anrufe zu verhindern.

Exzessive Schweigeanrufe stellen möglicherweise auch noch eine weitere subtile Form von Aggression dar: Der Mitarbeiter soll eine Situation erleben, die ihn ohnmächtig und hilflos werden läßt – vielleicht als eine Art Rache für die vom Anrufer selbst erlittene Ohnmacht. Das einzige Mittel der TS – Zuhören und Sprechen – wird so demonstrativ ad absurdum geführt. Der Mitarbeiter soll depotenziert werden.

Aus psychoanalytischer Sicht stellen Schweigeanrufe auch eine Regression auf die frühe präverbale Entwicklungsphase des Säuglings dar, eine Zeit, in der Worte noch nicht zur Verfügung standen. Dabei geht es dem Schweigeanrufer wahrscheinlich um die Suche nach der guten, Unlust und Angst reduzierenden Stimme der Mutter.

Und noch ein weiterer Aspekt kann von Bedeutung sein: »Aufleger« und »Schweiger« agieren auch eine Trennungsproblematik. Der »Aufleger« ist dabei aktiv trennend und knallt quasi telefonisch die Tür hinter sich zu oder macht sie dem anderen vor der Nase zu. Der »Schweiger« zelebriert eine langgezogene Trennung.

Es gibt Anrufe ohne jedes Geräusch, ohne jeden Hintergrund: Ein wirklich eisiges Schweigen, wie aus einer Gruft. Nichts ist zu hören, nicht einmal das leiseste Atemgeräusch. »Manchmal ist es, als wenn ein Toter anruft«, sagt ein Berliner Mitarbeiter der Telefonseelsorge. »Bei anderen Schweigeanrufern hört man das Atmen, da wird schon mal geseufzt und geweint. Oder man hört, wie etwas in ein Glas gegossen wird. Manchmal scheint das Fenster offenzustehen, und es dringt das Geräusch eines Flugzeugs durch den Telefonhörer, das man wenig später durch das eigene Fenster der TS-Stelle hören kann. Das schafft irgendwie doch etwas Verbindendes. Bei Schweigeanrufen aus öffentlichen Fernsprechzellen dominiert der Verkehrslärm.«

»Aber auch aus einer vollbesetzten Kneipe gibt es Schweigeanrufe. Ein Stimmengewirr inmitten des Schweigens. Und dann aus dem Hintergrund eine Stimme, die fragt: ›Mit wem telefonierst'n da? Mach nicht so lange . . .‹ Ein wenig später wird aufgelegt.«

Scherzanrufe

Erfreulicherweise liegt die Zahl der Scherzanrufe bei fast allen TS-Stellen in der Bundesrepublik deutlich unter 1 %. Es kommt also relativ selten vor, daß jemand zum Hörer greift, die Nummer wählt und beispielsweise zu erzählen beginnt: »Ich habe schrecklichen Liebeskummer, ich glaub', ich bring mich um. Was sagen Sie 'n dazu?«
Dieser Gesprächsanfang erlaubt an sich noch keinesfalls die Vermutung, es könne sich um einen Scherzanruf handeln. Wenn dann allerdings ein prustendes Lachen ertönt und der Anrufer auflegt, wird dieser Anruf sicherlich doch als Scherzanruf eingestuft werden können. Dies fällt vielleicht noch leichter, wenn ein Teenager vor dem Hintergrund von Partygeräuschen diese Geschichte ganz hektisch runtererzählt.
Ob nun am Ende von so ein paar schnell hingesagten Sätzen gelacht wird oder nicht – hinter jedem Scherz und Witz steckt das berühmte Körnchen Wahrheit. Vielleicht ist es bei dieser Art von Anrufen doch sogar ein bißchen mehr, auch wenn es zuerst nach einer scherzhaften Wette oder Mutprobe aussieht. Wer sagt uns, daß der anrufende junge Mensch nicht gerade in einer akuten Krise steckt oder eine Trennungskrise noch nicht richtig überwunden hat? Bei der TS werden deshalb grundsätzlich erst einmal alle Anrufe ernstgenommen.
Scherzanrufe sind nicht nur Spaß. Hinter der Maske des Clowns verbirgt sich häufig ein trauriges Gesicht.

Der vesteckte Ruf nach Hilfe

TS-Stellen bekommen auch viele Anrufe mit Gesprächsanfängen wie diese:

»Wer ist da – Telefonfürsorge? Ich glaube, ich habe mich verwählt . . .«

»Können Sie mir sagen, wie spät es ist und was wir für einen Tag haben?«

»Ich wollte nur mal sehen, ob da – um diese Uhrzeit – wirklich noch jemand ist.«

»Na, Sie müssen ja ein bißchen verrückt sein, sich die ganze Nacht um die Ohren zu schlagen!«

92   Die Anrufer

»Ich möchte so gerne jemandem helfen, wissen Sie da niemanden für mich...?«

»Ich mache mir solche Sorgen um meine Nachbarin...«

»Da ist jemand in meinem Bekanntenkreis, der trinkt furchtbar viel. Das geht so nicht weiter. Können Sie mir mal sagen, was ich da machen soll?«

»Neulich hat mir ein Kollege gesagt, daß er überhaupt keinen Sinn mehr im Leben sieht. Was hätte ich ihm bloß antworten sollen? Was würden Sie mir raten...?«

Bei ungefähr 10 % aller Anrufe, die eine TS-Stelle erhält, wird der eigentlich bestehende Wunsch nach Hilfe, Orientierung und Unterstützung nicht offen ausgesprochen, sondern mit Formulierungen maskiert wie oben dargestellt. Die so harmlos klingende Frage nach Information und Auskunft – der Anrufer, der »nur« mal testen will, ob wirklich jemand da ist, Anrufe, die mit exzessiven Hilfsangeboten beeindrucken wollen, oder Gespräche, die nur die Sorge um andere in den Vordergrund rücken, am deutlichsten vielleicht beim Anrufer, der glaubt, sich verwählt zu haben – bei allen geht es sehr wahrscheinlich um einen chiffrierten Wunsch nach einem helfenden Gespräch für eigene massive Probleme.

In Sprache zu fassen, wie nötig sie Hilfe brauchen, scheint diesen Anrufern aus verschiedenen Gründen auf direktem Weg unmöglich zu sein. Verglichen mit den Auflege- und Schweigeanrufern schweigen sie auf eine andere Art – beim Sprechen.

Offen mit sich und dem anderen umzugehen scheint für viele Anrufer selbst mit Hilfe der schützenden Distanz des Telefons eine zu schwierige Hürde zu sein. Welche frustrierenden und verletzenden Erfahrungen im Sinne eines Urmißtrauens müssen Anrufer gemacht haben, daß sie das Eingestehen und Zulassen von Hilfsbedürftigkeit und Schwäche als eine so große Gefahr für sich erleben?

Zwei weitere besondere Anrufergruppen erfordern Beachtung: Die Sex- und die Daueranrufer:

Das Angebot der TS, Tag und Nacht für jeden als Gesprächspartner zur Verfügung zu stehen (Werbeslogan: »Tag und Nacht für Sie zu sprechen«), birgt bei der besonderen Haltung von genereller Annahme und Wertschätzung, die die TS-Mitarbeiter dem Anrufer entgegenbringen, auch gewisse Risiken: nämlich mißbräuchlich – d. h. den eigentlichen Zielen der TS zuwiderlaufend – in Anspruch genommen zu werden. So jedenfalls sieht es ein Großteil der ehren- und hauptamtlichen Mitarbeiter. Was aber bedeutet hier wirklich Mißbrauch, und verbirgt sich nicht hinter jedem Mißbrauch letztlich eine gravierende Not? Hat die Verurteilung als

»Mißbrauch« nicht auch etwas mit einer Überforderung desjenigen zu tun, der einen Mißbrauch etikettiert? Hannspeter Schmidt jedenfalls verdeutlicht dazu die Anrufer/TS-Ausgangslage: »Während das Telefon und die Anonymität dem Anrufer gestatten, das Gespräch nach seinem Gutdünken zu beginnen und zu beenden, abzubrechen, aufzulegen, sozusagen plötzlich und unerkannt zu verschwinden oder aufzutauchen, sitzt der TS-Mitarbeiter in Warteposition und Gesprächsbereitschaft und wird sich ... kaum die Freiheit nehmen, seine eigenen Grenzen zu wahren. So verliert er den Korrektivcharakter für den Anrufer, wird zum Stück der ›Wählscheibe‹, beliebig austauschbar, uneigentlich, un-persönlich, zum phantasiebesetzten Übergangsobjekt, was in unfaßbarer Geduld alles schluckt, alles gibt, sich niemals wehrt.«[74] Ergänzend und zur Klärung muß hier aber hinzugefügt werden, daß es nicht allein um die Problematik des Anrufers, sondern auch um die Probleme, die mangelnde Abgrenzungsfähigkeit des Mitarbeiters geht. Das sollte auch als konstruktiver Hinweis für Auswahl und Ausbildung der Mitarbeiter verstanden werden. Gleichwohl – die TS ist keine verbalerotische Befriedigungsanstalt.

Die TS ermutigt nicht nur zur dringend benötigten persönlichen Aussprache in einer Krisensituation, sondern lockt auch Anrufer an, bei denen der »Konflikt zwischen ihrem Kontakt- und Kommunikationsbedürfnis einerseits und ihrer Angst vor Kommunikation und Begegnung andererseits«[75] besonders extrem ausgeprägt ist: die Sex- und Daueranrufer.

Sex-Anrufer

In der Terminologie der Telefonseelsorge werden sie kurz »Sex-Anrufer« genannt. Unter diesem Begriff werden Anrufe zusammengefaßt, bei denen (in der Regel männliche) Anrufer die Stimme einer Frau am Telefon benötigen, um während des Telefonats zu masturbieren.

Es lassen sich hauptsächlich zwei Anrufergruppen unterscheiden: Die einen sagen gleich zu Anfang des Gesprächs – vorausgesetzt, es ist eine Frau am TS-Telefon –, daß sie masturbieren wollen, und bitten bzw. fordern, daß die Mitarbeiterin das Vorhaben zuläßt, sie dabei unterstützt oder sogar verbal stimuliert. Die zweite Gruppe äußert ihren Masturbationswunsch nicht direkt, sondern beginnt mit der Darstellung eines Problems, einer Geschichte, die häufig sexuell stark gefärbt ist. Dabei kann es durchaus vorkommen, daß die Mitarbeiterin – vor allem, wenn sie im Umgang mit dieser Anrufergruppe wenig Erfahrung hat – die Masturbationsintention und deren Realisierung gar nicht bemerkt. So geschieht es bei dieser Gruppe von Sex-Anrufern, daß das Gespräch nach Erreichen der intendierten Befriedigung abrupt beendet wird. Seltener kommt es vor, daß Sex-Anrufer ihre Masturbationsabsicht erst nach längerem Gespräch umschreiben und dann bitten, dies doch zu tolerieren.

Alle TS-Stellen in der Bundesrepublik registrieren eine Zunahme dieser Anrufe. So rangieren die Sex-Anrufe 1985 beispielsweise bei den TS-Stellen Berlin, Köln, Freiburg und Würzburg durchschnittlich an zehnter Stelle aller Gesprächsanlässe und machen etwa 3% der Anlässe aus. Die TS Berlin verzeichnete 1985 etwa 600 Sex-Anrufe.

Aber nicht nur die TS erhält Anrufe dieser Art, sondern auch andere Institutionen, bei denen eine große Wahrscheinlichkeit besteht, auf eine weibliche Stimme zu treffen (wie z. B. Telefonauskunft der Post). Gleichwohl bietet sich die TS wegen ihrer Verfügbarkeit rund um die Uhr, der schützenden Anonymität und der grundsätzlich wohlwollend-akzeptierenden Gesprächshaltung der Mitarbeiter für Sex-Anrufe besonders an.

Statt sich ein Sexualobjekt bei der Masturbation lediglich in der Phantasie vorzustellen, wird bei der Telefonmasturbation (»Telefonanie«) eine andere Person partiell (akustisch) herangeholt. Dadurch wird durch das Medium Telefon eine modifizierte Form von Exhibitionismus praktiziert. Die von dem Hamburger Sexualforscher Eberhard Schorsch für den Exhibitionismus allgemein beschriebenen drei psychodynamischen Bedeutungs- und Ausdrucksgehalte gelten prinzipiell auch für die Telefonmasturbanten:

Es geht erstens um das Erleben und Demonstrieren von Potenz, Mächtigkeit und Männlichkeit sowie um die Vergewisserung genitaler Vollwertigkeit, um so Ängste, klein, ohnmächtig und unmännlich (d. h. kastriert) zu sein, zu überwinden.

Ein zweiter Aspekt besteht in der Realisierung aggressiver Gefühle und Impulse, z. B. als symbolische Bedrohung der Frau durch den »mächtigen« Phallus, mit dem Ziel, die als stark und überlegen erlebte Frau zu beeindrucken, einzuschüchtern und in die Flucht zu schlagen. Diese phantasierten oder auch real eintretenden Reaktionen dienen als Bestätigung für die Macht der Männlichkeit und als Vergewisserung, daß die Angst vor der Frau eigentlich unbegründet ist.

Der dritte und für die exhibitionistische Telefonmasturbation besonders wichtige Aspekt liegt in dem ritualisierten Kontaktangebot des Sex-Anrufers, das aber gleichzeitig Distanz garantiert und vor den Ängsten, die in einer realen Konfrontation auftreten würden, bewahrt und schützt.[76]

Zum besseren Verständnis für dieses theoretische Erklärungsmodell dient uns der Bericht über einen Sex-Anrufer – nennen wir ihn hier Herrn X (Mitte 30, verheiratet, ohne Kinder, arbeitslos – Merkmale, die zur Identifizierung führen könnten, wurden verändert):

Die Anrufer 95

Seitdem X Telefonbesitzer ist, hat er regelmäßig Kontakt mit fast allen
TS-Stellen in Deutschland. Über 50, schätzt er. Und das seit mehreren
Jahren. An manchen Tagen telefoniert er sechs bis acht Stunden mit
TS-Stellen. Seine Telefonrechnung beträgt etwa 400–500 DM monat-
lich.
»Meine Ehe ist im Eimer, wegen Alkohol, Finanzen und sexueller
Schwierigkeiten.« Eine Eheberatung brach X ab, weil er sich »in die
Ecke gedrängt« fühlte. X trinkt viel, sagt, er sei Alkoholiker, was er
dann aber auch wieder verneint. Gerne spricht er von dem, was er alles
machen würde, wenn... Seine Traumberufe: Pilot, Chefarzt, Lokfüh-
rer. X fühlt sich unterfordert.
Er wuchs bei seinen Großeltern auf dem Lande auf. Seine Mutter
lernte er erst kennen, als er bereits 20 Jahre alt war. X beklagt, keine
sexuelle Aufklärung erhalten zu haben. Deshalb waren Oswalt-Kol-
le-Filme oder der Aufklärungsfilm »Helga« »eine Offenbarung« für
ihn.
Im Alter von 18 Jahren soll er auf der Straße nach einem Kneipenbe-
such in angetrunkenem Zustand ein siebenjähriges Mädchen gezwungen haben, ihm ans Glied zu fassen. Es kommt zu einer Anzeige und zu
einem Aufenthalt in der Jugendpsychiatrie.
X erzählt, daß es ihm während der Gespräche mit der TS immer um
Selbstbefriedigung geht, »aber das hat kaum jemand gemerkt«. Darum
wählt er immer unterschiedliche »Aufhänger«, z. B.:
»Meine Frau hat mich verlassen, wegen Alkohol...«
»Ich habe mich in meine Schwägerin verliebt...«
»Ich bin lediger Alkoholiker...«
»Meine Frau soll beim Geschlechtsverkehr Leder tragen...«
»Ich habe da Erfahrungen mit einer Reitlehrerin...«
»Ich bin arbeitslos...«
»Meine Mutter geht nackt durch die Wohnung...«
»Ich bin trockener Alkoholiker...«
»Ich habe eine Rockerbraut...«

Zwei Sorgen beschäftigen X vor dem Gespräch mit der TS: »Wird mir
der Aufhänger abgenommen?« und »Zieht sie am selben Strang?«
X berichtet: »Entscheidend war für mich die weibliche Stimme. Die
kann mich schon reizen. Ich stelle mir die weibliche Person so vor, wie
ich sie gerne möchte. Sollte ich einmal eine Telefonseelsorge-Mitarbei-
terin verletzt haben, so entschuldige ich mich dafür. Hier sind Frauen,
die nicht einfach auflegen dürfen. Die wollen mir ja helfen und haben
sich um mich bemüht. Und die haben Zeit, unbegrenzte Zeit.«

96 Die Anrufer

Bei manchen Mitarbeiterinnen legte X auf, wenn sie ihm die »Aufhänger« nicht abgenommen haben. Aber »manchmal wollte ich sie nicht verlieren, da habe ich dann Tatsachen erzählt, das hat mich moralisch aufgebaut. An Selbstbefriedigung habe ich dann nicht mehr gedacht.« Begeistert erzählt X von der Mitarbeiterin einer TS-Stelle, wo er ohne Aufhänger »total offen« sofort onanieren durfte, und von der er sich sehr akzeptiert fühlte.

Nach jahrelangen Telefonexzessen berichtet X, daß seine Frau jetzt mit der Scheidung droht, unter anderem auch wegen seiner Telefonsucht. Über die TS äußert er sich: »Mir ist klargeworden, daß ich eine so gute Einrichtung wie die TS mißbraucht habe. Ich verstehe, daß die Mitarbeiterinnen sich benutzt vorkommen.«

X sagt, daß er mit dem Telefon »ganz Deutschland« erreicht, viele TS-Stellen, aber auch Versandhäuser und Versicherungsbüros. Er bezeichnet sich selbst als »telefonsüchtig« und glaubt: »So kann ich nicht weitermachen. Ich habe mich in den letzten Jahren mit meinen sexuellen Problemen keinen Zentimeter weiterbewegt. Mein Arzt hat mir gesagt, ich habe einen überstarken Sexualtrieb. Da muß es doch eine Hilfe für mich geben? Eigentlich will ich diesen Telefon-Sex nicht. Lieber würde ich mit meiner Frau, aber die ist kalt und abweisend.«[77]

Daueranrufer

»Jede Telefonseelsorge-Stelle kennt das Phänomen, daß einige Menschen immer wieder, oft über Jahre hinweg anrufen, ohne daß ein Prozeß der Veränderung zu erkennen ist«, schreibt die TS Freiburg in ihrem 10-Jahresbericht mit der Überschrift »Gibt es Anrufer, die immer wieder anrufen? Oder: Wo sehen wir unsere Möglichkeiten und Grenzen?«. Einschränkend wird ergänzt: »Sicherlich gibt es darunter Menschen, deren Lebenssituation ihnen keinerlei Möglichkeit einer Veränderung offenläßt, z. B. viele organisch Kranke, bestimmte psychisch Kranke, alte Menschen, die in totale Isolation und Einsamkeit geraten sind, manche Angehörige bestimmter Randgruppen und andere.«[78]

Diese Anrufer werden als »Daueranrufer« bezeichnet. Etwa 22 % der Anrufe werden von diesen sogenannten Daueranrufern getätigt, so weist die Gesamtstatistik der bundesdeutschen TS-Stellen aus (47 % sind Erstanrufer und 31 % Mehrfachanrufer; vgl. S. 75). Nach Expertenschätzungen liegt der Anteil der Daueranrufer wesentlich höher (etwa 40–70 %). Das liegt, wie bereits beschrieben, daran, daß Daueranrufer wegen der täglich wechselnden ehrenamtlichen Mitarbeiter häufig nicht erkannt werden. Aber auch die Unterscheidung zwischen Dauer- und Mehrfachanrufern ist nicht problemlos, die Grenzen sind fließend.

Die meisten dieser Anrufer scheinen eher an einer Darstellung und Bestätigung ihrer Not interessiert, nicht aber an deren wirklicher Veränderung – so der Kölner Diplompsychologe Hannspeter Schmidt: »Sie verharren in dem Gewinn, den ihnen ihre Sorgen verschaffen.«[79] Oft Jahre, wenn nicht sogar ein Leben lang widersetzen sich diese Anrufer »erfolgreich« einer notwendigen inneren und/oder äußeren Veränderung ihrer Lebenssituation. »Der Grat zwischen ›nicht können‹ und ›nicht wollen‹ ist schmal, und die Unterscheidung ist auch dem/der erfahrenen Telefonseelsorger/in oft nicht möglich.«[80] Diese »Stammanrufer«, wie sie von den Freiburger Mitarbeitern auch genannt werden, stellen eine zunehmende Herausforderung an die Arbeit und das Selbstverständnis dieser Institution dar. »Sind wir nun Kriseninterventionsstelle – besonders für Suizidgefährdete – oder sind wir ein ›Ohr, in das man hineinjammern kann‹ – eine Art Tagebuch mit unbegrenzt vielen Seiten?« fragen sich die Freiburger Mitarbeiter zum Problem der Daueranrufer.[81]

Die ständige Gesprächsbereitschaft und die besondere Haltung der Mitarbeiter am Telefon stellt für die Daueranrufer einen gefährlichen Ver- und Gewöhnungseffekt dar. So kann das Angebot der TS zu einem Telefon-Suchtverhalten führen, das von mehrfachen Anrufen wöchentlich bis zu mehrfachen Anrufen täglich reicht. Manchmal beschäftigen Daueranrufer mehrere verschiedene TS-Stellen gleichzeitig, nahezu rund um die Uhr. Aber auch bei weniger extremen Fällen von Daueranrufen laufen die TS-Stellen Gefahr, dem Daueranrufer das trügerische Gefühl zu geben, »etwas für sich getan und an seinem Problem gearbeitet zu haben, ohne daß er bei der Problemlösung wirklich weitergekommen ist und in seinen realen Beziehungen etwas verändert«, schreibt die TS Bad Kreuznach.[82]

Wird dies von den Mitarbeitern der TS nach einer gewissen Zeit so erkannt, reagieren viele mit erheblichen Sinnlosigkeits- und Frustrationsgefühlen. Nichts bewirken zu können bzw. in den vielen, langen und ausführlichen Gesprächen nichts bewirkt zu haben, wird dann zu einem Problem der Mitarbeiter. Manche fühlen sich bisweilen in ihren Allmachtsphantasien so gekränkt, daß es zu Über- und Fehlreaktionen kommt. Gespräche mit Daueranrufern werden abgelehnt, im Extremfall auf eine sehr unfreundliche Art. Wenn sich solche Enttäuschungserlebnisse bei Mitarbeitern häufen, kann es dazu kommen, daß der Dienst bei der Telefonseelsorge von ihnen völlig aufgegeben wird.

Bei der Auseinandersetzung mit dem Daueranruferproblem ist den Mit-

98 Die Anrufer

arbeitern der TS Bad Kreuznach klargeworden, daß sie ihren »Stamman-
rufern« mit einer allzu gewährenden Gesprächshaltung »keinen wirklichen Dienst erweisen, weil ihnen der Leidensdruck genommen wird, der
sie allein motivieren kann, wirklich an sich und ihrer Situation zu arbeiten«.[83]

Das Problem der Daueranrufer wirft grundsätzliche Fragen auf, und so
fragt sich die TS Freiburg: »Worum geht es in unserem Dienst letztlich:
Um tatkräftige Hilfe, um die Konfrontation des Anrufers mit seiner
Wirklichkeit, um bedingungsloses Akzeptieren und Annehmen, um Begegnung zwischen zwei Menschen, die heilsam sein und Wachstum ermöglichen kann, aber zugleich auch alle Möglichkeiten, auch die des
Nein-Sagens und der Ablehnung von Hilfe offen läßt? Geht es gar um
einen Dienst der Barmherzigkeit (wie schillernd in seiner Bedeutung
kann dies Wort sein), oder geht es gar um etwas gänzlich anderes? Wer
hier nur eine einzige Antwort gelten lassen möchte, verkürzt, ja, ampu-
tiert das, was Mitarbeiter der Telefonseelsorge tatsächlich tun.«[84]

Die Probleme

Nach einer Übersicht zu den sechs Hauptproblemkategorien, die bei Gesprächen mit Mitarbeitern der Telefonseelsorge (TS) benannt werden (von psychischen Problemen bis Fragen zu Religion und Weltanschauung), haben wir zunächst eher dokumentarisch die verschiedenen Anlässe und Einzelprobleme dargestellt, die dazu führen, sich an die TS zu wenden (von Alkoholproblemen über Vereinsamung bis hin zu Sorgen alleinstehender Menschen).
Dann folgte eine Beschreibung von ganz speziellen Anrufergruppen, die ihre Schwierigkeiten nicht mehr oder kaum direkt benennen (von Auflegern und Schweigern über versteckte Hilferufe bis zu Sex- und Daueranrufern).
Nun geht es um eine Zusammenfassung und Systematisierung der dargestellten Motive eines Anrufs, um zu einer komplexeren Aussage über die zentralen Probleme der Anrufer, aber sicher auch der Menschen in unserer Gesellschaft zu kommen.
Dazu haben wir teilweise einzelne, aber miteinander in einem Zusammenhang stehende Problemnennungen weiter zu größeren, sinnvollen Gruppen zusammengefaßt. Dadurch ergibt sich die folgende Übersicht (ausgewählte Telefonseelsorge-Stellen 1985, Angaben in Prozent):

	Durch-schnitt	Berlin	Köln	Freib.	Würzb.	Hamb.
Einsamkeit	12,5	8,5	20,9	12,1	10,2	11,0
Versteckte Hilferufe	12,0	15,5	12,0	9,4	11,3	11,8
Aufleger/Schweiger	10,7	11,8	9,2	9,9	15,8	7,0
Depression	7,8	6,1	9,9	8,1	7,8	7,3
Trennung vom Partner	7,4	6,0	6,7	5,5	9,6	9,4
Sexuelle Probleme	6,2	4,5	6,0	5,5	9,2	5,9
Alkoholprobleme	5,0	6,7	4,0	5,1	2,4	6,9
Suizidalität	3,0	5,5	1,5	2,5	2,9	2,8
Organische Krankheiten	2,6	3,3	3,0	2,3	1,6	2,6
Arbeitslosigkeit/Berufswelt	1,8	2,1	2,7	1,8	0,8	1,6
Angstzustände	1,7	2,1	1,6	2,0	0,9	1,9
Summe der aufgeführten Anlässe	70,7	72,1	77,5	64,2	72,5	68,2

Tabelle 21

100 Die Probleme

Versuchen wir zunächst, grob zwischen intra- und interpsychischen Anruf-
motiven zu unterscheiden: D. h. Anrufe, bei denen zunächst die innerseelische Befindlichkeit im Vordergrund steht, und Gespräche, bei denen es
von vornherein um zwischenmenschliche Probleme und Konflikte geht.

Häufigster Grund, sich an die Telefonseelsorge zu wenden, ist ein manchmal diffuses, oft aber sehr deutliches Gefühl von Einsamkeit und Verlas-
sensein.

Weitere intrapsychische (innerseelische) Anlässe sind depressive Verstimmung, Alkoholabhängigkeit, Suizidalität, (vordergründig) organische Krankheiten und das Erleben von Angst.

Im interpsychischen (zwischenmenschlichen) Bereich geht es vorwiegend
um zwei Aspekte bei Partnerproblemen: Die problematisch und konflikthaft erlebte Sexualität und – noch häufiger – die drohende oder schon
vollzogene Trennung vom Partner.

Im sozialen Bereich schlägt sich mit all ihren psychischen, zwischenmenschlichen und finanziellen Folgen die deutlich gestiegene Arbeitslosigkeit nieder.

Viele Menschen scheinen nicht in der Lage zu sein, ihre Probleme in Worte
zu fassen – am deutlichsten dokumentiert dies die Gruppe der Auflege- und
Schweigeanrufe. Aber auch die versteckten Hilferufe verdeutlichen die
verbreitete Unfähigkeit zur Artikulation. Bei beiden Anrufergruppen
(Aufleger/Schweiger, versteckte Hilferufe) geht es sehr wahrscheinlich
um die gleichen Problembereiche und Störungen, wie sie von den anderen
Anrufern benannt werden.

Aber nicht nur die Not und die Probleme der TS-Anrufer dokumentieren
sich hier: Die von ihnen benannten Probleme und Störungen sind Leit-
(und Leid-) Themen in unserer Gesellschaft:

1. Einsamkeit
2. Partnerprobleme
3. Depression
4. Alkoholprobleme
5. Suizidalität
6. Krankheit
7. Arbeitslosigkeit
8. Angst

Einsamkeit ist das zentrale Problem der Menschen, die sich an die Telefonseelsorge wenden. Das Sich-einsam-Fühlen ist emotionaler Ausgangspunkt und determinierender Hintergrund, überhaupt die Nummer der
Telefonseelsorge zu wählen. Mit anderen Worten: Wer sich nicht einsam
fühlte, käme nicht auf die Idee, diese Institution anzurufen.

Einsamkeit steht an erster Stelle in dieser Liste des Leidens, aber auch die anderen Anrufanlässe beinhalten das Einsamkeitsproblem. Sie sind gewissermaßen die Kleider, zum Teil die Verkleidung, in denen die Einsamkeit auftritt:
Die massenhafte Unfähigkeit, längerfristig befriedigende Partnerbeziehungen zu haben, führt zu Trennungserfahrungen und macht einsam. Depression, Alkoholprobleme und Suizidalität sind unmittelbare pathologische Folgezustände von Einsamkeits- und Trennungserlebnissen.
Krankheit, Arbeitslosigkeit und Angst ziehen das Einsamkeitsleiden und die Isolation unweigerlich nach sich.
Die Anrufer bei der Telefonseelsorge benennen stellvertretend für uns alle das zentrale psychische und gesellschaftliche Leiden in unserer Zeit: Einsamkeit, Vereinzelung, Isolation.

Einsamkeit

> Wer sich zur Sprache bringen kann,
> hat im Wesentlichen seine Einsamkeit überwunden.
> *Peter Handke, Das Gewicht der Welt*

Einsamkeit als Grundproblem des Menschen

Wenn mit der Geburt und der Durchtrennung der Nabelschnur die pränatale Gemeinschaft mit der Mutter aufgegeben werden mußte, ist Einsamkeit eine Grundsituation, die den Menschen zeit seines Lebens begleitet. Und von da an beginnt auch eine immerwährende Suche nach der durch die erste Trennung jäh verlorenen wärmenden Nähe – die Sehnsucht nach *Beziehung*, als Gegenpol zu Einsamkeit.
Der spanische Philosoph Ortega y Gasset begründete das elementare Alleinsein des Menschen mit der »Unübertragbarkeit« des menschlichen Lebens:

»Ein jeder hat sein eigenes Leben zu leben, niemand kann bei ihm die Geschäfte des Lebens vertreten ... Der Zahnschmerz, den er spürt, ist unweigerlich sein eigener Zahnschmerz, er kann ihn nicht mal teilweise einem anderen abtreten; auch kann kein anderer für ihn auswählen und entscheiden, was er tun und was er sein soll; niemand kann an seiner Stelle fühlen und wollen; und endlich: es ist ihm unmöglich, durch einen Mitmenschen die Gedanken denken zu lassen, die er denken muß, um sich in der Welt ... der Dinge und der Welt der Menschen zu orientieren und die passende Verhaltensweise zu finden. An ihm selbst ist es also, Überzeugungen zu gewinnen oder nicht zu gewinnen, Ein-

102　Die Probleme

sichten zu haben, Absurditäten aufzudecken; hierfür gibt es keinen Stellvertreter, Ersatzmann oder Substituten ... Und da dies für meine gesamten Entscheidungen, Willensakte, Empfindungen zutrifft, so können wir nicht umhin, schließlich zu dem Ergebnis zu gelangen, daß das menschliche Leben sensu strictu eben seiner Unübertragbarkeit wegen wesentlich Einsamkeit, radikale Einsamkeit ist.«[85]

Hermann Hesse bringt dies auf die kurze Formel: Leben ist Einsamsein.

Einsam unter Menschen – zur Phänomenologie der Einsamkeit

Was ist Einsamkeit? »Die Abgeschiedenheit des einzelnen Menschen im räumlichen oder (so meist gemeint) im seelischen Sinne« – lautet die Definition im emotionslosen, beinahe unterkühlten Stil des Brockhaus-Lexikons. Und weiter: »Da der Mensch auf Zusammenleben mit seinen Mitmenschen angewiesen ist, wird Einsamkeit immer als unnormaler Zustand empfunden, dies aber mit sehr verschiedener Wertbetonung.«[86]
Wie aber ist nun Einsamkeit? »Für große Geister eine Nahrungsquelle, für kleine eine Qual«, so der geistige Vater der Selbsthilfebewegung, der englische Arzt und Schriftsteller Samuel Smiles 1871 unter der Überschrift »Die Schule der Erfahrung«.
Einsamkeit teilt man mit niemandem, jeder ist für sich einsam. »Der Stillstand der Zeit, den der Einsame zuweilen empfindet, gleicht nicht der positiven Endlosigkeit, die man Ewigkeit nennt, sondern einer auf dem toten Punkt angelangten Zeit, der Bewegungslosigkeit in einem riesigen Raum, der unabänderlichen Nutzlosigkeit des Seins«, sagte der Psychologe Manès Sperber. »Und die Trauer des Einsamen ist eine Trauer um sich selbst; sie nährt die Sehnsucht nach dem Nichts, so daß er seinem Leben plötzlich, von niemandem verstanden und ohne einleuchtenden Grund, ein Ende setzt.«[87]
Der Einsame ist mehr als allein. Er ist isoliert, seelisch ein bißchen wie tot, und Einsamkeit kann tödlich sein, wie Paul Valéry sinngemäß mit der Feststellung bestätigt: Suizid ist immer auch die Abwesenheit des anderen.
»Man kann Einsamkeit dramatisch erleben: so als ob die Nacht am hellen Mittag plötzlich hereinbräche«, aber auch anders, eher so »wie eine lange, unheilbare Krankheit, die in einem nistet wie ein Geschwür, das einen allmählich, jedoch unaufhaltsam vernichten wird.«[88]
Selbst oder besonders inmitten von vielen Menschen kann man sich einsam fühlen – je mehr Menschen vielleicht sogar, desto einsamer. Aber

auch im kleinen, überschaubaren, ja intimen Rahmen tritt Einsamkeit leidvoll auf: Einsamkeit in der Zweisamkeit, wenn die Institution Ehe zum Verlies verkommen ist, mit einem Ehepartner, »mit dem man seit vielen Jahren, tagaus, tagein Zeit und Raum teilt«[89].

In Stammheim gab es Einzelhaft, eine besondere Strafform der staatlich verordneten Einsamkeit. Seit altersher von allen Gefangenen gefürchtet: der Einzelkerker, die lebenslange Einzelhaft.

Gleichwohl, niemand ist ganz für sich allein, meint Manès Sperber minimal tröstend in seinem Essay über die Einsamkeit: »Jene, die dem Kind das Wahrnehmen, Sprechen und Denken beigebracht haben, werden fortab von ihm mitgedacht. In diesem Sinne würde der Einzige, auch wenn es ihn tatsächlich gäbe, niemals sein Eigentum bleiben. Er gehört stets – ob er es will oder nicht, ob er es weiß oder nicht – auch den anderen. Und diese anderen sind in ihm, hocken in seinem Innersten, er ist von ihnen besetzt wie eine besiegte Stadt von ihren Eroberern. Weil niemand die anderen aus seinen Gefühlen völlig ausschließen kann, weil er über sich selbst, seine Lage, seine Vergangenheit, seine Zukunftspläne nicht nachdenken kann, ohne so viele und so vieles einzubegreifen, deshalb ist die totale Einsamkeit unmöglich.«[90] Trost oder nicht – es bleibt die Frage nach dem Woher des Einsamkeitserlebens.

Ursprünge der Einsamkeit – von der Ur-Einsamkeit

Die verinnerlichten (introjizierten) Eltern, besser: die Bilder von den Eltern, wie sie in frühester Kindheit gespeichert wurden, sind es, die für unser Einsamkeitserleben mitverantwortlich sind, die uns Einsamkeit erträglich oder unerträglich werden lassen.

Besondere Bedeutung ist also den ersten Begegnungen mit der Einsamkeit in den frühen Entwicklungsstadien des Menschen beizumessen. Gerade diese frühen Einsamkeitserfahrungen sind von prägendem Charakter und können ihre verheerende Wirkung in späteren Lebensaltern entfalten.

Das pränatale Kind kennt noch keine Einsamkeit. Es lebt in einer totalen Symbiose, versorgt und geschützt. Wenn es erwünscht ist – wenn nicht, beginnt vielleicht schon hier Isolation und Einsamkeit.

Aber auch für gewollte und ersehnte Kinder wird die Geburt wie eingangs beschrieben zur ersten Einsamkeitserfahrung, zum ersten Erlebnis von Getrennt-sein. Wie das Neugeborene empfangen wird, bestimmt den Grad seines Einsamkeitserlebnisses, das Ausmaß seines Geburtstraumas. Der französische Geburtshelfer Frédérick Leboyer bezieht sich auf Buddha, wenn er sagt: »Geburt ist Leiden – nicht nur das Gebären, auch geboren zu werden ist schmerzhaft«[91] und plädiert für seine Form der

104   Die Probleme

»sanften Geburt«, ein Versuch, durch eine besondere, liebevolle, auf Zuwendung und Nähe bedachte Art der Geburts-Hilfe das Einsamkeitserlebnis des Neugeborenen zu mildern.

Der Biologe Adolf Portmann hat den Menschen als »physiologische Frühgeburt« bezeichnet. Der »eigentliche« Geburtstermin liegt seiner Einschätzung nach eher bei einem Alter von 18 Monaten, vergleicht man den Menschen mit anderen Säugern, die sehr viel fertiger und reifer in die Welt entlassen werden. Deshalb ist die fundamentale Abhängigkeit des Säuglings von den ihn versorgenden Personen das entscheidende Charakteristikum der ersten Lebensjahre. In keiner anderen Lebensphase wird der Mensch so empfindlich auf Vernachlässigung und Verlassenwerden reagieren wie in den ersten Lebensmonaten und -jahren. Besonders der Verlauf des ersten Lebensjahrs – aus entwicklungspsychologischer Sicht als orale Phase bezeichnet – entscheidet darüber, ob sich ein »Ur-Vertrauen« oder ein »Ur-Mißtrauen« als Grundhaltung zur Welt und den anderen Menschen bildet (vgl. dazu ausführlicher S. 161). »Ob das Kind diese frühen Abhängigkeitserlebnisse als befriedigend oder unbefriedigend erlebt, hängt davon ab, in welchem Maße seine soziale Umwelt bereit ist, diese Abhängigkeitsbedürfnisse zu befriedigen. Die Frustration der basalen Abhängigkeitsbedürfnisse führt in die schwersten Formen der Psychopathologie... Ängste vor Verlust der sozialen Bezugsperson oder ihrer Zuneigung (›Verlassenheitsängste‹, ›Verlustängste‹) stellen die in vielen Neurosen aktuelle Hinterlassenschaft aus Störungen dieser Epoche dar«, schreibt der Psychoanalytiker Sven Olaf Hoffmann.[92]

Alleingelassen zu werden ist für ein Kind besonders schwer zu ertragen. Je jünger es ist, desto hilfloser und ohnmächtiger ist es der Einsamkeit ausgeliefert, besonders, »wenn es also noch keine Erfahrungen über die Verläßlichkeit der Welt gemacht hat; wenn es noch kein Zeitgefühl kennt und daher das Wartenkönnen noch nicht gelernt hat, ... dann verfällt es in verzweifelte Angst und Hoffnungslosigkeit und schließlich in Resignation und Apathie«, schrieb der Psychoanalytiker Fritz Riemann.[93]

Als Kind zu oft und zu lange alleingelassen worden zu sein, bevor man Vertrauen und Hoffnung entwickeln konnte, ja kennengelernt hat, kann bedeuten, daß Alleinsein und Einsamkeit im Erwachsenenalter ähnlich verzweifelt und hoffnungslos erlebt werden wie als Kind. Mit anderen Worten: Das jetzt erlebte Alleinsein kann frühkindliche Einsamkeitserfahrungen so stark reaktivieren, daß Angst und Panik entstehen. Der Erwachsene »realisiert dann gar nicht, daß er ja nicht mehr das hilflose Kind von damals ist; er erlebt nur die Verlustangst und das hoffnungslose Alleingelassenwerden wieder, dem er als Kind ausgesetzt war.«[94] »Folgenschwer ist die Einsamkeit ungeliebter, vernachlässigter Kinder – im Märchen sind sie die Waisenkinder, die von Stiefmüttern gepeinigt, versklavt oder verstoßen werden.«[95]

Diese frühe Kindheitsphase wirkt sich prägend auf die spätere Beziehungsfähigkeit oder -unfähigkeit des Menschen aus. Ur-Vertrauen oder -Mißtrauen bestimmen den Grad der Bindungsfähigkeit, die Möglichkeit oder Unmöglichkeit zu tiefergehendem, befriedigendem Kontakt und Austausch mit anderen Menschen. Kam es in dieser (oralen) Kindheitsphase bereits zu Störungen in der Mutter-Kind-Beziehung (z. B. gravierende Vernachlässigung, traumatische Trennungen), sind tiefgreifende Konsequenzen für alle späteren Beziehungen zu befürchten. Menschen ohne dieses wichtige Ur-Vertrauen aus dem ersten Lebensjahr sind beziehungsgestört und bindungsunfähig und erleben sich entsprechend isoliert und einsam. »Menschen, die nicht lieben und nicht geliebt werden (weil sie nicht geliebt wurden; Anm. d. Autoren), jene, die nicht Freunde sind und nicht Freunde haben, sind einsam, auch wenn sie nie allein sind« (Manès Sperber).[96] Von ihnen ist zu befürchten, daß sie ihre eigene Einsamkeit auf ihre Kinder übertragen, weil sie nicht geben können, was ihnen selbst vorenthalten wurde.

Das Einsamkeitsgefühl und -erleben des Kindes hat Georg Büchner 1836 in seinem »Woyzeck« dargestellt. Eine Großmutter erzählt Kindern ein Märchen:

»Es war einmal ein arm Kind und hatt kein Vater und keine Mutter, war alles tot, und war niemand mehr auf der Welt. Alles tot, und es is hingangen und hat gesucht Tag und Nacht. Und weil auf der Erde niemand mehr war, wollt's in Himmel gehn, und der Mond guckt es so freundlich an; und wie es endlich zum Mond kam, war's ein Stück faul Holz. Und da is es zur Sonn gangen, und wie es zur Sonn kam, war's ein verwelkt Sonneblum. Und wie's zu den Sternen kam, waren's kleine goldne Mücken, die waren angesteckt, wie der Neuntöter sie auf die Schlehen steckt. Und wie's wieder auf die Erde wollt, war die Erde ein umgestürzter Hafen. Und es war ganz allein. Und da hat sich's hingesetzt und geweint, und da sitzt es noch und is ganz allein.«[97]

Die Einsamkeit des Kindes ist die Einsamkeit des Erwachsenen.

106   Die Probleme

Einsamkeit und Neurose

Trotz zahlreicher Kontakte und verschiedenster Kontaktmöglichkeiten fühlen sich viele Menschen dennoch einsam. Trotz des starken Bedürfnisses nach Nähe ist keine befriedigende Annäherung an andere möglich. Es bestehen unbewußte Gegentendenzen, die eine glückliche Beziehung nicht zulassen. Heftigen Bindungswünschen steht die Bindungsunfähigkeit entgegen, der Wunsch nach Nähe und gleichzeitig die Angst davor.
Häufig sollen zahlreiche oberflächliche Kontakte das fehlende Erleben wechselseitiger Liebe und Geborgenheit in der Beziehung zu einem Menschen verdecken, vielleicht nach der Formel: »Eigentlich bin ich ja nicht einsam, ich habe ja so viele Kontakte.« Dennoch entsteht das Gefühl von Einsamkeit. Ein gestörtes, labiles Selbstwertgefühl kann dazu führen, suchtartig immer wieder solche neuen, oberflächlichen Kontakte anknüpfen zu müssen, um sich den Wert der eigenen Person wieder und wieder bestätigen zu lassen.
Hintergrund für qualvolles Einsamkeitserleben ist häufig eine gestörte Liebesfähigkeit, die generell Grundlage und Merkmal von Neurosen und vielfältigen Formen der suchtartigen Ersatzbefriedigung ist (Alkoholismus, Freßsucht, andere Drogenabhängigkeiten). Die übergroße Erwartung, von anderen geliebt zu werden, korrespondiert häufig mit der eigenen Unfähigkeit, selbst Liebe zu geben.
Ursache gestörter und gehemmter Liebesfähigkeit kann die unsichtbare, unbewußte und unaufgelöste Gefühlsbindung (meist) an den gegengeschlechtlichen Elternteil sein, die es einem verwehrt, einen anderen Menschen zu lieben – mit einer plastischen Metapher illustriert: So als ob man vor langer Zeit einmal Geld auf ein Bankkonto eingezahlt und dann die Kontonummer vergessen hat, mit der Konsequenz, daß einem jetzt keine finanziellen Mittel mehr zur Verfügung stehen.
Möglicherweise wird die Nähe zu anderen Menschen als zu starke Bedrohung erlebt, so daß aus einer Art selbstverhängter Schutzhaft Abkapselung und Einsamkeit resultieren. Man kann zum Einsiedler und Eigenbrötler werden (nur sein eigenes Brot backend und allein essend), um sich vor potentiellen Enttäuschungen durch andere zu schützen. Dem können reale und tiefgreifende Enttäuschungen vorausgegangen sein, die nun ein für allemal vermieden werden sollen.
Durch die vorangegangenen (vor allem frühen) Enttäuschungen kann sich aber auch ein so großes Aggressions- und Rachepotential aufgebaut haben, das auf andere Menschen projiziert wird wie auf eine Leinwand. Mit Hilfe des Abwehrmechanismus der Projektion wird die Aggressivität dann nicht mehr von der eigenen Person ausgehend wahrgenommen, son-

dern scheinbar von den anderen herkommend, von denen man sich dann grundsätzlich bedroht fühlt.

Ein anderer Abwehrmechanismus zur pathologischen Verarbeitung von Aggressivität ist deren Wendung gegen die eigene Person. Dies ist z. B. ein Grundmechanismus beim Depressiven, der alle Aggressionsenergie gegen sich selbst richtet und deshalb in seinem Niedergedrücktsein und seiner Passivität keine Energie mehr übrig hat, um auf andere zuzugehen.

Wer einsam ist, kann nicht verlassen werden. Einsamkeit schützt also auch vor Verlust. Hier ist Einsamkeit als kontraphobische Abwehr einer neuen Beziehungsenttäuschung zu verstehen.

Aggressivität spielt auch bei gestörten Partnerbeziehungen eine große Rolle. In Form einer Herr-Knecht-Beziehung quälen sich Partner wechselseitig sado-masochistisch in der Manier von Strindberg-Stücken (»Totentanz«) und vereinsamen in der Zweisamkeit.

Dabei sind aktuelle Beziehungen oftmals nur eine Neuauflage von alten. Als Wiederholung der Kindheitssituation werden Beziehungen im Erwachsenenalter ständig als Enttäuschung erlebt und rufen das altbekannte angstvolle Gefühl von Verlassenheit und Einsamkeit hervor – vielleicht wie als Kind, als man sich allein hat in den Schlaf singen müssen.

Viele, die spät nachts bei der Telefonseelsorge anrufen, klagen über Schlaflosigkeit. Dabei sind es nicht immer konkret benennbare Sorgen und Nöte, die die Anrufer nicht zur Ruhe kommen lassen. Oft zutiefst vereinsamt, scheinen sie unbewußt vor der Urform des Einsamkeitserlebens, dem Schlaf, zu fliehen. Der dominierende Wunsch, zu anderen in Beziehung zu treten, läßt sie den Schlaf hinausschieben, um so eine gesteigerte und noch mehr gefürchtete Form der Einsamkeit zu vermeiden.

Vielleicht hat dann die Telefonseelsorge auch die Aufgabe, für eine kurze Zeit die Rolle einer gewünschten, tröstenden, jederzeit verfügbaren guten Mutter zu übernehmen, gerade nachts, wenn das Fernsehprogramm zu Ende ist und wenn im aktuellen Einsamkeitserleben früheres kindliches Einsamsein wiederholt wird.

In seinen »Drei Abhandlungen zur Sexualtheorie« wies Sigmund Freud auf die enge Beziehung von Einsamkeit (im Sinne von unbefriedigter Liebe) und Angst hin: »Die Angst der Kinder ist ursprünglich nichts anderes als der Ausdruck dafür, daß sie die geliebte Person vermissen; sie kommen darum jedem Fremden mit Angst entgegen; sie fürchten sich in der Dunkelheit, weil man in dieser die geliebte Person nicht sieht, und lassen sich beruhigen, wenn sie dieselbe in der Dunkelheit bei der Hand fassen können.«[98]

108   Die Probleme

Das Kind verwandelt seine unbefriedigte Libido (hier vielleicht am besten mit »Liebesbedürfnis« übersetzt) in Angst, und der Erwachsene wird sich, »wenn er durch unbefriedigte Libido neurotisch geworden ist, in seiner Angst wie ein Kind benehmen, sich zu fürchten beginnen, sowie er allein, das heißt ohne eine Person ist, deren Liebe er sicher zu sein glaubt, und diese seine Angst durch die kindischsten Maßregeln beschwichtigen wollen.«[99]

Für Sigmund Freud entsteht also Angst – so in seinen frühen Überlegungen zu diesem Thema – aus Einsamkeit, die er als eine Situation unbefriedigten Liebesbedürfnisses versteht.

Freud berichtet, die Aufklärung über den Hintergrund der kindlichen Angst einem dreijährigen Jungen zu verdanken, den er einmal aus einem dunklen Zimmer bitten hörte:

»›Tante, sprich mit mir; ich fürchte mich, weil es so dunkel ist.‹ Die Tante rief ihn an: ›Was hast du denn davon? Du siehst mich ja nicht.‹ ›Das macht nichts‹, antwortete das Kind, ›wenn jemand spricht, wird es hell.‹« Freud fügte hinzu: »Er fürchtete sich also nicht vor der Dunkelheit, sondern weil er eine geliebte Person vermißte, und konnte versprechen, sich zu beruhigen, sobald er einen Beweis von deren Anwesenheit empfangen hatte.«[100]

»Wenn jemand spricht, wird es hell« – ein Bild für die Macht des Akustischen und die Kraft des Wortes, Einsamkeit aufheben zu können und damit auch ein Bild für Faszination und Möglichkeiten der Telefonseelsorge.

»Wer sich zur Sprache bringen kann«, sagt Peter Handke, »hat im Wesentlichen seine Einsamkeit überwunden.«[101]

Einsamkeit und Gesellschaft

> Wenn man von den Einsamen spricht, setzt man immer zuviel voraus. Man meint, die Leute wüßten, um was es sich handelt. Nein, sie wissen es nicht.
> *Rilke, Malte Laurids Brigge*

Kontakt und Kommunikation sind Zauberworte unserer Zeit. Vielleicht soll ihre eloquente Handhabung nur helfen, die individuelle und gesellschaftlich verursachte Einsamkeit zu kaschieren.

Alexander Mitscherlich prägte für die Vereinsamung des Menschen in der spätindustriellen Gesellschaft den Begriff »Kaspar-Hauser-Komplex«. Gemeint ist damit eine auf Lieblosigkeit zurückzuführende absolute Vereinsamung, »die den Menschen im Hinblick auf die Welt eigentlich kulturlos und im Hinblick auf seine Mitmenschen eigentlich asozial aufwachsen und damit asozial und kulturverneinend werden läßt. Es ist mit anderen Worten der Komplex des modernen Massenmenschen gemeint, der jeder Vergesellschaftung, jeder Reizung, Verführung, Treulosigkeit gegen sich selbst, jeder Angstreaktion fähig geworden ist, der sich nicht mehr als geschichtliches Wesen kennt, sondern als punktuelles, augenblicksbezogenes Triebwesen.«[102]

Zwischenmenschliche Konkurrenz, Anpassungs- und Leistungsdruck, soziale Mobilität und entfremdete und entfremdende Arbeit führen unbarmherzig zur Vereinzelung. Hühnersiloähnliche anonyme Wohnfabriken wie beispielsweise das »Märkische Viertel« in Berlin, sind Brutstätten der Einsamkeit. Dort, wo Christiane F. aufwuchs und wo Tote oft erst nach Wochen oder Monaten aufgefunden werden, weil niemand niemanden vermißt und keiner keinen kennt, herrscht die gnadenlose »Unwirtlichkeit unserer Städte« (Alexander Mitscherlich).

Beim verzweifelten, aber sehnsuchtsvollen Versuch, der Einsamkeit zu entfliehen, kann man in der Ungeborgenheit der Betonghettos schnell zum Opfer der Alkohol-, Video- und Fernsehsucht werden. Man läßt sich unterhalten, weil man sich nicht mehr unterhalten kann, nichts mehr zu sagen hat. »Die Widerstandslosigkeit, mit der man sich abends bluten läßt, hängt mit den Anforderungen zusammen, denen man tagsüber ausgesetzt war. Die aufreibende, aber spurlose, oft monotone Arbeit hinterläßt keine Probleme, die es weiter zu bedenken lohnte, wohl aber eine Irritation, die ein Verlangen nach Kontrasterfahrungen weckt, nach einer neuen Reizung, mit der die vorherige entspannt wird.«[103]

Wie schockgefroren hocken Menschen vor der »fünften Wand« ihrer ohnehin zu engen und dünnwändigen Wohnung, in den von korrupten Wohnungsbaupolitikern und menschenverachtenden Architekten »geplanten Slums, die man gemeinhin sozialen Wohnungsbau nennt und die einem in ihrer Monotonie an den Ausfallstraßen der Großstädte die Lektion erteilen, daß alles noch viel schlimmer ist, als man es sich einreden möchte.«[104] Diese Art zu wohnen macht einsam und depressiv und fügt zur individuellen Genese und Psychopathologie die städtebauliche hinzu. Ein zum Selbstbedienungsladen degradierter, pleitegewirtschafteter, eher gemeingefährlicher denn gemeinnütziger Wohnungsbau mit dem verhöhnenden Namen »Neue Heimat« entlarvt sich selbst und das System, für das er steht.

Neben allen individuellen psychopathologischen Dimensionen – Einsamkeit ist auch ein soziologisches Problem. Im nachfolgenden beziehen wir uns dazu auf einen Essay des Berliner Soziologieprofessors Hans Peter Dreitzel[105], der zwei Aspekte der Einsamkeit aufzeigt:

Das Leiden an ihr, aber auch der Wunsch, sich zurückzuziehen und allein

110   Die Probleme

zu sein, eine freiwillig gewählte und positiv erlebte Einsamkeit. Diese
selbst gewählte Einsamkeit dürfte allerdings kaum Anlaß sein, sich an die
Telefonseelsorge zu wenden und bedarf hier deshalb auch keiner weiteren
Erörterung. Einsamkeit verliert jeden positiven Aspekt, wenn sie sich
ungebetenerweise zu Hause einnistet und nicht selbst gewählt oder aufgesucht wird. Sie wird dann als ein bitterer Schmerz und als »quälendes
Leiden an der Entfremdung von anderen und schließlich auch von sich
selbst erlebt«[106].

Die Soziologie definiert Einsamkeit als einen defizitären Zustand, bei
dem Beziehungen und Kontakte zu anderen Menschen fehlen und als
»Kontaktverlust zu den Bezugsgruppen, an denen wir unser Verhalten
orientieren und die uns Möglichkeiten der Identifikation mit Relevanzbe-
reichen des sozialen Handelns bieten, in denen wir unser eigenes Dasein
als sinnvoll erleben«[107].

Dabei muß Einsamkeit nur selten so absolut sein, wie z. B. bei vollkom-
mener Isolierung in der Einzelzelle, um unter ihr zu leiden. »Normalerweise ist Einsamkeit die Beschränkung von Verhaltens- und damit Bezie-
hungschancen gegenüber Menschen, mit denen man dennoch zu tun hat.
Mit Kontakt ist hier eben mehr und anderes gemeint, als das bloße Umgehen mit dem anderen, nämlich die Chance zur Selbstdarstellung im Rahmen einer sozialen Rolle, die Chance, die Interaktionssituation allemal
mitzubestimmen, statt den Typisierungsschemata der anderen bloß unterworfen zu sein.«[108]

Mit anderen Worten: Aus soziologischer Sicht betrifft Einsamkeit nicht
unbedingt die ganze Person mit all ihren sozialen Rollen und Handlungs-
feldern, sondern es geht vielmehr um eine Einschränkung der Bezie-
hungs- und Kontaktchancen in bestimmten und wichtigen Handlungsbe-
reichen, mit der Konsequenz, daß Chancen zur Selbstverwirklichung
schwinden.

Am deutlichsten und eindrucksvollsten wird Einsamkeit in der erzwunge-
nen Isolierung, die mit dem totalen Verlust des eigenen sozialen Umfel-
des verbunden ist. Eine Inhaftierung, die Einweisung in eine Klinik oder
die Unterbringung in einem Altersheim sind drastische Beispiele für erzwungene Isolierung. Hier erlebt sich der Betroffene als mehr oder weniger radikal aus seiner sozialen Gruppe herausgenommen. Sein gewohnter
Lebensrhythmus in Arbeit und Familie ist zerstört.

Getrennt aber von den Personen seiner nächsten Umgebung zu sein –
vom Lebenspartner, von Kindern, Eltern, Freunden und Kollegen – wirft
den Isolierten auf sich selbst zurück. Das Selbstverständnis von der un-
verwechselbaren Einzigartigkeit unserer Person und ihrer biographi-
schen Kontinuität ist auch abhängig von der Interpretation durch andere:

Denn nur auf dem Umweg über die anderen gewinnt der Mensch seine personale Identität. »Ist dieser Umweg verstellt, kommt es zu einer Regression auf noch unausgereifte Stadien der Personenbildung.«[109]

Häufigste und soziologisch mitbedingte und zu erklärende Form der Einsamkeit ist die, bei der die bisherige soziale Gruppe oder der soziale Rahmen verlorenging bzw. aufgegeben wurde. In der Soziologie spricht man von Isolation und Einsamkeit durch »Milieuverlust«. Eindrucksvolle Beispiele geben hierfür die zahlreichen Scheidungs- und »Restfamilien«, hervorgegangen aus gescheiterten Partnerbeziehungen.

Aber auch andere Personengruppen erleiden den Verlust ihres wichtigen sozialen Bezugsfeldes, erleben einen Milieuverlust: Arbeitslose und Rentner verlieren z. B. bei der Trennung von der Arbeitswelt einen wichtigen Teil ihrer bisherigen Lebensaufgabe und damit einen großen Teil ihrer Identität.

Da der Arbeitsbereich aber bei weitem die meisten sozialen Kontakte schafft – aus dem Kreis der Arbeits- und Ausbildungskollegen stammen die meisten Freunde und Bekannten und selbst die Ehepartner werden überwiegend aus diesem Bereich gewonnen –, verfügen nicht Berufstätige, z. B. auch Hausfrauen, deutlich über weniger Kontaktchancen als Berufstätige. Vielleicht ist dies mit eine Erklärung dafür, daß bei der Telefonseelsorge fast doppelt soviele Frauen wie Männer anrufen: Die Einsamkeit der »Nur«-Hausfrauen, die von ihren berufstätigen Ehemännern 10 Stunden und mehr täglich in den Vorstädten zurückgelassen werden. Umgekehrt jedoch »fühlen sich nicht wenige Väter nur noch als Gast in der eigenen Familie und leiden unter der Flüchtigkeit des Ehelebens und dem Mangel an Kontakt zu ihren Kindern[110].

Die erhöhten Scheidungsziffern, aber auch das Problem vieler alleinstehender alter Menschen sind dabei vielleicht Symptome für den Wandel der Familie.

Eine Großfamilie, wie sie heute nur noch in abgelegenen, bäuerlichen Kulturen existiert, konnte früher allen ihren Mitgliedern durch die individuell verteilte und in ihrem Sinnzusammenhang jedem einsichtige Arbeit einen festen Platz im Familienverband und zugleich im Produktionsprozeß zusichern. In dem Maße, wie sich die Arbeit aus der häuslichen Umgebung in fremdbestimmte Sphären verlagerte, reduzierte sich die Aufgabe der Familie auf ihre Kernfunktionen, den Freizeit- und Intimbereich. Sie hat – abgesehen von der Aufzucht der Kinder – keine unmittelbare produktive Funktion, gleichwohl aber die wichtige Aufgabe, die außerfamiliären beruflichen Rollen emotional mitzutragen und abzusichern.

Mit der Trennung von Arbeit und Privatem ging eine innere Trennung

112 Die Probleme

von sachbezogener Rationalität in der Arbeitswelt und personenbezogener Emotionalität im privaten und familiären Bereich einher. Der emotionale Bezug, der den Arbeitsrollen entzogen wurde und der in diesem Bereich verordnete Sachzwang müssen sich nunmehr in emotionaler Spannung zu Hause entladen und überfordern damit unter Umständen die Partnerbeziehung.

»Die verbreitete Auffassung von der modernen Ehe als einer Liebesgemeinschaft auf Dauer ist die Verwechslung des Besonderen mit dem Allgemeinen, die Übertragung der Idylle auf den Alltag. Sie verlangt vom Menschen eine Kraft zu... Ich-Leistungen, zur wechselseitigen Konstruktion einer sozialen Wirklichkeit im Medium des Gespräches wie der sensibilisierten Sinne, die den einzelnen in aller Regel überfordert. Erstaunlich ist so gesehen nicht das häufige Scheitern der Ehe, sondern ihre relative Stabilität.«[111]

Aber auch Personen, die in ihrem täglichen Arbeitsprozeß nur noch das Gefühl haben, ein kleines Rädchen im großen Getriebe zu sein, die den Arbeitsablauf als undurchschaubar und unbeeinflußbar erleben, sind vom Einsamkeitserleben in Form der Entfremdung betroffen. Bürokratisierte und industrialisierte Arbeitsvollzüge, ebenso wie monotone und dem Sinnverständnis unzugängliche Arbeitsteilung vermitteln kein Gefühl eigener Produktivität und Gestaltungsfähigkeit.

Den Verlust der sozialen Gruppe – sei es durch Trennung vom Partner oder durch Arbeitsplatzverlust – bezeichnet Dreitzel als äußeren Milieuverlust, den Sinnverlust bei Entfremdung gegenüber der Familie oder der Arbeit als inneren Milieuverlust. Dieser äußere und/oder innere Milieuverlust läßt den Menschen nicht mehr nur zum anderen, sondern auch nicht mehr zu sich selbst kommen: »Wer mit sich selbst allein ist, findet den anderen doch noch in sich gegenwärtig. Wer aber auch seiner selbst ungewiß wird, hat den anderen ein für allemal verloren.«[112]

Neben dem Milieuverlust sind Unterprivilegierung, Diskriminierung und Stigmatisierung weitere gesellschaftliche Ausgrenzungsprozesse und aus soziologischer Sicht für Einsamkeit und Isolation mitverantwortlich. In ihrer Konsequenz bedeuten sie für das Individuum immer ein Geringerwerden der Kontaktchancen.

Wenn sich aus der Tatsache, daß jemand arm, alt, psychisch krank, Schwarzer, Türke, Frau, Kind, Jude, Gastarbeiter oder Arbeitsloser ist, gewisse Handlungsbeschränkungen ableiten bzw. wenn soziale Bereiche gerade auch auf der Kontaktebene nicht mehr zugänglich sind, dann wird diese Person in ein unsichtbares Ghetto gezwungen. »Am Beispiel der Diskriminierung zeigt sich, daß individuelle wie soziale Einsamkeit zumeist das Resultat einer unsichtbaren Beschränkung der Freiheit ist, der

Freiheit nämlich, sich seine Bezugspersonen selbst zu wählen und seine Beziehung zu anderen Gruppen selbst zu bestimmen.«[113]
Es gibt also die soziale Einsamkeit isolierter Gruppen (z. B. Arbeitslose) und die relative Einsamkeit entfremdeter Kontakte (z. B. Akkord- und Fließbandarbeiter) neben dem selteneren Alleinsein durch erzwungene Isolierung (z. B. Gefängnis). Einsamkeit jedenfalls bedeutet aus soziologischer Sicht immer eine Reduktion des individuellen Rollen- und Verhaltensrepertoires und damit eine schwerwiegende Beschränkung für das Individuum und sein soziales Handeln.

Bei den Gesprächen mit der Telefonseelsorge wird die vom Anrufer erlittene Einsamkeit nicht zuletzt auch dadurch reduziert, daß soziale Mechanismen wie Unterprivilegierung, Diskriminierung und Stigmatisierung durch die besondere Akzeptanz gegenüber jedem, der anruft, wenigstens für die Zeit des Telefongesprächs außer Kraft gesetzt sind.

Einsamkeitsangst haben – Einsamkeitsangst machen

> Hänschen klein
> Ging allein
> In die weite Welt hinein.
> Stock und Hut
> Stehn ihm gut,
> Ist gar wohlgemut.
>
> Aber Mutter weinet sehr,
> Hat nun gar kein Hänschen mehr.
> Da besinnt
> Sich das Kind,
> Läuft nach Haus geschwind.

Dieses uns allen wohlbekannte alte deutsche Kinderlied konfrontiert Kinder häufig zu einem besonders sensiblen Zeitpunkt ihrer Entwicklung auf eine drohende Art und Weise mit der Problematik Trennung, Verlassenheitsangst, Einsamkeit und Schuldgefühl.

Die hier von der Mutter als Verlust erlebte Trennung des offenbar als Partnerersatz dienenden Sohnes führt bei ihr zu einer depressiven Reaktion und zu einem Erleben von Einsamkeit. Ihr Weinen wird zum Schuldgefühl erzeugenden Druckmittel, um die bereits in ersten Schritten eingeleitete Trennung schnell wieder rückgängig zu machen und damit das Gefühl eigener schmerzlich erlebter Einsamkeit aufzuheben.

Damit es unter Umständen gar nicht erst soweit kommt, daß sich Mütter einer solchen Vereinsamungssituation ausgesetzt sehen, verfügen sie über ein spezifisches Erziehungsrepertoire: Sie drohen damit, das Kind zu verlassen, beziehungsweise ihm ihre Liebe auf eine andere Art zu entziehen,

114 Die Probleme

um es – wenn vielleicht auch nicht bewußt – in innere und/oder äußere Vereinsamung zu stürzen.

Wer kennt nicht die erpresserische Drohung der Mutter gegen ihr Kind, das sich zum Beispiel nur widerstrebend und langsam anzieht, und das dann mit den Worten gefügig gemacht wird: »Wenn du dich jetzt aber nicht beeilst, dann gehe ich eben ohne dich...«

»Die leise Drohung, sich dem Kind zu entziehen, ist noch immer die bequemste Methode für eine Mutter, das Verhalten des Kindes in erwünschtem Sinne zu steuern«, schreibt der Psychoanalytiker Horst-Eberhard Richter.[114]

Diese Trennungsdrohung erfüllt nicht nur den Zweck, elterliche Wünsche oder Befehle durchzusetzen, sondern ist gleichzeitig auch eine Art Test, eine Form der Überprüfung, inwieweit die Abhängigkeit des Kindes als Machtmittel noch Bestand hat. Richter spricht in diesem Zusammenhang von der »unsichtbaren Leine«, mit der die Mutter das Kind entsprechend ihrem egoistischen Sicherheitsbedürfnis dirigieren kann.

Hier erleben wir das Prinzip der Weitergabe von Vereinsamungsangst, als Mittel eingesetzt, um die eigene Isolationsgefahr durch abhängige Partner zu bannen. In solch einer Mutter-Kind-Beziehung zeigt sich modellhaft, wie der Stärkere seine Trennungsangst unterdrückt, indem er die Trennungs- und Verlassenheitsangst seines schwächeren Partners verstärkt und zugleich dessen Anlehnungs- und Anklammerungsbedürfnis absolut an seine eigene Person bindet.

Dieser Mechanismus wird nicht nur gegenüber Kindern, sondern vor allem auch häufig unter (Ehe-)Partnern sowie in der Arbeitswelt angewandt. Er ist von erheblicher sozialpsychologischer Bedeutung.

»Keine andere Methode wird zur aktiven Beschwichtigung eigener Vereinsamungsangst so häufig angewandt wie die, einen oder mehrere andere Menschen in ein absolutes Hörigkeitsverhältnis hineinzuzwingen, das es erlaubt, sich an diesen jederzeit abzustützen.«[115]

Und so entsteht dann eine hierarchisch aufgebaute Reaktionskette von Einsamkeitsangst haben und Einsamkeitsangst machen:

Die erlittene Vereinsamungsangst des Mannes wird an die Frau weitergegeben, indem er ihre soziale Isolierung vorantreibt und sie dadurch eng an sich zu binden versucht. Von der Frau wird dieser Vorgang in ihrer Beziehung zum Kind aufgegriffen. Trennungs- und Liebesentzugsdrohungen haben die Funktion, das Kind gefügig zu machen und als Schutz gegen die eigene Isolationsbedrohung einzusetzen. Ein Kind, das in einem solchen Sozialklima heranwächst, wird früher oder später nun seinerseits versuchen, dieses Verhalten bei Schwächeren – z. B. jüngeren Geschwistern oder Freunden – zu wiederholen. »Wenn du nicht das und das machst,

dann spiele ich nicht mehr mit dir, dann bist du nicht mehr mein Freund.«
– »Damit schließt sich der Kreis eines Reaktionsmusters in der Familie, bei dem jedes Glied in der Kette im Grunde an seiner Angst scheitert, aber sich jeweils dadurch restabilisiert, daß es das passiv Erlittene aktiv an dem nächsten Schwächeren wiederholt.«[116]

Weiter weist H.-E. Richter darauf hin, daß die Isolationsgefahr und das Leiden unter Einsamkeit zunächst ein besonderes Problem für alleinstehende, berufstätige Frauen ist, wie in einer Untersuchung des Allensbacher Instituts für Demoskopie festgestellt wurde. Aber auch in einer Befragung westdeutscher Hausfrauen jüngeren bis mittleren Alters durch die Soziologin Helge Pross äußerten 42 % der befragten Frauen, daß sie sich zumindest manchmal mehr Kontakte wünschen. Bezüglich der als ungenügend erfüllt erlebten Kontaktwünsche war kein Unterschied zwischen kinderreichen Müttern und Müttern aus kleineren Familien festzustellen.[117]

Die Möglichkeit von Müttern, eigene reale Isolation oder Furcht vor Einsamkeit zu beschwichtigen – sei es durch Ausnutzen der Kinder als Partnerersatz oder als Ausgleich und Entschädigung für anderweitig fehlende soziale Bestätigung – ist zeitlich begrenzt.

Diese von H.-E. Richter treffend als »kompensatorische Beanspruchung« beschriebene parasitäre Haltung Kindern gegenüber erweist sich spätestens nach deren Heranwachsen nicht nur für die Kinder, sondern auch für die Mütter als völlige Katastrophe. Zu diesem Zeitpunkt nämlich müssen Mütter häufig schmerzlich feststellen, sich nicht rechtzeitig um andere Kontaktmöglichkeiten und Aufgaben gekümmert zu haben. So geraten sie in die Gefahr eines seelischen Bankrotts. Früher wurde der deutliche Anstieg von Depressionen bei Frauen dieser Altersgruppe vornehmlich hormonalen Einflüssen oder sonstigen biologischen Altersprozessen zugeschrieben. Es stellt sich aber »mehr und mehr als eine Hauptfolge von spezifischen Isolationskonflikten heraus«[118].

Diese Einsamkeitsproblematik von Frauen spiegelt sich bei der Telefonseelsorge auf zweierlei Weise: Zahllose Anruferinnen schildern die oben beschriebene Situation und deren depressive Folgezustände. Zum anderen bewerben sich auffällig viele Frauen um ehrenamtliche Mitarbeit. Das geschieht auch aus einem mehr oder weniger bewußten Motiv: Sie wollen bereits im Vorfeld oder nach Auszug der Kinder aus dem Elternhaus die eingetretene Schwächung ihrer Rolle als versorgende Mutter auffangen. Dies ist immer auch als ein Versuch zu werten, die deutlich größer werdenden Kommunikations- und Kontaktdefizite und die drohende Einsamkeit zu bewältigen.

»Der Mann treibt die Frau, die Elterngeneration die Kinder, generell der

116 Die Probleme

Stärkere den Schwächeren durch manipulierte Trennungsangst jeweils in Anklammerungs- und Unterwerfungszwänge hinein, welche jeweils die eigene Vereinsamung kompensieren sollen.«[119]

Es scheint so, als ob jeder die Chance hätte, seine eigene Vereinsamungsangst an andere, von ihm Abhängige, weiterzugeben. Das ist eine Täuschung. Bewußt oder unbewußt bleibt jeder einer ständigen Isolationsgefahr ausgesetzt. Auch wer glaubt, Schwächere finden zu können, die er von sich abhängig machen kann, um so seine eigenen Isolationsängste zu mildern – er bleibt dennoch stets für übergeordnete andere der Schwächere, die ihrerseits wiederum Isolationsdrohungen durch Mächtigere ausgesetzt sind. Das hat viel vom berühmt-berüchtigten »Radfahrerprinzip« an sich (nach oben buckeln, nach unten treten).

»Mag der patriarchalische Mann der herkömmlichen Familienstruktur als derjenige erscheinen, der Isolationsgefahr allein aktiv durch die Verfügungsgewalt über seine Angehörigen bannen kann, so ist er zumindest in der Arbeitswelt gleichfalls ein Abhängiger, der täglich von offenen oder maskierten Trennungsdrohungen in vielfältigen Varianten verfolgt wird.«[120]

Gibt es keine Möglichkeit, den Teufelskreis aus Einsamkeitsangst haben und Einsamkeitsangst machen zu durchbrechen?

»Niemand kann sein Vereinsamungsproblem allein durch eine Technik aktiver Isolationsvermeidung bewältigen, also durch Erzwingung einer permanente Kontaktzufuhr garantierenden Umwelt. Niemand entgeht der Notwendigkeit, sich zumindest auch in passiver Weise um eine Verringerung von Einsamkeitsgefahr zu bemühen, das heißt durch Techniken der Anklammerung und Anpassung. Es ist jedenfalls eine große Illusion, zu glauben, daß es auf irgendeiner Ebene der sozialen Hierarchien Mächtige gebe, die das Problem der passiven Anpassung nur nach unten delegieren könnten.«[121]

Zur Kulturgeschichte der Einsamkeit

In Dimensionen unserer europäischen Geschichte betrachtet, ist etwa seit der Renaissance deutlich ein Prozeß fortschreitender Vereinsamung des Menschen festzustellen.

Eine bedeutende Rolle spielt dabei das Entdecken des Individuums, das sich jetzt, erstmalig als Subjekt empfindend, die Welt allein erklären muß und in der Entwicklung der modernen Naturwissenschaften berechnend vorgeht.

Das Individuum lernt, bedingt durch die Erfindung der beweglichen Lettern, allein zu lesen, was eine folgenschwere Veränderung nach sich zieht.

Die Übersetzung der Bibel in die deutsche und in alle anderen Sprachen ermöglicht es, daß man sich allein auf einem Gebiet bewegt, auf dem vorher nur eine privilegierte Person – der Priester – das Kollektiv über sein Monopol des Lesenkönnens zusammenbrachte und auch zusammenhielt. Der feste Verband der römischen Kirche mit ihren Pastores, die als Hirten die Aufgabe hatten, die Herde zusammenzuhalten, löst sich in der Renaissance auf.

Der nun lesende Mensch wird so zum einsamen Menschen. Das gilt besonders auch heute: Je mehr Medien, desto einsamer werden die Menschen. Die Zuwendung zu einem Medium verhindert die direkte Zuwendung zum Mitmenschen. Der bibliophile Mensch ist meist auch ein einsamer Mensch, denn Lesen ist letztlich immer ein Dialog mit einem lediglich imaginär anwesenden Gesprächspartner. Das Buch kann so zum Partnerersatz werden. Aktuell übernehmen diese Partnerersatzfunktion für breite Bevölkerungskreise der Fernseher, das Video-Gerät und immer mehr auch der Computer, mit dem »kommuniziert« wird. Das Telefon ist die einzige neuzeitliche Medienerfindung, die zwar auch Distanz zum Mitmenschen schafft, aber dennoch dem Gespräch zwischen zwei Menschen dient.

Der sprechende Mensch ist der kollektive, der nicht einsame Mensch. In südlichen Ländern scheint die Einsamkeit wesentlich geringer als in nördlichen, man redet mehr miteinander.

Mit der Entdeckung des Individuums, der Entwicklung der beweglichen Lettern und des Protestantismus geht ein zunehmender Verlust des Einflusses der Kirche parallel. Verdeutlichen wir uns noch einmal: Das Heil wurde in einer Sprache verkündet, die dem Volk nicht verständlich war. Dem verkündenden Priester, der besonderen sprachlichen Zugang zu den Quellen des Heils hatte, stand die »unwissende« Herde gegenüber. Beim Abendmahl bekam sie kollektiv das Sakrament, der Priester trank für alle und alle waren gleich ohnmächtig auf seine Vermittlung angewiesen.

Eine wesentliche Forderung des Protestantismus war deshalb der Kelch für alle. Jeder sollte für sich die Verwandlung des Weins in das Blut Christi vollziehen und damit neue Heilsgewißheit erfahren. Der Mensch stand Gott nun allein gegenüber, er war nicht mehr auf den Platz in der Herde und auf einen für ihn in geheimnisvoller Einsamkeit kommunizierenden Priester angewiesen.

Genau diese Epoche ist es, in der die Menschheit in Europa aus einer Art Kindheit in das Erwachsensein übertritt. Das ist auch verbunden mit der Emanzipation des Bürgertums, das größtes Interesse daran hatte, alte Formen zu zerstören, um sich die Welt der Wirtschaft und später die der Politik autonom anzueignen.

118   Die Probleme

Der Mensch wird Schritt für Schritt aus den kindlich-kollektiven Bindungen mittelalterlicher Zeit herausgeführt, aber die Sehnsucht nach einer Geborgenheit bietenden Gemeinschaft bleibt in ihm virulent.

Diese Sehnsucht nach dem Aufgehobensein im Kollektiv führt später zu den nationalstaatlichen Entwicklungen, die noch im Mittelalter undenkbar waren. Im Nationalstaat gibt es noch einmal die Hoffnung, etwas gemeinsam zu machen, sich gemeinsam zu empfinden, quasi in Form einer säkularisierten Religiosität. Unter diesem Aspekt wird verständlich, warum in den Augusttagen 1914 eine Begeisterung herrschte, als – wie immer wieder berichtet wird – ein Schrei durch ganz Europa ging, weil es endlich zu einem gemeinsamen Tun kam, zum gemeinsamen Drauflosschlagen. So betrachtet war die Vereinsamung des modernen Menschen mit ein wichtiger Hintergrund für den Ersten Weltkrieg.

Dies ist später auch wesentlich für die Entwicklung des Faschismus. Das gemeinsame Fronterlebnis wird nicht nur bei den Erzvätern des Faschismus, Hitler und Mussolini, als eine tiefe Befreiung aus der neuzeitlichen Isolation empfunden.

Hitler hat dieses Instrument der Gemeinsamkeit für kurze Zeit virtuos gespielt: Die Volksgemeinschaft, die Winterhilfe, das gemeinsame Eintopfessen einmal in der Woche, das Gefühl, daß gesorgt würde, daß alle zusammen in einer großen Familie lebten mit dem Übervater an der Spitze, der ja zweifelsohne von den meisten so empfunden worden ist, bedeutete quasi die Übertragung der Familienstruktur auf das Staatsgebilde – aber um welchen Preis!

Im sozialistischen Lager gibt es ähnliche Versuche. Ein Blick in das DDR-Fernsehen zeigt eine einzige Beschwörung gemeinsamer Identität in Form kollektiv verordneter Ziele: die Erfüllung der Geschichte, des Fünf-Jahres-Planes, der Aufbau des Sozialismus, bis hin zum gemeinsamen Klassenfeind als Gegner. Das wirkt alles sehr krampfhaft und will nicht recht gelingen, weil die Menschen nun einmal nicht mehr zu Kindern zu machen sind.

In den USA hat Reagan einen großen Teil seiner sich zunehmend ohne gemeinsame Identität fühlenden Landsleute wieder auf eine kollektiv-nationale Idee eingeschworen: Wir Amerikaner, wir zusammen machen das schon, wir träumen gemeinsam den alten Traum: Go west, young man, die Welt (und der Weltraum) wird dir gehören. Reagan ist als ehemaliger Schauspieler für sein politisches Amt quasi geradezu prädestiniert, mit seinem Wissen um die psychologischen Mechanismen im Umgang mit Zuschauern und mit der Begabung für den theatralischen Auf- und Abtritt. Erfolgreiche Politiker sind immer auch gute Schauspieler, die das Einmaleins der Massenpsychologie auf der kleinen wie auf der großen Bühne

Einsamkeit 119

beherrschen. »Bei einem großen Politiker ist achtzig Prozent Psychologie«, soll Willy Brandt einmal gesagt haben.

Ein extremer Ausdruck des Wunsches nach Aufhebung von Einsamkeit ist besonders bei allen sektenähnlichen Gemeinschaften zu finden. Von Baghwan bis hin zu der grauenhaften Karikatur dieses Wunsches nach dem Kollektiv, der im gemeinschaftlich begangenen Selbstmord endet, wie bei einer amerikanischen Sekte vor ein paar Jahren geschehen, als sich 900 Männer, Frauen und Kinder umbrachten.

Sicher ist die Behauptung nicht zu gewagt, daß alle Massenveranstaltungen, besonders im sportlichen und kulturellen Bereich, dem Abbau von Einsamkeitsgefühlen dienen. So kann der Abstieg des Heimat-Fußballvereins aus der 1. Bundesliga für viele seiner Anhänger zu einer Katastrophe werden, weil man jetzt nicht mehr so einfach gemeinsam in der Anfeuerung, in der Begeisterung oder im gemeinsamen Schmerz bei Niederlagen die Isolierung überwinden kann. Wir alle kennen Szenen, wo sich bei Sport- oder Musikveranstaltungen wildfremde Menschen vor Begeisterung plötzlich um den Hals fallen und so für einen Moment scheinbar nicht mehr einsam sind.

Nach der Reaktorkatastrophe von Tschernobyl war zu beobachten, wie die gemeinsame (und sicher auch berechtigte) Sorge um die Zukunft, die Angst vor der durch Radioaktivität ausgelösten Krebserkrankung kurzfristig dazu beitrug, eine Form der Isolation in unserer Gesellschaft und ein lähmendes Gefühl der Einsamkeit zu überwinden. Zunächst schien es, als seien wir nahezu alle gleichermaßen betroffen von dieser Sorge und den Konsequenzen für unser gesundheitliches Wohl. Das versetzte viele in die Lage, endlich einmal aus ihrer Isolation und der Wohnung herauszugehen und den Nachbarn anzusprechen, um sich über die Bequerel-Werte in der Milch oder im Suppengrün auszutauschen.

Der bisher oft vergeblich gesuchte Sinn und Wert des eigenen Lebens wird angesichts der Atomreaktor-Katastrophe und der generellen atomaren Bedrohung wiedergefunden. Ein äußerer Feind reduziert Einsamkeit, weil in der bedrohten Gruppe ein neues Wir-Gefühl entsteht, zumindest für eine bestimmte Zeit.

Insgesamt erscheint es gerechtfertigt, von einem Prozeß zunehmender Vereinsamung des Menschen zu sprechen, dessen Beginn im Umbruch Mittelalter/Renaissance liegt und den Jacob Burckhardt bereits 1860 so charakterisiert:

»Im Mittelalter lagen die beiden Seiten des Bewußtseins nach der Welt hin und nach dem Innen des Menschen selbst wie unter einem gemeinsamen Schleier, träumend oder halbwach. Der Schleier war gewoben aus Glauben, Kindesbefangenheit und Wahn. Durch ihn hindurch gesehen

120   Die Probleme

erschienen Welt und Geschichte wundersam gefärbt. Der Mensch aber erkannte sich nur als Rasse, Volk, Partei, Korporation, Familie oder sonst in irgendeiner Form des Allgemeinen. In Italien zuerst verwebt dieser Schleier in die Lüfte, es erwachte eine objektive Betrachtung und Behandlung des Staates und der sämtlichen Dinge dieser Welt überhaupt. Daneben aber erhebt sich mit voller Macht das Subjektive, der Mensch wird geistiges Individuum und erkennt sich als solches.«

Partnerprobleme

Wir sind Analphabeten des Gefühls.
Ingmar Bergman

»Mit Kuno ..., das war eine Haßliebe. Mit dem Mann habe ich zehn Jahre zusammengelebt vor meiner Anschaffzeit. Damals war ich noch sehr jung und fühlte mich total abhängig. Er war auch viel älter als ich. Kuno hat sich umgebracht, und ich wußte gar nicht, was das alles ist mit ihm. Zum Schluß wurde es so sinnlos, so leer, so kaputt, weil da gar nichts mehr war, von Liebe bestimmt nichts, nur Klammern. Ich hatte furchtbare Angst vor dem Alleinsein«, sagt Domenica, die medienbekannte Hamburger Prostituierte.[122]

Drei Hauptthemen sind es, von denen Anrufer mit Partnerproblemen im Gespräch mit der Telefonseelsorge berichten:

– Probleme im Zusammenhang mit einer Trennung vom Partner,
– das Gefühl von Nichtverstehen, Nichtverstandenwerden und Entfremdung in der Beziehung sowie
– Klagen über Streit, Bedrohung und Tätlichkeiten.

Die genannten Themen spiegeln Phänomene eines Scheiterns und Mißlingens von Partnerbeziehungen.

Was mit Verliebtheit und Hoffnung begann, endet oft im Chaos, oder – mit einem spanischen Sprichwort: Gott bringt sie auf die Welt, der Teufel zusammen. Vieles erinnert an »Szenen einer Ehe« oder »Wer hat Angst vor Virginia Woolf«, und alles läuft nach dem desillusionierenden Drehbuch: »Tod des Märchenprinzen«.

Jede dritte Ehe wird per gerichtlicher Scheidung beendet, sagen die Statistiker, und in Großstädten sogar jede zweite. Ein Heer von Singles, von Einpersonenhaushalten bevölkert die Einzimmerapartment-Wohnsilos, Brutstätten der Einsamkeit. Ganze Industriezweige erklären sie zu ihrer Zielgruppe und vermarkten ihre Isolation.

Alexander Mitscherlich kommt in seinem Aufsatz »Die Ehe als Krankheitsursache« zu dem Fazit, daß an der Institution Ehe »ein so unermeßliches Quantum von Leid, von Mißverständnissen und Mißlingen haftet, daß es kaum glaubhaft erscheint, sie als eine endgültige soziale Institution aufzufassen«[123].

Verzweiflung und ausweglose Verstrickung in ihre Beziehungsprobleme veranlassen die Anrufer, sich an die TS zu wenden. Der Partner bleibt außen vor, mit ihm kann man nicht mehr sprechen. Auch andere Personen, wie Freunde und Bekannte, scheinen als Gesprächs- und Vertrauenspartner nicht zur Verfügung zu stehen.

Häufig wird betont leise gesprochen. Mitten in der Nacht zum Beispiel, wenn der Partner im Nebenzimmer schläft, oftmals scheinbar nichtsahnend von der problembedrückten Schlaflosigkeit seiner Frau: »Ich kann nicht so laut sprechen, mein Mann darf nichts hören, und sonst wachen auch noch die Kinder auf.«

An späten Nachmittagen klingt es dann häufig so – in hastig gesprochenen Worten: »Vielleicht muß ich gleich auflegen, wenn mein Mann nach Hause kommt. Wissen Sie, wenn der mich erwischt, schlägt er gleich zu.« Massive Angst, Bedrohung und Tätlichkeiten beherrschen die Eheszene viel häufiger als man denkt.

Manchmal telefoniert man zunächst mit dem einen und hört dann aus dem Hintergrund die Stimme des anderen Partners, der wütend dazwischenbrüllt oder bitter kommentierend, beschwörend ermahnt: »Du lügst ja, das stimmt ja alles nicht. Du mußt denen von der Telefonseelsorge aber auch erzählen, daß...« Manchmal wird dem Anrufer der Hörer aus der Hand gerissen oder »gib mal her!«, wird barsch verlangt, wenn die Wut des anderen Partners noch nicht so groß ist, daß lediglich physische Gewalt entscheidet, wer den Hörer in der Hand behält. So wird der TS-Mitarbeiter unversehens zum akustischen Zeugen von »Ehekrieg« und »Zimmerschlacht«.

Seltener kommt es zur Aufforderung: »Sie können ja jetzt noch mal mit meiner Frau/meinem Mann sprechen«, oftmals mit dem Wunsch verbunden, ihr oder ihm durch den TS-Mitarbeiter nun endlich so richtig die Leviten lesen zu lassen.

Anruferinnen berichten weinend von ihren körperlichen Verletzungen: »Er hat mich wieder grün und blau geschlagen, das gemeine Schwein.« Und dann oft die naive Frage des TS-Mitarbeiters: »Warum lassen Sie sich das gefallen?« Was wird die Frau wohl darauf antworten?

Frauen rufen deutlich häufiger im Vorfeld einer Trennung an, Männer – wenn überhaupt, erst viel später – dann, wenn das Kind schon lange in den Brunnen gefallen ist.

122   Die Probleme

Und während Frauen eher anrufen, um sich zu beklagen und dadurch
vielleicht Entlastung zu finden, rufen Männer häufiger an, um vorzutra-
gen und anzuklagen. In ihren Berichten schildern sie tiefe seelische Verletzungen. Zuletzt sind sie einfach von ihr verlassen worden. Sie fühlen
sich betrogen und dann oft auch noch gedemütigt. Manchmal fangen sie
an zu weinen.
Doppelt soviele verheiratete Anruferinnen wie unverheiratete melden
sich mit den Problembereichen Streit/Bedrohung/Tätlichkeiten. Machen
die Fesseln der Ehe doppelt aggressiv?
So banal wie es klingt: Es sind die Frauen, die geschlagen werden, und die
Männer, die sich geschlagen fühlen. Beiden gemeinsam ist: Sie fühlen sich
von Gott und der Welt verlassen, besonders natürlich aber von ihrem
Partner – mutterseelenallein, hilf- und orientierungslos. Einen eigenen
Anteil an der Katastrophe zu erkennen, fällt beiden gleichermaßen
schwer.
Was für quälende Einsamkeitsgefühle müssen das sein, wenn man einst
zusammenging, um der Einsamkeit zu entgehen, und jetzt wieder in die
Einsamkeit zurückfällt? Vielleicht ist Einsamkeit überhaupt nirgendwo
so sehr spürbar wie in einer zerrütteten und erkalteten Partnerbeziehung.
»Liebe ist nicht Besitz und Behalten, das heißt doch Weitergeben...
Treue, Gewohnheit, Eifersucht, das finde ich alles so ungesund. Treue ist
eine Sache des Herzens und nicht des Unterleibs. Warum scheitern denn
so viele Beziehungen ... Vielleicht macht eine feste Bindung, ein Ehe-
ring, wirklich viel kaputt. Das ist eine künstliche Fessel ... Liebe braucht
Freiheit und Großzügigkeit. Die Möglichkeit dazu hat jeder. Ihre
schlimmsten Feinde sind der Neid und die Eifersucht. Das hat mich besonders betroffen gemacht, denn Eifersucht ist pure Eigenliebe, dieses
Klammern, dieses Festhalten, das ist wohl die Krankheit, an der die meisten Menschen scheitern« – noch einmal Gedanken der Prostituierten
Domenica, Mitarbeiterin des ältesten Einsamkeitsgewerbes der Welt.[124]
Schön gesagt – aber realistisch?

Lieben und hassen

Auch wen man gern habe – so Bias, einer der sieben Weisen Griechen-
lands aus dem 5. Jahrhundert vor Christus –, den möge man gerne haben
als einen künftig zu Hassenden.[125] Ein trauriges Leidmotiv für zahllose
Partnerbeziehungen.
Haß entsteht aus unbefriedigter, enttäuschter Liebe (Sigmund Freud)[126]
Worin besteht die Ent-Täuschung?

Vielleicht vor allem darin, daß der Partner oder die Partnerin sich als doch nicht so fürsorglich-liebevoll herausstellt, wie zunächst gewünscht und phantasiert. Er/sie versagt in der unbewußt zugedachten Rolle als Mutterersatz.

Es mag zunächst einmal erstaunen, aber es gehört zur widerspruchsvollen Kompliziertheit der menschlichen Psyche: Neben positiven, liebevollen Gefühlen, die man einer Person entgegenbringt, können gleichzeitig auch starke negative, aggressive Gefühle existieren. Das gleichzeitige Vorhandenseinkönnen von gegensätzlichen Gefühlen ein und derselben Person gegenüber kennzeichnet inhaltlich den psychoanalytischen Ambivalenzbegriff. Diese Doppelgleisigkeit und Doppelbödigkeit in der menschlichen Seele führt oft zu schweren Konflikten.

Sigmund Freud spricht von einem »Bodensatz von ablehnenden, feindseligen Gefühlen«, der in jeder intimen und längeren Gefühlsbeziehung zwischen zwei Personen zu finden ist. Das gilt für die Ehe und eheähnliche Gemeinschaften ebenso wie für Freundschaften und für die Beziehungen zwischen Eltern, Kindern und Geschwistern.[127] Dies wird nicht gerne eingestanden und ist ein Tabu-Thema. Aber wer sich um genaue Wahrnehmung bemüht, kann auch diese feindseligen Gefühle bei sich und anderen entdecken.

Es war ebenfalls Freuds epochale Entdeckung, wie sehr wir Erwachsenen Spielball unserer Kindheit sind und von den unbewältigten Konflikten und Bindungen aus dieser Zeit geprägt und beeinflußt werden.

Vor diesem Hintergrund besteht für aktuelle Partnerbeziehungen die Gefahr, in ihnen die unbewältigte Beziehung zu einem Elternteil (oder zu beiden) unbewußt zu wiederholen, vergleichbar mit der Neuauflage oder dem Nachdruck eines schon einmal mit gleichem Text erschienenen Buches. Dies bedeutet vor allem für Konflikte und Auseinandersetzungen, daß nicht der aktuelle Partner allein gemeint ist, sondern die primäre elterliche Bezugsperson, für die er steht bzw. deren Rolle er repräsentiert.

In der aktuellen, jetzigen Partnerbeziehung kann es also zu einer Wiederbelebung und damit Wiederholung von Gefühlen, Einstellungen und Erwartungen kommen, die für die Beziehung zu den Eltern (bzw. einem Elternteil) kennzeichnend waren. In den Extremausprägungen ist es Liebe und Haß und natürlich alles, was dazwischen liegt, vieles auch, das verdrängt und vergessen war und nun an der neuen Person, die aber lediglich eine Stellvertreterrolle spielt, wieder auflebt. Die drastische Ausdrucksweise des Sprichworts macht es für den aggressiven Aspekt in der Formulierung deutlich: Den Sack schlägt man, den Esel meint man.

124 Die Probleme

Das Problematische bei einer Partnerbeziehung ist natürlich nicht die Wiederbelebung der liebevollen und konstruktiven Kräfte aus den frühen Kindheitsbeziehungen, sondern die Reaktivierung der negativen und destruktiven Gefühle – als Widerspiegelung früher, defizitärer und unglücklicher Beziehungsmuster.

Freud erkannte, daß sich beim Mann die Wahl seiner Partnerin immer auch nach dem Erinnerungsbild der Mutter orientiert, während bei der Frau hier das Bild ihres Vaters deutlichen Einfluß hat.

Aus der Perspektive der Frau bedeutet das: Der Ehemann »erbt« – wie Freud es ausdrückt – zunächst vor allem die positiven Elemente aus der früheren Tochter-Vater-Beziehung.

Das gilt aber häufig nur für die erste Phase der Partnerschaft, in der – im günstigen Fall – die Frau den Mann verliebt idealisiert, im Sinne eines Wiederfindens der kindlichen Liebesbeziehung zum frühen Vater. Wie zahllose Partnerbeziehungen und Paarkonflikte nun zeigen, weichen aber diese positiven Gefühle mit der Zeit. Sie machen immer deutlicher kritischen und distanzierten, ja bisweilen sogar Haßgefühlen Platz.

Woher kommen nun diese – im schlimmsten Fall – Haßgefühle?

Nicht nur die Tochter-Vater-Beziehung ist von Wichtigkeit für die aktuelle Beziehung, sondern vor allem auch das Tochter-Mutter-Verhältnis aus der frühen Kindheit.

Eine Quelle der feindseligen Gefühle ist die durch Rivalität um den Vater charakterisierte und belastete Beziehung zwischen Tochter und Mutter.

Gerade das Tochter-Mutter-Verhältnis (und umgekehrt) ist ja, wie sich in vielen Familien immer wieder zeigt, besonders spannungsreich und konfliktgeladen. Dies gilt auch für die Tochter-Schwiegermutter-Beziehung, in der Konflikte oft noch unverhüllter und schärfer als zwischen Tochter und eigener Mutter zutage kommen.

Der Partner profitiert also nicht nur aus der möglicherweise positiven Tochter-Vater-Beziehung, sondern »erbt« (Freud) auch die Hypotheken aus der belasteten Tochter-Mutter-Beziehung.

Nach dem Modell der Konservierung und späteren Übertragung von Gefühlen, die ursprünglich Personen der Kindheit galten, auf Personen der Gegenwart läßt sich für diesen Aspekt der Partnerbeziehung also feststellen: Der Mann bekommt feindselige Gefühle ab, die eigentlich der (frühen) Mutter gelten. Diese negativen Gefühle können ihren Ursprung auch in der allerfrühesten Beziehung zwischen Mutter und Kind im ersten Lebensjahr haben. Sie sind dann vielleicht Reaktion auf eine vernachlässigte, nicht ausreichend einfühlsame und liebevolle Mutter-Kind-Beziehung, in der statt Ur-Vertrauen Ur-Mißtrauen gesät wurde.

Man könnte durchaus sagen: Mit beinahe gleichartigen Vorzeichen gilt dies auch für den Mann. In der Beziehung zur Partnerin kann die Beziehung zur Mutter wiederholt werden.

Die hier gegebene Beschreibung von Mechanismen menschlichen Verhaltens basiert auf einer starken Vereinfachung hochkomplexer Zusammenhänge und Wirkungsweisen. Sich mit der Einzelseele zurechtzufinden ist schon kompliziert genug. Um so schwieriger natürlich wird es bei zwei Personen und dem Versuch, deren Verstrickungen zu beschreiben.

»Sollt' es Ihnen noch nicht aufgefallen sein, was für komplizierte Subjekte wir Menschen im Grunde sind?« läßt Arthur Schnitzler den Dr. Aigner in seinem Theaterstück »Das weite Land« (1910) sagen. Und fortsetzen: »So vieles hat zugleich Raum in uns –! Liebe und Trug... Treue und Treulosigkeit... Anbetung für die eine und Verlangen nach einer anderen oder nach mehreren. Wir versuchen wohl Ordnung in uns zu schaffen, so gut es geht, aber diese Ordnung ist doch nur etwas Künstliches... Das Natürliche... ist das Chaos. Ja –..., die Seele ist ein weites Land, wie ein Dichter es einmal ausdrückte... Es kann übrigens auch ein Hoteldirektor gewesen sein.«[128]

Trennungsangst und Trennungsdrohung

Der Gießener Psychoanalytiker Horst-Eberhard Richter hat in Paartherapien die Erfahrung gemacht, daß Männer »in einer Anfangsphase starker Verliebtheit in einer Beziehung noch sehr viel von Verlustängsten und Isolationsbefürchtungen als Motiv für den Anspruch verraten, sich des Besitzes der Frau hundertprozentig zu versichern.«[129]

Es geht um das Ausüben von Macht und das Erzeugen von Abhängigkeit, verursacht durch die Angst, sich selbst eines Tages als ohnmächtig und abhängig zu erleben, konfrontiert mit quälender Einsamkeit.

Männer erschrecken im Zustand der Verliebtheit oft über die vernichtende Bedeutung einer Isolation, die ihnen durch den potentiellen Verlust der Geliebten drohen könnte. »Ihre durchbrechenden Gefühle machen ihnen ihre innere Abhängigkeit von der Partnerin klar, deren Nähe und Verläßlichkeit für ihre Selbstsicherheit eine enorme Bedeutung gewonnen hat. Aus diesem unerträglichen passiven Gefühl des Ausgeliefertseins kommt es dann zu einem Umschlag in eine vielfach tyrannisch anmutende Forderung nach absoluter Unterwerfung der Frau.«[130]

Die totale Abhängigkeit der Frau soll ein für allemal die Gefahr bannen, von ihr im Stich gelassen zu werden. Es ist leicht, hier Ähnlichkeiten mit der im Kapitel Einsamkeit beschriebenen Erziehungstaktik bestimmter Mütter festzustellen, die ihre Kinder mit der Drohung, sie zu verlassen, an sich zu binden versuchen.

126 Die Probleme

Hier kommt aber auch erneut die These von der Partnerbeziehung als Wiederholung der Kind-Mutter-Beziehung zum Tragen: Der Mann, der sich wie von H.-E. Richter beschrieben verhält, hat in seiner frühen Sohn-Mutter-Beziehung eine traumatische Erfahrung von Verlassenwerden und Vereinsamung von Seiten der Mutter erlebt und versucht nun in der aktuellen Partnerbeziehung mit aller Macht zu verhindern, daß sich ebensolches wiederholt. Passiv Erlittenes – einmal tief vereinsamt gewesen zu sein – droht er jetzt aktiv an.

Wenn auch die reale Trennung nicht konsequent vom Mann vollzogen wird, so erleidet seine Partnerin doch häufig eine Form von Isolation, die bis zu ihrem »sozialen Tod« führen kann. Es wird nicht mehr gesprochen, der Mann geht seine eigenen – beruflichen oder sonstigen – Wege, die Partner leben »parallel, wie an einer Radachse« (Samuel Beckett).

Die Trennungserfahrung, die der Mann seiner Partnerin zufügt, gilt häufig eigentlich der Mutter – als Rache für erlittene Trennungstraumata.

Darüber hinaus können Trennungen von der Partnerin auch die unbewußte Absicht des Mannes verraten, eine innerlich nie vollzogene Trennung von der Mutter am aktuellen und stellvertretenden Objekt zu vollziehen. Die innere Bindung an die Mutter aber bleibt davon unberührt, so daß die nächste Trennung von der nächsten Partnerin – als erneuter unbewußter Bewältigungsversuch – fast schon vorprogrammiert ist.

Das gilt auch für Frauen, deren Trennungen von Männern eigentlich den Versuch dokumentieren, sich vom Vater zu lösen.

»Zuckerbrot und Peitsche« –
Aspekte zur sadomasochistischen Beziehung

»Erst lieben sie sich, und dann schlagen sie sich«, sagt eine Berliner Portierfrau über die Mieter im dritten Stock. »Und wenn er sie dann durchgeprügelt hat – das ist ja auch wirklich ein Luder, sag ich Ihnen, mit der könnt ich auch nicht – dann gehen sie wieder ins Bett miteinander. Das sind Leute...«

»...und da sagen die Psychologen immer: Streiten verbindet«, sagt empört und verständnislos die Klientin des Ehepaartherapeuten. Stimmt ja auch – solange man sich noch miteinander auseinandersetzt, solange noch soviel Energie da ist, soviel Interesse am anderen...

Nach Meinung von Experten sind Streit- und Kampfehen (sog. sadomasochistische Beziehungsmuster) der häufigste Typus von Paarbeziehungen. Wohlwollend-sanft umschrieben: wer sich liebt, der neckt sich. Weniger sanft: Pack schlägt sich, Pack verträgt sich.

Während in anderen Paarbeziehungen versucht wird, Nähe durch Har-

Partnerprobleme 127

monie herzustellen, soll hier die kämpferische Auseinandersetzung bis hin zum Austausch von physischen Gewalttätigkeiten näher- bzw. zusammenbringen. Es geht um das Ausleben von Gegensätzen, um Quälen und gequält werden, Herrschen und beherrscht werden.

In dieser Paarkonstellation werden Männer häufig als zwanghaft, rigide und mit starkem Interesse nach Kontrolle und Machtausübung über die Partnerin bzw. die Familie charakterisiert. »Die Frauen werden als überwiegend gespannt, aggressiv, hysterisch agierend, aber auch als hilflos und unsicher dargestellt. In diesen Ehen herrscht langdauernder Streit, der auch häufig das gesamte Familienklima bestimmt. Alle Lebensbereiche von der Freizeit über das familiäre Zusammenleben bis hin zur Sexualität sind in den Konflikt einbezogen. Kinder werden häufig zu Bündnispartnern gemacht.«[131]

Lieblingsthemen der Auseinandersetzung sind dabei Eifersucht und Untreue. Außereheliche Beziehungen spielen bisweilen aber auch wirklich eine Rolle. Beim Austragen der Eifersuchtsproblematik gehen beide Partner oft schonungslos aggressiv miteinander um.

Wesentlicher Hintergrund dieses Partner- und Geschlechterkampfes ist in der Regel die individuelle Autonomiethematik. Dabei haben die Auseinandersetzungen eigentlich zum Ziel, die Zuwendung des Partners sicherzustellen, weil immer wieder Angst aufkommt, ihn zu verlieren. Bei all diesen kämpferischen Auseinandersetzungen geht es um die Ambivalenz, den Konflikt zwischen Nähewunsch und Näheangst, um Distanzwunsch und Distanzfurcht, um einen Abhängigkeits/Unabhängigkeitskonflikt.

Nähe und Distanz, sich lieben und sich hassen, »Nicht mit dir und nicht ohne dich« oder: »Mit dir bin ich genau so unglücklich wie ohne dich« – beschreiben nur scheinbar gegensätzliche Pole, die hier das Beziehungsmuster charakterisieren. »Aus Angst vor Verschmelzung (nicht mehr man selbst zu sein, Anm. der Autoren) kommt es oft zu heftigsten Kämpfen und hilflosen Abtrennungsversuchen. Die totale Zuwendung ... kann offensichtlich nur im Streit vollzogen werden. Entfernen sich die Partner zu weit voneinander, so treten Gefühle des Verlassenseins und der Verzweiflung auf.«[132]

Streitigkeiten entstehen also vorwiegend aus der Nähe-Distanz-Regulierung. So sehr man sich einerseits auch die Nähe des Partners wünscht, ist man doch unfähig, sie andererseits zu ertragen. Dabei basiert die Aggressivität der Frauen oft auf ihrem Kampf um mehr Autonomie.

Für dieses Beziehungsmuster ist jedoch charakteristisch, daß trotz anhaltender Kämpfe und der häufig thematisierten Trennung und Scheidung diese höchst selten wirklich vollzogen werden. Beide Partner schrecken

128 Die Probleme

vor dem tatsächlichen Auseinandergehen zurück. Die Gespräche aber
über Trennung und Scheidung dienen den Autonomiebestrebungen und
der Distanzregulierung der Partner.

Solche Verhaltensweisen in Paarbeziehungen fallen nicht vom Himmel.
Sie beruhen auf dem Gebundensein einer oder beider Partner an eine
spezifische Entwicklungszeit ihrer frühen Kindheit, und zwar an die sogenannte anale Phase.

Wie im Kapitel »Das Leben als eine Abfolge von Krisen und Chancen«
beschrieben (siehe S. 160) umfaßt die anale Phase etwa das zweite und
dritte Lebensjahr des Kindes. In ihr liegt der Hauptakzent auf der Reifung des Muskelsystems und der besonderen Lust-, Macht- und Willensqualität. Ausgehend von den Ausscheidungsvorgängen bekommen
Aktionen wie Festhalten, Loslassen und Beherrschen eine wichtige Bedeutung.

Dem Kind gelingt es in dieser Entwicklungsphase immer besser, sich frei
und autonom zu bewegen und seine Umwelt zu erobern. »Charakteristisch für diesen Entwicklungsschritt«, schreibt der Zürcher Paarforscher
Jürg Willi, »ist die Situation, wo das Kind der Mutter davonläuft, dabei
vor Vergnügen kreischt, wenn die besorgte Mutter es vergeblich zurück-
ruft und ihm schließlich nachrennt, um es einzufangen, womit die Symbiose wieder hergestellt ist. Läuft die Mutter ihm nicht nach, so bleibt es
stehen und kehrt enttäuscht und leicht verängstigt von selbst wieder zurück.«[133]

Die Neuerwerbungen dieses Entwicklungsabschnitts gehen mit dem
schmerzlichen Gefühl einher, Annehmlichkeiten der vorangegangenen
(oralen) Phase einzubüßen. Gegensatz und Ambivalenz prägen das Bild
und die Beziehung zwischen Mutter und Kind: Es geht um Trennung und
Verbundenbleiben, Selbständigkeit und Abhängigkeit, Herrschen und
Beherrschtwerden, Aktivität und Passivität.[134]

Bei manchen Müttern können wegen der zunehmenden Selbständigkeit
des Kindes Ängste vor Verlust und Trennung auftreten. Es kann vor allem
im Zusammenhang mit dem (oftmals viel zu früh einsetzenden) Sauber-
keitstraining zu einem Machtkampf kommen, in dem es der Mutter und
dem Kind mehr oder weniger unbewußt gleichermaßen darum geht, wer
den anderen unterwerfen kann. Das Kind wird dabei »auf gewisse Streit-
techniken konditioniert, die für die spätere Ehebeziehung von Bedeutung sein werden: Es lernt, daß es in einer Beziehung darum geht, wer der
Stärkere ist und wer die Macht hat. Wer nicht unterworfen werden will,
muß sich den anderen unterwerfen.«[135] Diese Streitformen werden häufig
in späteren Partnerbeziehungen wiederholt.

Kaum ein anderer Schriftsteller hat sadomasochistische Partnerbeziehun-

gen so prägnant zum Mittelpunkt seiner Theaterstücke gemacht wie
August Strindberg. Seine Grundgedanken zu dieser gleichzeitig qual-
und lustvollen Beziehungsform hat er überschrieben »Stärker als wir«:
»Sie haßten sich gegenseitig mit Worten und Gedanken; er schlug sie,
verbrannte ihr Bild, verleumdete sie öffentlich; sie rächte sich so
gründlich, wie sie nur konnte, schlug zurück, verleumdete wieder, ließ
ihn frieren und hungern, nahm ihm das Kind.
Aber die Verwandtschaft, das Verlangen nach Vereinigung, überlebte
die Feindschaft; gegen ihren Willen wurden sie zueinander gezogen;
es war, als trügen sie zwei selbständige Wesen unter der Haut, und
diese Wesen liebten sich auf eigene Faust, trotz dem Haß der beiden
Feinde. Diese geheimnisvollen Wesen teilten eine Art Liebe den An-
tagonisten mit, die sich wirklich in Eros begegneten und für einige
Augenblicke einander das Glück schenkten.
Darum ist wohl die Liebe unabhängig von Vernunft und Abneigung,
kann sogar die Scheidung überleben. Die Theosophen sagen, indem
sie an die Reinkarnation denken, daß die Kinder ihre Eltern wählen.
Darum wählt ›man‹ in der Liebeswahl nicht, sondern wird gewählt,
ohne Widerstand leisten zu können; und darum auch existiert die
Liebe selbständig mitten im Haß und parallel mit der Antipathie.
Es geht über unseren Verstand und unsern Willen!«[136]

Wie aus Zweisamkeit Einsamkeit wird

Die verbreitete Sehnsucht nach einer Partnerbeziehung, nach intimer
Zweisamkeit, nach Austausch, Gemeinsamkeit und wechselseitiger Geborgenheit wird nicht zuletzt aus dem Urbedürfnis gespeist, dem quälenden Erleben von Einsamkeit zu entkommen. Der Einsamkeit steht die
Zweisamkeit gegenüber, verbunden mit der Wunschvorstellung nach ge-
glückter Gemeinsamkeit.
Die Realität freilich sieht oftmals anders aus. Da wird aus der Zweisamkeit zweimal Einsamkeit, weil Ideal und Wirklichkeit weit auseinander-
klaffen.
Häufig steht in einer Partnerbeziehung die Illusion Pate – schreibt der
Hamburger Sexualwissenschaftler Gunter Schmidt –, »daß Beziehung
und Sexualität für alles herhalten können und müssen, was an Enttäuschung, Langeweile und Selbstzweifel da ist. Damit sind Sexualität und
Zweierbeziehung hoffnungslos überfrachtet.«[137]
Eine weitere verbreitete illusionäre Hoffnung in Zweierbeziehungen,
deren Enttäuschung zu einem massiven Einsamkeitserleben führen

130 Die Probleme

kann, ist die Vorstellung, daß die Partnerbeziehung auf Dauer eine intensive Sexualität, wie sie in der Anfangsphase der Verliebtheit erlebt wird,
garantieren kann. Dies, so Schmidt, »kann nicht sein, da Nähe, die sich
ergibt aus dem Zusammen-Wohnen, aus dem Zusammen-Schlafen, aus
dem Zusammen-Essen, aus dem Zusammen-Freizeit-Machen, eventuell
noch aus dem Zusammen-Kinder-Aufziehen, nicht auch noch die Nähe
oder Symbiose im Sexuellen aushält, sondern bestenfalls die Distanz
einer vielleicht gerade noch liebevoll befriedigenden Sexualität. Mehr
läßt sich nicht ertragen, es sei denn, Trennendes macht intensives se-
xuelles Erleben und das sporadische Gefühl der Verliebtheit wieder spürbar: eine lange örtliche Trennung, ein gehöriger Streit oder überhaupt die
Stilisierung der aggressiven Spannungen eines Paares zum Aphrodisia-
kum, wie es bei den Perversionen zu beobachten ist. In festen Beziehungen sind intensive sexuelle Erlebnisse nur möglich, wenn sie Ferne schaffen oder gerade geschaffene Ferne wieder überwinden; nicht aber in der
alltäglichen Harmonie, selbst wenn sie stimmt und keine Selbsttäuschung
ist. Die alltägliche Sexualität in festen Beziehungen, ihre Trivialisierung
ist übrigens nicht einfach Abstumpfung, Langeweile, Gleichgültigkeit,
sondern ein durchaus notwendiger und sinnvoller Schutz der eigenen Autonomie, der eigenen Identität vor ›Selbstauflösung‹, ein wichtiges Ventil
in der Nähe-Distanz-Bilanz.«[138]
Vier weitere wichtige Komponenten zum Einsamkeitserleben in Partnerbeziehungen sollen jetzt noch dargestellt werden: Enttäuschte und unrealistische Erwartungen, mangelnde Gemeinsamkeit, Resignation, Unfähigkeit zur Solidarität im Alter.

1. Enttäuschte, weil unrealistische Erwartung macht einsam
Nach Sigmund Freud läßt sich jede Partnerwahl auf eines der beiden folgenden unbewußten Grundmuster zurückführen: Nach dem Anleh-
nungstyp liebt man im Partner die Ähnlichkeit mit den frühen Eltern,
oder mit den Worten Freuds »die nährende Frau, den schützenden
Mann«[139]. In Anlehnung an die idealisierte Kind/Eltern-Beziehung sucht
man sich also einen Partner, an den man die Erwartung hat, Schutz und
Hilfe geboten zu bekommen.
Beim zweiten Grundmuster, der narzißtischen Partnerwahl, wird ein
Partner ausgesucht, der ein unbewußt bleibendes Ideal für den Auswäh-
lenden repräsentiert, um damit die eigene Person bestätigt und aufgewer-
tet zu bekommen. Dies wird am Beispiel des klassischen Hollywoodfilms
besonders deutlich, wenn ein alter, häßlicher, aber reicher Mann sich eine
junge, attraktive mittellose Frau auswählt, weniger, weil er sie als Person
um ihrer selbst willen liebt, sondern weil sie ihm schmeichelt, sein Selbst-

gefühl aufwertet und die Aufmerksamkeit, möglicherweise auch den Neid der anderen hervorruft.

Vielleicht hat diese Partnerschaftsbeziehung durchaus eine Chance, wenn der ältere und reiche Ehemann den väterlichen bzw. elterlichen Versorgungsansprüchen der jungen und schutzbedürftigen Frau entspricht und sie bei ihm die erwünschte Hilfe und Unterstützung findet, die sie von ihren Eltern vermißt hat.

Was aussieht wie ein Hollywood-Bilderbuchmärchen und durchaus mit einer anfänglichen intensiven Zuneigung füreinander startet, wird aber häufig genug in chaotisch-destruktivem Beziehungschaos enden.

Der erste Grund für das Einsamkeitserleben in Partnerbeziehungen ist das Bewußtwerden, daß die in den anderen gesetzten Erwartungen unrealistisch sind. Der Partner ist nicht in der Lage – so die schmerzliche Erkenntnis –, die Rolle auszufüllen, die ihm zugedacht wurde – also z. B. die des Vater- oder Mutterersatzes.

»Einsamkeit in der jungen Ehe beginnt oft mit dem Vergleich der verschiedenen Erlebniswelten, Gewohnheiten, Vorstellungen und Erwartungen, die in früher Kindheit geprägt wurden, sich aber dann als nicht auf die Gemeinsamkeit der Ehe übertragbar erweisen«, so der Psychoanalytiker Tobias Brocher. »Eine Korrektur falscher Erwartungen ist notwendig; aber dazu gehört der Mut, auszusprechen und zu klären, was erwartet werden kann und was vielleicht nie erfüllbar ist.«[140]

2. Mangelnde Gemeinsamkeit schafft Einsamkeit

Eine zweite Ursache für Einsamkeit in der Partnerbeziehung entsteht aus der Unfähigkeit, so Brocher weiter, »über den Schatten der eigenen Vergangenheit springen und sich selbst so verändern zu können, daß die Gemeinsamkeit sich vertiefen würde«[141]. Damit ist ein Nichterfüllenkönnen von Anpassungsleistung an den anderen und dessen Erwartungen und Wünsche gemeint. Dies erzeugt eine Distanz, in der die Einsamkeit immer stärker spürbar wird.

Banale, aber alltäglich-geschlechtsklischeehafte Beispiele: Die Frau macht anfänglich den Gang ins Fußballstadion noch mit, das artig gezeigte Interesse am Fußball wird dann aber immer brüchiger, um letztendlich ganz zu verschwinden. Seine anfängliche Begeisterung, ihr beim Kochen zu helfen und es auch selbst zu lernen, verfliegt, und lediglich die Passivität des Sich-versorgen-Lassens bleibt übrig.

3. Resignation zementiert Einsamkeit

Die dritte Stufe des Einsamkeitserlebens ist erreicht, wenn sich Hoffnungslosigkeit, Resignation und Depression in der Beziehung breitma-

chen. Die Erkenntnis der eigenen Unfähigkeit und die des Partners, ein
fortbestehendes Zerwürfnis und das Gefühl, den sich vertiefenden Mangel an wirklicher Nähe und Intimität nicht überbrücken zu können, kann
eine schwere Depression, aber auch andere ernsthafte Krankheiten zur
Folge haben. Oftmals kommt es zu einer Flucht aus der Ehe.

4. Die letzte Chance – oder: einsam im Alter

Das vierte und letzte Stadium der Einsamkeit in einer Partnerschaft entsteht dann, »wenn es unmöglich wird, gemeinsam alternd im Rückblick
auf das gelebte und ungelebte Leben sich gegenseitig im Gespräch Rechenschaft zu geben, die eine neue, tiefere Gemeinsamkeit des Alters bis
zum Tode schenken könnte«[142].

Oft taucht dabei die Frage auf, so Brocher, wer ursächlich für das Gefühl
des Verlassenseins und die quälende Einsamkeit in der Beziehung verantwortlich ist. Um aus dem Teufelskreis des Grübelns und sich gegenseitig
Beschuldigens, der Verantwortliche zu sein, herauszukommen, bedarf es
der Anerkennung der Verschiedenheit der beiden Partner und das Aufge-
ben der Illusionen völliger Gleichheit, Harmonie und erwarteter Über-
einstimmung.

»Der entscheidende und meist gefürchtete Schritt besteht jedoch darin,
sich dem anderen offenbaren zu können, ohne fürchten zu müssen, sich
dadurch auszuliefern.« Denn »wer sich nicht ohne Angst offenbaren
kann, wird es schwer haben, wirklich zu lieben«[143].

Diese Angst vor Verletzung des innersten, persönlichsten Bereiches ent-
springt der Tatsache, daß jeder Partner von zwei unterschiedlichen Gefühlen, Ängsten und Hoffnungen geleitet ist: einerseits von der Furcht,
abgewiesen, abgelehnt oder mißverstanden zu werden, und andererseits
vom Wunsch und der Hoffnung, so geliebt und verstanden zu werden, wie
er oder sie nun einmal ist.

In seiner Betrachtung »Beziehungen und Einsamkeiten« hat Arthur
Schnitzler 1927 den problematischen Verlaufscharakter zwischenmenschlicher Beziehungen in zeitloser Gültigkeit formuliert:

»In den Beziehungen zwischen Menschen gibt es so wenig einen Stillstand wie im Leben des einzelnen. Es gibt Beginn, Entwicklung, Höhepunkt, Abstieg und Ende, und gerade so wie beim Individuum selbst
Erkrankungen der verschiedensten Art: Unpäßlichkeiten, angeborene
Krankheiten, Erschöpfungszustände, Alterserscheinungen; – und
auch an Hypochondrien fehlt es keineswegs. Manche Beziehungen gehen schon an Kinderkrankheiten zugrunde, auch solche, die durch
Sorgfalt, gute Pflege, kurz, durch eine vernünftige Hygiene erhalten
werden können; andere schwinden in der Blüte ihrer Jahre durch inter-

Depression   133

kurrente Krankheiten dahin, andere wieder sterben früher oder später an konstitutionellen Leiden, die schon rechtzeitig diagnostiziert wurden; einige altern rasch, andere langsam, manche sind scheintot und können durch Geduld, durch Anwendung der richtigen Mittel, durch guten Willen wieder zum Leben erweckt werden. Aber auch darin gleichen die menschlichen Beziehungen den Menschen selbst, daß nur wenige sich in das Unvermeidliche zu fügen, Leiden und Alter mit Würde zu tragen und in Schönheit zu sterben wissen.«[144]

Depression

Wer hat bei sich nicht schon einmal Anzeichen einer Depression erlebt – nur das Ausmaß der folgenden Symptome entscheidet darüber, ob von einer behandlungsbedürftigen Krankheit gesprochen werden muß: gedrückte Stimmung, im Extremfall totale Verzweiflung, Verminderung von Antrieb, Interesse, Konzentration, Leistung und allgemeiner Aktivität, bis hin zur lethargischen Hemmung aller Lebensäußerungen und Suizidgedanken. Auch Symptome wie Schlaflosigkeit, Appetit- und Libidoverlust können Zeichen und Begleiterscheinung einer Depression sein.

Weltweit leiden etwa 200 Millionen Menschen an Depressionen – so eine Schätzung der Weltgesundheitsorganisation (WHO). In der Bundesrepublik Deutschland sind es etwa drei Millionen, davon über zwei Millionen Frauen. Englische Wissenschaftler haben folgende soziale Faktoren ermittelt, die das Entstehen einer Depression bei Frauen entscheidend mitverursachen:

1. belastende Lebensereignisse, wie der Verlust von Partnern oder der frühe Verlust der eigenen Eltern;
2. erhöhte Belastung durch Kinder und Beruf;
3. Isolation und Vereinsamung;
4. ungünstige Lebensumstände und soziale Benachteiligungen.

Antidepressiva liegen in der Statistik über die Verordnung und Einnahme pharmazeutischer Produkte mit an der Spitze. 1983 wurden etwa 12,5 Millionen Packungen Antidepressiva konsumiert. Das bedeutete für die Pharmaindustrie einen Jahresumsatz von rund 200 Millionen DM.

Depression ist dann auch der zweithäufigste konkret benannte Anlaß, sich an die Telefonseelsorge zu wenden.

Nach einer allgemein anerkannten Einteilung lassen sich folgende Depressionsarten unterscheiden:

134 Die Probleme

1. weniger häufig: die *somatogenen Depressionen*, die im Gefolge von organischen Erkrankungen auftreten, z. B. Gehirnarteriosklerose;
2. häufiger: die sogenannten *endogenen Depressionen*, die in den Bereich der Psychosen gehören (manisch-depressive Psychose, depressive Zustände bei Schizophrenie);
3. am häufigsten: die *psychogenen Depressionen*; dazu gehört die *neurotische Depression*, bei der es (häufig nach Erlebnissen von Trennung und Enttäuschung) zu einer Wiederbelebung von Konflikten aus der frühesten Kindheit kommt, die meist durch schwere Traumatisierungen (z. B. Trennung von der Mutter oder gar deren totaler Verlust) geprägt war. Schwer abgrenzbar (weil häufig ebenfalls auf neurotischer Grundlage) ist die *reaktive Depression*, als eine Reaktion auf ein akutes, belastendes Erlebnis.

Theoretische Aspekte zur Depression

Das klassische psychoanalytische Verständnis der Depression basiert auf Freuds Studie »Trauer und Melancholie« (1917) und besagt in etwas vereinfachter Weise formuliert:
Von Seiten der Eltern kommt es oft (meist schon im ersten Lebensjahr) zu einer Frustration (Versagung) der elementaren kindlichen Bedürfnisse nach Liebe, Zuwendung und Versorgung. In Reaktion auf diese Enttäuschung entwickelt das Kind massive Wut, die es jedoch wegen seiner Abhängigkeit von seinen Bezugspersonen nicht äußern kann – aus Angst, die elterliche Zuwendung noch mehr oder gar total zu verlieren.
Dadurch entsteht für das Kind der Zwang, eine Umgehensweise mit seinen aggressiven Impulsen zu finden, die zwei Bedingungen erfüllt: Erstens dürfen keine weiteren Konflikte mit den Eltern entstehen, von denen das Kind ja existentiell abhängig ist, und zweitens müssen die als Folge der aggressiven Impulse entstandenen kindlichen Schuldgefühle den Eltern gegenüber beschwichtigt werden.
Ein scheinbarer Ausweg aus dieser emotionalen Zwangslage erfolgt mit Hilfe eines Abwehrmechanismus, durch den die entstandene (Frustrations-)Aggression gegen die eigene Person gewendet wird. Die also ursprünglich nach außen gerichtete Aggression geht nach innen und manifestiert sich in Depression. Auf eine Kurzformel gebracht: Depression ist nach innen gewendete Aggression, niedergedrückte Wut. Hintergrund dafür ist ein komplizierter seelischer Mechanismus, mit dem das verlorene, enttäuschende Objekt nach innen verlagert (seelisch einverleibt, introjiziert) wird und somit sozusagen dann in der eigenen Person angreifbar wird. Die selbstentwertenden Anklagen des Depressiven gelten

eigentlich der sich ehemals außen befindenden Person. In seinem Nieder-Gedrücktsein ist auch der aggressive Druck enthalten, der diesem nach innen verlagerten Objekt gilt.

Auslösend für eine Depression ist in einer Vielzahl von Fällen ein Trennungs-, ein irgendwie geartetes Einsamkeitserlebnis, wie z. B. der reale oder phantasierte Verlust einer geliebten Person, einer vertrauten Situation (z. B. Wohnungswechsel) oder sogar einer für den Erlebenden wichtigen Sache (z. B. das »geliebte« Auto). Diese Trennungssituationen führen zu einer Aktualisierung eines in der frühen Kindheit erlittenen Trennungs- und Verlusterlebnisses, das nach einem Wort des Psychoanalytikers und Depressionsforschers Karl Abraham zu einer »Urverstimmung« geführt hat.

Eine wichtige Ergänzung dieses klassischen Depressionsverständnisses stammt von dem österreichisch-amerikanischen Psychoanalytiker Edward Bibring. Seinem Konzept nach sind Depressionen eine bei jedem Menschen grundsätzlich vorhandene psychische Reaktionsmöglichkeit, vergleichbar mit Angst, Schuldgefühlen oder Langeweile. Das Erleben von Depression sieht er durch drei Charakteristika geprägt: Hemmung aller handelnden Kräfte (»Ich-Hemmung«), Absinken der Selbstachtung und vor allem besonders intensiv erlebte Hilflosigkeit. Solch ein überwältigendes Hilflosigkeitsgefühl entsteht besonders beim Versagen gegenüber eigenen Ansprüchen, die generell jeder Mensch kennt. Dabei geht es:

1. um den Wunsch, geliebt und geachtet zu werden, sich also als vollwertig und nicht minderwertig zu erleben;
2. um den Wunsch, stark und nicht schwach zu sein;
3. um den Wunsch, gut und liebevoll und nicht aggressiv oder gar destruktiv zu sein.

Klaffen Anspruch und selbst eingeschätzte Wirklichkeit auseinander, kann es zu einer depressiven Verstimmung kommen. Eine solche auslösende Situation wird als narzißtische Kränkung empfunden, weil das Selbstwertgefühl durch ein Nichterfüllen der genannten inneren Ansprüche erheblich beeinträchtigt wird. Hierzu ein kleines Beispiel: Die von einer anderen Person nicht eingehaltene Verabredung wird von einer depressiv strukturierten Persönlichkeit als stark kränkend und als eine demonstrative Geste massivster Ablehnung der eigenen Person erlebt, so daß nur mit einer schweren depressiven Verstimmung reagiert werden kann.

136 Die Probleme

Depression und Einsamkeit

Depression und Einsamkeit gehen Hand in Hand. In welchem Verhältnis stehen sie zueinander? Ist Depression die Schwester der Einsamkeit oder Einsamkeit eher die Mutter der Depression? In jedem Fall besteht eine enge, quasi verwandtschaftliche Beziehung zwischen beiden.

Mit welchen konkreten Problemen wenden sich depressive Anrufer an die Telefonseelsorge? Gibt es hierzu auch keine detaillierten statistischen Aufzeichnungen oder gar Untersuchungen, läßt sich dennoch ein Eindruck aus der täglichen praktischen Arbeit am Telefon wiedergeben:

Am häufigsten melden sich depressive Anrufer im Zusammenhang mit Trennungs- und Verlustbefürchtungen oder -erlebnissen. Dabei sind reale oder phantasierte Verlustereignisse nahezu gleichermaßen vertreten. Deutlich häufigste und natürlich naheliegendste Quelle dafür sind die Partnerbeziehungen mit den darin immer gegebenen Wiederholungsmöglichkeiten kindlicher Trennungserfahrungen.

Andere, weniger häufig angesprochene Trennungs- und Verlusterlebnisse mit depressiver Reaktion sind: Tod von Angehörigen; organische Krankheiten; Enttäuschung auf der Elternseite über sich angeblich abwendende, »undankbare Kinder« (die mittlerweile erwachsen sind); Arbeitsplatzverlust und depressive Reaktionen im Zusammenhang mit Prüfungen in Ausbildung und Beruf (auch: Bewerbungssituationen, Arbeitsplatzsuche).

»Trennung hat den Geschmack des Todes – im Leben«, sagte der österreichische Psychoanalytiker Igor A. Caruso. Zweifelsohne sind Trennungszeiten schwere und belastende Zeiten. Wenn zwei Menschen, die sich einmal geliebt haben, ihre Beziehung beenden, wenn Kinder das Elternhaus verlassen, wenn ein naher Angehöriger stirbt, jedesmal kommt es zu einem Bruch im bisherigen Leben. Das ist mit Schmerz, häufig aber auch mit Verzweiflung und Angst verbunden. Eine primäre, aber oftmals ins Unbewußte verdrängte Reaktion auf Trennung und Verlust ist Wut, und zwar auf denjenigen, der einem dieses zumutet. Wenn solche Wut nicht bewußt erlebt werden darf und Trauer nicht möglich ist, kann sich diese aggressive Energie in einer Depression manifestieren, bei der die Wut gegen die eigene Person gewendet wird.

Trennungszeiten sind Krisen und damit Entscheidungszeiten. Es steht zur Entscheidung an, ob das Leben eine neue Form findet oder im Alten, Vergangenen haften bleibt. Gelingt der Aufbruch zu einem neuen Anfang oder wenigstens zu einem neuen Lebensabschnitt oder wird nur Altbekanntes wiederholt?

Alkoholismus 137

In diesem Prozeß von Trennung, Verlust und Trauer ist jeder Betroffene besonders auf das Verständnis seiner Mitmenschen angewiesen. Wie häufig aber mißlingt gerade hier die zwischenmenschliche Begegnung, das wohlwollende Verstehen. Die Hilflosigkeit des Außenstehenden, Verständnis zeigen zu können, ebenso wie die Schwierigkeit des Betroffenen, sich in seinem Schmerz verständlich zu machen, führen nicht selten zu einem Anruf bei der Telefonseelsorge.

Jede Trennung kann einsam machen, jeder Verlust eine Depression auslösen. Trennung, Verlust und Einsamkeit gehören zu den Grunderfahrungen des Menschen, freiwillig oder unfreiwillig durchlitten.

»Trennungen können Amputationen sein, Verstümmelungen, von denen wir uns nicht oder nur schwer erholen«, schreibt Hans Jürgen Schultz in seinem bemerkenswerten Vorwort zu dem von ihm herausgegebenen Buch über das Trennungsthema. »Was sie in uns anrichten, ist zu selten bedacht worden. Sie beeinträchtigen unser Wohlbefinden, hinterlassen Störungen, wirken gleich unerklärten Krankheiten ...«[145]

Aber Trennungen haben manchmal auch ihre positive Seite und sind notwendig. »Sie haben ordnende, klärende, abschirmende, hegende Funktion ... Zum anderen bedeuten sie Ent-Bindung, Ablösung, Aufbruch, Befreiung von etwas, das uns nicht festhalten darf ... Es ist uns aufgegeben, immerzu etwas aufzugeben. Sich ›von nichts trennen‹ zu können ist ein Unvermögen, wirklich zu leben.«[146]

Alkoholismus

»Wissen Sie, ich kann mit niemandem darüber reden. Ich habe Angst, abzurutschen ..., vielleicht bin ich schon dabei, Alkoholikerin zu werden. Es ist gar nicht so schrecklich viel, was ich trinke, aber ich brauche das einfach. Sonst könnte ich mein Leben nicht aushalten ...« So der Anfang eines abendlichen Anrufes bei einer Telefonseelsorge-Stelle.

Alkoholismus ist die am häufigsten auftretende Suchterkrankung der Bundesbürger. Von zwei Millionen Alkoholikern weiß man, die hinzuzurechnende Dunkelziffer ist mindestens noch einmal, wenn nicht sogar doppelt so groß. Die Übergänge vom sogenannten normalen, unauffälligen Alkoholismus zur Alkoholabhängigkeit sind fließend.

Jedes Jahr werden in der Bundesrepublik bei 1800 Neugeborenen Mißbildungen, Schäden und geistige Behinderungen diagnostiziert, die von Medizinern auf einen exzessiven Alkoholkonsum der Mütter während der Schwangerschaft zurückgeführt werden.

Als Hauptursachen des Alkoholismus gelten psychische, familiäre und

138   Die Probleme

berufliche Schwierigkeiten. Soziale Notlagen wie beispielsweise Arbeitslosigkeit und psychische Erkrankungen wie z. B. Depression begünstigen
zusätzlich die Entstehung von Alkoholismus.

Man trinkt, weil man sich einsam, verlassen und hilflos fühlt und wird es
um so mehr, je mehr und länger man trinkt.

Alkohol wird in der unterschiedlichsten Funktion verwendet: Vom Nah-
rungs-, Genuß-, Rausch- und Heilmittel bis hin zum Gift. Die konstruktive und die destruktive Seite des Alkohols liegen dicht beieinander. Der
Konsum von Alkohol kann schnell zu einer Gratwanderung werden.

War etwa Mitte der vierziger Jahre die Relation männliche/weibliche Al-
koholkranke 10 : 1, so hat inzwischen eine deutliche Zunahme der Alkoholikerinnen die Relation auf 3 : 1 verändert.

Alkoholabhängigkeit tritt bei Männern am häufigsten im dritten und bei
Frauen im vierten Lebensjahrzehnt auf.[147] Dies stellt eine interessante
Parallele zur Altersverteilung der Anrufer bei der Telefonseelsorge dar
und kann als weiteres Indiz für die besonderen Probleme dieser Altersgruppe (»midlife crisis«) verstanden werden.

»In sozialer Hinsicht ist der Alkoholismus beim männlichen Geschlecht in
allen Schichten gleichmäßig vertreten. Bei den verheirateten Frauen
steigt er jedoch mit dem Einkommen des Mannes. Vor allem die ›grünen
Witwen‹, also die vereinsamten Ehefrauen vielbeschäftigter Männer, betäuben ihre Isolation und Langeweile gern mit hochprozentigen Alkoholika«[148] (von den USA-Präsidentengattinnen bis hin zum »Dallas«-Fern-
sehidol Su Allen). Vereinsamt sind sicher aber auch die alleinlebenden
alkoholkranken Frauen, die verwitwet, ledig oder geschieden sind. Sie
machen etwa zwei Drittel aller Alkoholikerinnen aus.

Besorgniserregend sind die Untersuchungsergebnisse zum Jugendalko-
holismus. Das sogenannte Einstiegsalter sinkt immer weiter. Über die
Hälfte der 12–14jährigen trinken gelegentlich Alkohol. Von Soziologen
werden dafür vor allem gestörte Familienverhältnisse und fehlende Zu-
kunftsperspektiven verantwortlich gemacht.

Arbeitslosigkeit fördert Alkoholabhängigkeit, und insbesondere eine
hohe Jugendarbeitslosigkeit scheint mit dafür Ursache zu sein, daß die
von Jugendlichen konsumierten Alkoholmengen immer größer werden.
Besonders schockiert, daß vor allem harte Alkoholika von Jugendlichen
vermehrt getrunken werden und hierbei Mädchen sogar zu überwiegen
scheinen.[149]

Je nach Erscheinungsbild und Alkoholtrinkmotiv lassen sich vier Formen
des Alkoholismus unterscheiden:[150]

1. *Gelegenheitsalkoholismus:* verbunden mit den Wünschen und Zielen,
   den Kontakt zu anderen zu erleichtern, Minderwertigkeitsgefühle und

Hemmungen abzubauen, Vereinsamung, Leere, Eintönigkeit und Langeweile zu mindern.

2. *Milieualkoholismus:* Aufgrund von sozialem Trinkzwang (z. B. Arbeitsplätze Bau, Bar), Angst, als Außenseiter abgestempelt zu werden, falsch verstandenem Geselligkeitsgefühl. (Parallelen zum Gelegenheitsalkoholismus)

3. *Verstimmungsalkoholismus:* Alkoholkonsum mit der Absicht, depressive, ängstliche oder mürrisch-reizbare Verstimmungen zu beheben, Einschlafstörungen zu beseitigen.

4. *Betäubungsalkoholismus:* verbunden mit der Erwartung, gefühlsmäßige Spannungen zu beseitigen, familiäre wirtschaftliche und berufliche Konflikte zu »ertränken«.

Die Alkoholikergesellschaft

Wer erkennt sich nicht in einer (oder mehreren) dieser vier Kategorien wieder? Wir sind ein Volk von Alkoholabhängigen. Man muß davon ausgehen, daß in der Bundesrepublik etwa 30 Millionen Menschen fast täglich Alkohol trinken, eine Droge, von der sie psychisch in stärkerem Maße abhängig sind, eine Gewohnheit, bei der der Übergang zum Zwang oftmals nicht weit ist.

Von 1950 bis 1983 ist der Alkoholkonsum in der Bundesrepublik kontinuierlich gestiegen. Betrug der jährliche Pro-Kopf-Verbrauch reinen Alkohols 1950 3,2 Liter, waren es 1978 bereits 15 Liter. 1985 lag diese Zahl immer noch bei 11 Litern. Das entspricht in einem Drei-Personen-Haushalt dem Konsum von etwa 66 Kästen Bier oder 471 Flaschen Wein oder 140 Flaschen Spirituosen im Zeitraum eines Jahres.

Das Thema Alkohol hat vielfältige gesellschaftliche und psychisch-individuelle Aspekte.

Die realitätsverändernde Wirkung des Alkohols muß auch als ein Hinweis auf ein verbreitetes Bedürfnis verstanden werden, einer als unerträglich erlebten Wirklichkeit zu entfliehen.

Ein wichtiger gesellschaftlicher Aspekt beim Thema Alkohol ist dessen (neben Nikotin) einzigartige staatliche und soziale Legitimität im Drogenbereich.

Alkohol soll offenbar mit dazu beitragen, die Anpassungsleistung an täglich geforderte Normen und Werte unserer Gesellschaft zu fördern. Das Individuum hat oft wie ein Rädchen in einem großen Getriebe zu funktionieren, und Alkohol wird dabei zum »Schmiermittel«, das abends quasi als Belohnung für die getane Arbeit eingesetzt wird (»Wenn alles getan ist – Schultheiß Bier«). Wie unerträglich monoton und entfremdet muß der

140   Die Probleme

Arbeitsalltag verlaufen sein, wenn eine Drogenbelohnung notwendig wird, welche Frustrationen und Irritationen muß er hinterlassen haben?

Im Sinne eines Herunterspülens von Enttäuschung und Wut spielen Frustrationsbewältigung und Aggressionsunterdrückung beim Alkoholkonsumenten eine entscheidende Rolle. Im Alkohol werden seelische Energien betäubt, die dann nicht mehr als auf die Gesellschaft gerichtetes Veränderungspotential zur Verfügung stehen. Mag es auch zu einer Wirtshausprügelei kommen, am Stammtisch wird keiner zum Revolutionär. Die Scheinbefreiung (Alkohol macht mutig und frei) endet in Müdigkeit, Katerstimmung und einer neuerlichen Versklavung, jetzt zusätzlich an die Droge Alkohol.

Alkohol und Psyche

In welcher psychischen Situation befinden sich die Menschen in unserer Gesellschaft, daß sie sich durch Alkohol betäuben, ruhigstellen, enthemmen, befreien und ablenken müssen? Nicht die Droge ist das zentrale Thema – diese ist austauschbar –, sondern die psychische Ausgangslage des Menschen, der nach der Droge greift.

Auch der Griff zur Flasche ist häufig eine Folge von schmerzlichen Einsamkeitserlebnissen. Man trinkt, weil man sich allein, verlassen und hilflos fühlt. Die Droge wird zum Ersatz für eine nicht vorhandene oder als unzureichend erlebte zwischenmenschliche Beziehung. Sie soll die fehlende liebevolle, wärmende und sexuelle Gratifikation ersetzen – im wahrsten Sinne einer Ersatz- und Selbstbefriedigung. Die sprichwörtliche Redensart »Liebe geht durch den Magen« gilt auch für die Flüssigkeit Alkohol.

»Wer Sorgen hat, hat auch Likör« (Wilhelm Busch). Alkohol wird häufig als selbst verordnetes »Medikament« im Sinne eines Psychopharmakons eingesetzt, als Mittel gegen belastende depressive Verstimmungen. Der Volksmund spricht vom »Seelentröster«. Jede Sucht ist auch Sehn-Sucht nach Geborgenheit.

»Stück für Stück kommt man sich näher«, lautete der Werbeslogan eines Weinbrandherstellers, der als deutlicher Beweis dafür gelten kann, wogegen Alkohol auch eingesetzt wird: Gegen Einsamkeit und Isolation.

Einsamkeit und Depression bilden die fatale Basis für den Alkoholmißbrauch, der als ein Selbstmord auf Raten verstanden werden muß.

Hier zeigt sich der enge Zusammenhang von Depression, Alkoholismus und Suizidalität: Dies sind psychische Störungen, die als Steigerungsformen von gegen die eigene Person gerichteter Aggressivität verstanden werden können, von selbstquälerischen Tendenzen bei der Depression

Alkoholismus 141

über die manifester werdenden körperlichen Selbstschädigungen beim Alkoholismus bis hin zur absolut-totalen Selbstzerstörung im Selbstmord. Der gemeinsame Nenner von Depression, Alkoholismus und Suizidalität ist die selbstschädigend wirkende, gegen die eigene Person gerichtete Aggressivität.

Pointiert gesagt: Einsamkeit ist ein Auslöser für Depression, Depression häufig eine Entstehungsbedingung für Alkoholmißbrauch und für Suizidalität, die häufig durch exzessiven Alkoholkonsum noch intensiver und zwingender erlebt wird.

Die Schlußfolgerung: Einsamkeit – und zwar schon die Einsamkeit des ganz kleinen Kindes – ist der Ausgangspunkt des ganzen Elends. Machen wir uns noch einmal klar: Es sind häufig grobe Einsamkeits- und Trennungserfahrungen im ersten Lebensjahr, die Säuglingen von ihren Müttern zugemutet werden und die zu einer lebenslangen Fixierung (Bindung) an die orale Phase führen, mit der Folge von unstillbarem Hunger / Durst. Eine junge eßsüchtige Frau formulierte es so: Die »Leere im Mund« muß ständig gefüllt werden.

Nach den Beobachtungen des Frankfurter Suchtforschers Wolf-Detlev Rost handelt es sich bei den Müttern von Alkoholikern häufig »entweder um sehr ambivalente, schwankende, teils vernachlässigende, teils verwöhnende Mütter, die mit dem Kind wenig anzufangen wußten, durch ihre Mutterrolle überfordert und oft von den eigenen Eltern noch vollständig abhängig waren. Oder es handelt sich um ... mächtige, dabei kalte, unsensible, untergründig aggressiv-sadistische Mütter mit freundlicher altruistischer Fassade.«[151]

In der Psychotherapie mit Alkoholikern machte Rost die Erfahrung, daß es offenbar leichter ist, »die ambivalente Mutter zu erkennen und sich von ihr abzugrenzen, als das bei der pseudo-guten, dabei tatsächlich sadistisch-destruktiven Mutter zu leisten. Gerade an die letztgenannte bleiben Kinder meist zeitlebens verhängnisvoll gebunden. Ich denke hier an die Alkoholiker, die zeitlebens bei ihrer ›Mami‹ bleiben und manchmal unter Tränen der Rührung schildern, was die gute Mutter alles für sie tue. Erlebt man diese Beziehungen anläßlich von Familiengesprächen in natura, so ist man gelähmt, erschlagen und hilflos angesichts des destruktiven sadistischen Potentials, das hier untergründig wirkt. Der Suchttherapeut lernt gar nicht selten Mütter (manchmal auch Ehefrauen) kennen, die ganz bewußt den Tod ihres Sohnes in Kauf nehmen, nur um diesen nicht hergeben zu müssen.«[152]

142   Die Probleme

Suizidalität

Etwa alle zwei Minuten versucht ein Mensch in der Bundesrepublik, sich umzubringen. Die »Deutsche Medizinische Wochenschrift« berichtet, daß täglich etwa 685 Menschen nach einem Suizidversuch (Selbstmordversuch) in Krankenhäusern aufgenommen werden (im Jahr sind das etwa 250000).[153]

Alle 40 Minuten stirbt in unserem Land ein Mensch durch Suizid (über 13000 pro Jahr), eine weitaus größere Zahl als die der Verkehrstoten (1985: 8377). Die Dunkelziffer der Suizidtoten erhöht die bekannte Zahl auf etwa 20000 pro Jahr, d. h. mehr als doppelt soviele wie Verkehrstote.

Etwa alle 30 Minuten wendet sich ein Mensch an eine der 84 Telefonseelsorge-Stellen in der Bundesrepublik und spricht über seine Selbstmordabsichten. Bei 3 % aller Gespräche wird das Thema Suizid angesprochen, das waren 1985 etwa 19500 Gespräche (von 650000 insgesamt).

Die Zahlen erschrecken. Sie verdeutlichen, wie präsent und akut das Suizidproblem für die Menschen in unserer Gesellschaft ist. Im krassen Gegensatz dazu steht die weit verbreitete Unkenntnis über das Ausmaß des psychischen Elends, das sich in diesen Zahlen dokumentiert und die Tabuisierung des Suizidthemas mit seinen psychischen und gesellschaftlichen Ursachen. Es erscheint uns nicht übertrieben, hier von einer Verleugnung zu sprechen. Wir (er-)leben sie tagtäglich individuell wie gesamtgesellschaftlich.

Große Anstrengungen werden unternommen, um die Zahl der Verkehrstoten zu senken. Verkehrserziehung in den Schulen und die Einführung der Gurtanlegepflicht sind nur zwei Beispiele für die vielfältigen Bemühungen auf diesem Gebiet. Demgegenüber wird die erschreckend hohe Zahl der Suizidversuche und der Suizidtoten immer noch wie ein Schicksal hingenommen und ertragen.

Was machen, wenn beispielsweise ein guter Freund, ein Arbeitskollege oder auch nur ein flüchtiger Bekannter mitteilt, für sich keinen Sinn mehr im Leben zu sehen, sich umbringen, sich selbst töten zu wollen?

Im Umgang mit selbstmordgefährdeten Menschen werden häufig schwerwiegende Fehler gemacht. Hartnäckig halten sich Irrtümer, Vorurteile und Fehleinschätzungen im Zusammenhang mit dem Suizidproblem, denen aber folgende fünf Tatsachen gegenübergestellt werden müssen:

Suizid – Irrtümer und Tatsachen

So ist weitverbreiteter

Irrtum,
daß man Menschen, die über Suizidabsichten sprechen, nicht ernstzunehmen braucht – etwa nach dem Motto: »Hunde, die bellen, beißen nicht.«

Tatsache
aber ist: Etwa 80% aller Suizide bzw. Suizidversuche werden vorher angekündigt. Jede scheinbar auch noch so scherzhafte Äußerung, jede verdeckte Anspielung muß ernstgenommen werden.

Irrtum
Ein Suizid passiert in der Regel ohne Vorankündigung und Warnung – deswegen kann man auch so wenig tun.

Tatsache
Wie eben berichtet, tauchen viele Hinweise und Warnzeichen im Vorfeld eines Suizidversuches auf. Der Suizidgefährdete gibt seiner Umwelt bewußt oder unbewußt Signale über seine psychische Verfassung.

Irrtum
Wer Suizidabsichten hat oder einen Suizidversuch unternimmt, will wirklich sterben.

Tatsache
Der Suizidale steht Leben und Tod ambivalent gegenüber. Primär bedeutet Suizidalität, *so* nicht mehr weiterleben zu wollen, was aber keinesfalls damit identisch sein muß, unbedingt sterben zu wollen.

Irrtum
Extrem verzweifelte Menschen darf man nicht auf ihre möglichen Suizidgedanken ansprechen – etwa nach dem Motto: »Bloß keine schlafenden Hunde wecken.« Begründung: Man könnte sie dadurch vielleicht erst auf solche Gedanken bringen.

144 Die Probleme

Tatsache
Ein Gespräch über Suizidgedanken wird eher als Entlastung erlebt. Ein Vermeiden des Ansprechens ist das eigentlich Gefährliche, nicht aber ein Gespräch über dieses Thema.

☆

Irrtum
Wenn sich nach einer suizidalen Krise oder einem Suizidversuch eine gewisse Entspannung z. B. im Sinne einer Stimmungsverbesserung einstellt, ist die Suizidgefahr vorüber.

Tatsache
Vorsicht vor gefährlichen Fehleinschätzungen. Der zugrunde liegende Konflikt ist vielleicht noch nicht bewältigt, und deshalb besteht die Gefahr, daß es (erneut) zu einer Suizidhandlung kommt.

☆

Im Umgang mit Suizidgefährdeten reagieren viele menschlich: Unsicherheit und Angst machen sich breit, ebenso Hilflosigkeit und das Gefühl, einfach überfordert zu sein. Kein Wunder – handelt es sich hier doch um eins der wenigen Tabuthemen unserer Gesellschaft. Der Suizidforscher Henseler beklagt zu recht: »Weder der Medizinstudent noch der angehende Psychologe, Seelsorger, Pädagoge, Sozialarbeiter oder Polizist erfahren in ihrem Ausbildungsgang wesentlich mehr über den Selbstmord, als daß es ihn gibt und daß man ihn zu fürchten habe. Dabei gehört der Umgang mit Suizidgefährdeten zu den häufigsten Problemen ihrer Praxis.«[154]
Viele Mitmenschen wissen offenbar sehr wenig über dieses Thema, über diese extreme menschliche Verhaltensmöglichkeit. Gleichwohl dürfte es kaum einen Menschen geben, der nicht irgendwann einmal über die Frage nach dem Sinn seines Lebens und die Möglichkeit, es selbst zu beenden, nachgedacht hat.

Von wegen sich das Leben nehmen...

Der 1978 durch Suizid gestorbene Schriftsteller Jean Améry ist in seinem Buch »Hand an sich legen – Diskurs über den Freitod«[155] mit dem Begriff »Selbstmord« und sogar mit der Bezeichnung Suizid nicht einverstanden, sondern möchte für sich den Begriff »Freitod« oder »Selbstabschaffung«

Suizidalität   145

(Thomas Mann) gelten lassen. In einer mit Améry geführten Diskussion kritisierte der wohl bekannteste Suizidforscher, der Wiener Psychiatrieprofessor Erwin Ringel, die verharmlosende Bezeichnung »Freitod« mit der Begründung, ein Suizidaler handele stets in einer Situation extremer Unfreiheit.

In ihrem anerkannten Psychiatrielehrbuch »Irren ist menschlich« fordern Dörner und Plog auf, die Worte »Selbstmord« und »Selbstmörder« »zu vergessen«: »Suizid ›Mord‹ zu nennen, ist Erbe nicht christlicher, sondern kirchlicher, später staatlicher Machtpolitik.«[156] Sie schlagen das »zwar blasse, aber wenigstens neutrale Wort ›Selbsttötung‹ vor«, das eine wörtliche Übersetzung von Suizid ist.

Umgangssprachlich wohl am weitesten verbreitet ist die Formulierung »sich das Leben nehmen«. Wie in der Sprache häufig, enthalten die Begriffe »Selbstmord« und »sich das Leben nehmen« zwei tieferliegende psychologische Wahrheiten: Im Wort »Selbstmord« ist die Aggressionsthematik enthalten – der ursprünglich einem anderen geltende, jetzt aber gegen die eigene Person gewendete Mordimpuls.

Die Bezeichnung »sich das Leben nehmen« ist genauer betrachtet sprachlich nicht korrekt, da man das Leben ja ab- bzw. aufgibt, also auf es verzichtet, statt es für sich in Anspruch zu »nehmen«. In dieser Formulierung wird der schon kurz erwähnte Aspekt deutlich, daß es dem Suizidalen nicht primär darum geht, tot zu sein, sondern daß er eigentlich wünscht, ein anderes, besseres Leben zu leben. So ist es dann auch zu verstehen, daß die suizidale Handlung primär nicht auf den Tod, sondern auf das Leben und die anderen gerichtet ist.

Man kann sich selbst nichts weg-nehmen. Wir gebrauchen das Verb »nehmen« eher im Sinne einer Aneignung von etwas, das außerhalb der eigenen Person liegt. Das »Nehmen« gehört psychologisch betrachtet in die Sphäre des Oralen, des Greifens, und ist in der Verbindung »sich das Leben nehmen« eher Hinweis auf den oralen Mangelzustand und die Bedürftigkeit nach Zuwendung (die tragende Säule des Lebens), die der Suizidale empfindet.

Zur psychischen Situation des suizidgefährdeten Menschen

Welches sind die Charakteristika der psychischen Situation, in der sich ein suizidaler Mensch befindet? Erwin Ringel hat dazu den Begriff des »präsuizidalen Syndroms« geprägt.

Sein Beschreibungs- und Erklärungsmodell verbindet neben eigenen theoretischen Überlegungen verschiedene Suizidtheorien und leistet dadurch einen anschaulichen und hilfreichen Beitrag zum Verständnis der

146   Die Probleme

Situation eines Suizidgefährdeten. Deshalb soll dieses Modell hier ausführlich und allgemeinverständlich dargestellt werden, in der Hoffnung,
daß ein besseres Verständnis für die innerseelischen und zwischenmenschlichen Vorgänge und Abläufe bei einer Suizidkrise helfen kann,
solche dramatischen Situationen bei anderen besser zu erkennen und an-
gemessener zu reagieren.

Das »präsuizidale Syndrom« beinhaltet nach Ringel verschiedene Komponenten:

1. Eine zunehmend erlebte *Einengung* (oder anders formuliert: gravierende Verlusterfahrungen – zusammengesetzt aus vier verschiedenen
   Ebenen)
2. Eine *Aggressionsanstauung* und Wendung der Aggression gegen die
   eigene Person (umgangssprachlich ausgedrückt: angestaute Wut)
3. *Selbstmordphantasien*

1. Einengung

Wenden wir uns zunächst dem Schlüsselbegriff »Einengung« zu, der hier
im Sinne von Verringerung und Einschränkung bis hin zum totalen Verlust verwendet wird.

Nach Ringels Einschätzung erfolgt beim suizidgefährdeten Menschen
eine schmerzlich und leidvoll erlebte Einengung auf vier unterschiedlichen Ebenen, die aber nicht isoliert nebeneinander stehen, sondern miteinander verflochten sind und auch zusätzlich verstärkend aufeinander
einwirken können. Sie be- und umschreiben sehr deutlich, wie es zur
Zuspitzung einer Krise mit einem möglichen Suizidversuch kommen
kann.

Versuchen wir zunächst zu klären, was unter den von Ringel beschriebenen vier Ebenen der »Einengung« zu verstehen ist. Es handelt sich fachsprachlich ausgedrückt um die

a. situative Einengung (eine als ausweglos erlebte Situation)
b. dynamische Einengung (alles erscheint negativ gefärbt)
c. zwischenmenschliche Einengung (Einsamkeit) und die
d. wertspezifische Einengung (alles erscheint sinn- und wertlos)

Wie kann man die zunehmend erlebte Einengung – diese erste Komponente aus der Trias des präsuizidalen Syndroms –, die sich aus den genannten vier Unterpunkten zusammensetzt, näher beschreiben?

a. Zur situativen Einengung

Besondere und schwierige Lebensumstände geben dem Betroffenen das
Gefühl, ausweglos in eine Sackgasse geraten zu sein. Von allen Seiten

Suizidalität 147

behindert und eingeengt, fühlt sich ein Mensch mit Suizidgedanken von äußeren (und inneren) Kräften überwältigt, bedroht, ohnmächtig und insgesamt unfähig, an seiner qualvollen Situation etwas zu ändern. Der suizidale Mensch leidet unter der Verringerung und Einschränkung, ja bisweilen sogar unter dem völligen Verlust seines persönlichen Handlungsspielraumes und seiner Lebensperspektive. Er erlebt und erleidet eine gravierende Einengung seiner persönlichen Möglichkeiten.

Zusammengefaßt in Stichworten Die Situation: Sackgasse – Ausweglosigkeit – in die Ecke gedrängt

b. Zur dynamischen Einengung

Mit Hoffnungslosigkeit, Verzweiflung und Depression lassen sich die dominierenden Gefühle eines suizidgefährdeten Menschen beschreiben. Sie hindern ihn, für sich andere Perspektiven und alternative Möglichkeiten zu sehen.

Man kann hier von einer Verringerung und Einschränkung, manchmal sogar auch vom totalen Verlust der positiven Lebenskräfte wie Optimismus, Hoffnung, Mut und Lebensfreude sprechen. Eingefärbt wie durch eine dunkle Brille erscheint alles nur noch negativ und ausweglos verzerrt. Nach außen hin zeigt sich das möglicherweise im Verlust jeglicher Spontaneität, in immer stärker werdenden Hemmungen und zunehmender Passivität. Dies wird fachsprachlich von Ringel als »dynamische Einengung« bezeichnet, die zusätzlich bzw. parallel zu den anderen Aspekten der hier beschriebenen Einengung auftritt.

Stichworte Das Gefühl: Hoffnungslosigkeit – Verzweiflung – man fühlt sich ausgebrannt

c. Zur zwischenmenschlichen Einengung

Hinzu kommt der reale oder phantasierte Verlust wichtiger Bezugspersonen, der schmerzhaft erlitten und registriert wird. Diese Einengung der zwischenmenschlichen Beziehungen kann sich äußerlich ganz unterschiedlich zeigen: So gibt es Personen mit scheinbar guten sozialen Kontakten, denen aber eine tragfähige emotionale Basis fehlt. Andere wiederum sind real nahezu völlig isoliert, z. B. ältere Menschen, die ihre Familienmitglieder und Freunde überlebt haben. Der suizidale Mensch fühlt sich einsam und isoliert. Im Kapitel Einsamkeit (siehe S. 101) sind wir ausführlich darauf eingegangen.

Ringel versteht unter der zwischenmenschlichen Einengung auch die Entwertung von vorhandenen Kontakten und die zahlenmäßige Reduktion von zwischenmenschlichen Beziehungen, »bis man sich schließlich an eine Person anklammert, von der man dann völlig abhängig wird. Durch

148   Die Probleme

die Unfähigkeit, andere Bindungsmöglichkeiten auch nur in Betracht zu ziehen, steigert sich die Abhängigkeit oft so weit, daß auch die Frage Leben oder Sterben von der Existenz einer bestimmten Person abhängig gemacht wird. Praktisch mündet dies in ein Verhalten, welches einengende Bedingungen an das Leben stellt, bei deren Nichterfüllung das Leben entwertet und sinnlos erscheint.«[157] Isolation bedeutet »Bezogenheitsverlust«, d. h. ein Verlassenwerden und Sich-verlassen-Fühlen von Personen, zu denen man eine wichtige emotionale Beziehung hatte. Ein in dieser Form erlebter »Bezogenheitsverlust wird hier zum Existenzverlust«[158].

Stichworte Kontaktverlust: Isolation – Einsamkeit – mutterseelenallein, von Gott und der Welt verlassen

d. Zur wertspezifischen Einengung
Weiterhin geht das Erleben von individuell und gesellschaftlich bedeutsamen Werten verloren, bis hin zu einem enormen Verlust des eigenen Selbstwertgefühls. Alles erscheint sinn- und wertlos, insbesondere das eigene Leben. »Nichts zählt mehr.«

Stichwort Sinnlosigkeit

Diese vier Ebenen oder Aspekte der Einengung bedeuten, daß der Mensch in einer suizidalen Krise eine krasse Gefühls- und Erlebnisveränderung durchmacht, sich zurückzieht und unter quälenden Einsamkeits- und Sinnlosigkeitsgefühlen leidet. Sie werden durch zwei weitere Hauptkomponenten ergänzt: die Aggressionsproblematik und die entstehenden Selbstmordphantasien.

2. Die Aggressionsanstauung und Wendung der Aggression gegen die eigene Person
Der Suizidgefährdete erlebt auf zahlreichen Ebenen eine Einengung und Verschlechterung seiner Lebens- und Handlungsmöglichkeiten bis hin zu deren Verlust. Wut und Aggression sowie Selbstanklage und Selbstbestrafung spielen als zweite Hauptkomponente neben der Einengung eine wichtige Rolle. Gehemmte und gegen die eigene Person gerichtete Aggression ist ein zentraler Aspekt jeder suizidalen Krise.
Wie geht ein Mensch mit Ärger und Wut um? Wird er nach außen hin deutlich zornig und wütend? Kann er seine Wut angemessen rauslassen und abreagieren, oder frißt er alles in sich hinein?
Suizidgefährdete Menschen sind aggressionsgehemmt und können mit Wut und Ärger nicht anders umgehen, als diese Gefühle anzustauen und in sich aufzubewahren, bis nur noch ein Tropfen reicht, das Faß zum Überlaufen zu bringen. Diese Aggression geht dann statt nach außen

nach innen los, wie eine Bombe, die in den Händen des Attentäters explodiert, aber eigentlich jemand anderem gilt.

Es war die Entdeckung von Sigmund Freud, daß der Selbst-Mord durch Wendung und Umkehr von Tötungsabsichten gegen die eigene Person zustandekommt. Dieses Mordvorhaben galt ursprünglich jemand anderem, meist einer für einen selbst wichtigen Person, von der man enttäuscht, gekränkt oder verlassen wurde. Der Selbstmörder bringt sich also gewissermaßen stellvertretend für diese andere Person selbst um.

3. Selbstmordphantasien

Schließlich kommt es zum Vorherrschen von Selbstmordphantasien, die die dritte Hauptkomponente in diesem Modell darstellen.

Zunächst noch vage, dann zunehmend konkreter befaßt sich der Mensch in einer suizidalen Krise mit der Möglichkeit der Selbsttötung. Geleitet von Gedanken und Wünschen zu töten, selbst getötet zu werden und letztendlich tot zu sein (wie es der amerikanische Psychoanalytiker Karl Menninger formulierte) drängen sich nunmehr zunehmend Selbstmordphantasien über Sterben und Tod als scheinbar einzige Möglichkeit in einer ausweglosen Situation auf. Dabei geht es auch um Phantasien über die möglichen Reaktionen der Umwelt, die in Bestürzung versetzt und bestraft werden soll.

Neben der Beschreibung des präsuizidalen Syndroms soll nun noch ein weiteres wichtiges Erklärungsmodell vorgestellt werden: Nach den Untersuchungen des Psychoanalytikers und Suizidforschers Henseler haben suizidgefährdete Menschen nicht nur Probleme im Umgang mit ihren aggressiven Impulsen. Sie sind auch in ihrem Selbstwertgefühl (narzißtisch) zutiefst verunsicherte und verletzbare Persönlichkeiten. Die Selbstwertprobleme beziehen sich dabei auf die psychosexuelle Identität (das heißt die Sicherheit in der Geschlechtsrolle als Frau oder Mann), auf Wert und Macht und auf das Akzeptiertsein schlechthin.

Kommt es als Wiederbelebung traumatischer Erfahrungen in der frühen Kindheit zu Kränkungen und Enttäuschungen durch Personen aus der aktuellen Umgebung des Suizidgefährdeten, so kann er das als Gefahr einer narzißtischen Katastrophe erleben. Das beinhaltet die Befürchtung, in einen Zustand »bedrohlicher Lächerlichkeit, Ohnmacht, Hilflosigkeit und Verlassenheit«[159] zu geraten. Mehr oder weniger bewußt wird der totale Zusammenbruch des Selbstwertgefühls als bevorstehend erlebt.

Gelingt es ihm, diesen Zustand durch Verleugnung oder idealisierende Uminterpretation vermeintlich oder tatsächlich kränkender Realität ab-

150   Die Probleme

zuwehren, kommt es zur Regression (= Rückgriff auf ein früheres Entwicklungsstadium), zum Rückzug auf einen als harmonisch phantasierten
Primärzustand, der entwicklungspsychologisch der frühesten symbioti-
schen Mutter-Kind-Beziehung entspricht. Diese Regression beinhaltet
Suizidphantasien, in denen der Tod als Zustand von Ruhe, Wärme, Sicherheit und Geborgenheit erscheint und angestrebt wird. Durch das Agieren
(= Umsetzen in Handlung) solcher Phantasien in der Suizidhandlung wird
versucht, die Kontrolle über die Situation zu wahren, mit dem Ziel, das
Selbstgefühl zu retten, also »statt in Hilflosigkeit und Verlassenheit sich in
einen Zustand von Sicherheit und Geborgenheit sinken zu lassen«[160].

Telefonseelsorge und Selbstmordverhütung

Wenn jährlich etwa 250000 Menschen einen Suizidversuch unternehmen
und 13000 Suizidtote im Jahr zu beklagen sind, wirken die rund 19500
Telefonseelsorge-Gespräche mit suizidalen Menschen etwa so wie der be-
rühmte Tropfen auf den heißen Stein.
Wie schon erwähnt, wird lediglich bei 3 % aller TS-Gespräche das Thema
Suizid direkt an- beziehungsweise ausgesprochen. Bei insgesamt 650000
Gesprächen erstaunt diese Zahl. Haben die TS-Einrichtungen in der
Bundesrepublik, die Ende der 50er Jahre nach englischem Vorbild ja
hauptsächlich die Suizidprophylaxe zu ihrer erklärten Aufgabe gemacht
haben, in diesem Vorhaben versagt?
Im Juni 1986 sendete der Bayerische Rundfunk in seinem Fernsehmagazin
»Report« einen Beitrag zum Thema Selbstmord. Hier wurde den TS-Stel-
len pauschal Dilettantismus und Moralisieren im Gespräch mit suizidalen
Anrufern vorgeworfen. Im Originalton hieß es unter anderem:»Fachleute
sind sich nicht einig, ob diese Hilfe, die in bester Absicht geleistet wird, die
richtige ist. Für die christlichen Kirchen ist Selbstmord immer noch Mord,
Auflehnung gegen Gott und damit Sünde.« Ein ehemaliger Münchener
Polizeipsychologe brachte seine Meinung zum Ausdruck, daß, wer sich mit
schwerwiegenden Problemen an die TS wende, erst recht suizidal gemacht
werde.
Der Fernsehbeitrag spiegelt möglicherweise generelle Vorurteile wider,
wie sie ein Teil der Bevölkerung gegenüber der TS offenbar hat. Die Fehl-
annahme, bei der TS würden Anrufer kirchlich-religiös indoktriniert und
mit Begriffen wie »Sünde« und »Auflehnung gegen Gott« moralisch er-
preßt, hält möglicherweise einige Menschen in einer suizidalen Krise davon ab, sich telefonisch einem TS-Mitarbeiter anzuvertrauen und ein Gespräch über ihre problematische Situation zu führen. Ob es gefällt oder
nicht: Dies hängt auch mit der naheliegenden Assoziation zum Begriff

»Telefon-Seelsorge« zusammen, unter der sich der Laie oftmals eher ein Gespräch mit einem Pfarrer vorstellt, geprägt durch die Dreierbeziehung Gott, Kirche/Religion und das Individuum als potentieller »Sünder«.

»Rufen Sie mich an, bevor Sie sich umbringen«, lautete die Aufforderung des geistigen Vaters der TS-Bewegung, des Engländers Chad Varah. Und das Telefon stand und steht nicht still. Auch wenn die bundesrepublikanische TS-Statistik lediglich 3% Anrufe mit Suizidthematik verzeichnet, der Kreis der Anrufer, die zumindest latent suizidgefährdet sind, ist weitaus größer. Typische Risikogruppen bezüglich einer Suizidgefährdung sind besonders alle einsamen und isolierten, depressiven und alkoholabhängigen Anrufer. Zu den potentiell Gefährdeten gehören ferner ältere Menschen in desolaten Lebenssituationen, Arbeitslose und Menschen, denen eine Trennung von ihrem Partner bevorsteht oder die in einer akuten Trennungsphase sind bzw. eine solche gerade hinter sich haben. Mit anderen Worten: Ein Großteil der Anrufer – mindestens aber ein Drittel – schleppt das Suizidthema latent mit sich herum.

Die TS-Mitarbeiter werden mit suizidalen Anrufern in einer prä-, akut- oder postsuizidalen Situation konfrontiert. Dabei sind die Übergänge zwischen der prä- und akutsuizidalen Phase fließend. Die präsuizidale Situation (nach Ringel) ist ausführlich beschrieben worden. Die akutsuizidale Situation ist leicht vorstellbar: Der Anrufer steht vor dem geöffneten Fenster bzw. hat die Schlaftabletten bereits aufgelöst im Wasserglas neben dem Telefon stehen. Dies geschieht sehr selten, aber auch Anrufe in diesem Stadium der akuten Suizidkrise kommen vor. Manchmal wenden sich auch Personen während der schon eingeleiteten Suizidhandlung, also z. B. kurz nach der Einnahme der Tabletten, an die TS.

Die TS anzurufen kann einen Schritt in Richtung Leben bedeuten. »Before you commit suicide, ring me up« – diese Aufforderung behält ihre Gültigkeit, ganz im Sinne des Mottos der Berliner Telefonseelsorge: *Sprechen kann helfen.*

Krankheit, Angst und Arbeitslosigkeit
Variationen der Einsamkeit

Krankheit

Ein häufiger Grund, sich an die Telefonseelsorge zu wenden, ist das Leiden an Krankheit. Die TS-Statistik spricht kühn von »organischen Krankheiten«, als ob es sich immer so leicht sagen ließe, was organisch und was psychisch bedingte Erkrankungen sind.

152   Die Probleme

Krankheit und menschlicher Lebenslauf, Körper und Seele stehen in einer wechselseitigen Beziehung. Jede Krankheit betrifft Leib und Seele. Leidet die Seele, rebelliert der Körper und umgekehrt: Rebelliert der Körper, leidet die Seele. »Jede Krankheit kann man Seelenkrankheit nennen«, war bereits Novalis' (1772-1801) Einsicht, die bis heute in der überwiegend streng naturwissenschaftlich orientierten und praktizierten Medizin leider immer noch zu wenig Berücksichtigung findet.

»Medizin ohne Kenntnis der menschlichen Phantasie ist Veterinärmedizin«, stellte der Arzt, Psychosomatiker und Psychoanalytiker Alexander Mitscherlich verbittert fest. Nur sehr langsam setzt sich die Erkenntnis durch, daß viele (organische) Krankheitssymptome ihren Ursprung in einer unerträglich-ausweglosen Seelenqual und in seelischen Konflikten haben.

Wen wundert es also, daß sich Menschen in Krankheitszuständen an die TS wenden, wenn in der ärztlichen Sprechstunde nicht mehr gesprochen, sondern lediglich apparativ verwaltet und medikamentös überdeckt wird oder wenn man im Krankenhaus quasi gezwungen wird, seine Persönlichkeit an der Aufnahme abzugeben.

Eine neue Krankheit wird immer häufiger Thema in den Anrufen bei der TS: Aids. Die Angst vor Ansteckung, die Angst, sich bereits angesteckt zu haben, die zu bewältigende Mitteilung, man sei »HIV-positiv«, die Konfrontation mit den bereits ausgebrochenen Krankheitssymptomen – dies alles sind Anlässe, dort anzurufen.

»Die Angst vor Liebe, Lust und Tod« überschrieb die angesehene Hamburger Wochenzeitung »Die Zeit« einen Leitartikel zum Thema Aids: »Die Seuche hat uns angefallen in einem Moment, da wir wähnten, mit den alten Geißeln der Menschheit fertig geworden zu sein oder doch demnächst fertig werden zu können. Epidemien begriffen wir in unserer gesundheitsbesessenen Epoche nur noch als plötzliche, vorübergehende Ausbrüche aus der Norm. Der Gedanke war uns fremd geworden, daß sie zum existentiellen Grundmuster menschlichen Lebens gehören könnten. Dies erklärt wohl auch die Hilflosigkeit und die Ratlosigkeit, mit der wir dem grausigen Phänomen jetzt gegenüberstehen. Die Ahnung verstört, daß das Aids-Virus, unfaßbar wie das Atom, zum Signum des Tschernobyl-Zeitalters werden mag.«[161]

Die Einstellung zur Sexualität hatte sich gerade in Ansätzen aus der jahrhundertealten, vor allem durch kirchliche Moralvorstellungen geprägten Koppelung mit Sünde, Strafe und Angst vor unerwünschter Schwangerschaft befreit. Da tritt – wie von der katholischen Kirche erfunden – ein Gespenst auf: die Seuche Aids. Wer will bezweifeln, daß allein schon die Angst vor Aids Isolation begünstigt.

Krankheit, Angst, Arbeitslosigkeit   153

»Wenn du krank bist, bist du allein«, ist das Resümee einer krebskranken Anruferin, die sich von ihren Angehörigen, aber auch von den sie behandelnden Ärzten im Stich gelassen fühlt.
Einsamkeit wird in jeder Krankheit fundamental erlebbar. Man ist auf sich und seinen Körper zurückgeworfen. Die anderen scheinen weit weg zu sein und werden doch so dringend benötigt. Jeder Kranke wird ein Stück weit wieder zum Kind, das der sorgenden und zuwendungsvollen Mutter bedarf. Für manche scheint besonders in den Nachtstunden die TS diese Rolle übernehmen zu müssen.

»Angst essen Seele auf«

Auch wenn Angst eine Grunderfahrung ist, die zu unserem Leben gehört – sie sollte es nicht beherrschen. Angst ist kein guter Ratgeber. So quälend sie auch individuell erlebt wird, so nützlich kann sie doch in bestimmten Situationen sein, als Signal für eine mögliche Gefahr, das Individuum warnend und schützend. Völlige Angstfreiheit ist kein erstrebenswerter und realisierbarer Zustand. Aber ständig mit Angst leben zu müssen, bedeutet eine erhebliche Beeinträchtigung der Lebensqualität.
Mit welcher Angst wird die TS konfrontiert? Ein diffuser neurotischer und in bezug auf seine Ursache nicht eindeutig festzulegender Angstzustand ist ebenso bisweilen Anlaß anzurufen, wie, entsprechend der schon aufgeführten Rangfolge der wichtigsten Anruferprobleme, Angst vor Einsamkeit, Angst vor der Trennung vom Partner, besonders häufig aber auch die Angst vor drohender Arbeitslosigkeit oder vor möglicher Krankheit. Auch die Flucht in den Alkohol kann Reaktion auf Ängste sein.
Erstaunlich selten geht es in den Anrufen um gesellschaftliche Ängste, wie z. B. die Möglichkeit eines atomaren Krieges oder Auswirkungen nach der Katastrophe von Tschernobyl, so jedenfalls der Eindruck der Mitarbeiter der TS Berlin.
Urform der Angst ist die Angst des kleinen, noch völlig hilflosen Kindes vor dem Verlust der Mutter und ihrer Liebe. Vielleicht ist, wie Sigmund Freud meinte, die allererste Angsterfahrung die der Geburt.
Je nachdem, inwieweit uns frühe traumatisierende Versagungen und Ängste erspart blieben oder auch nicht, sind wir im späteren Leben von Angst beherrschbar. Die Angst vor und im Alleinsein wird auch von diesen frühen Erfahrungen beeinflußt.
Neben den Anrufern, die ihre Angst deutlich thematisieren und in den Gesprächsvordergrund stellen, muß man davon ausgehen, daß viele Anrufer, die schweigen bzw. nach dem Melden der TS-Stelle auflegen, Ängste haben, sich einem der Mitarbeiter zu öffnen.

154   Die Probleme

Auch die »versteckten Hilferufe« kommen von Menschen, die offensichtlich Angst davor haben, ihr eigentliches Problem zu benennen, vielleicht aus Furcht, nicht angenommen, nicht verstanden zu werden.

Wie groß ist die Anzahl der Menschen, die die TS nicht anrufen oder aus Angst schweigen, weil sie befürchten, nicht ernstgenommen zu werden, sich lächerlich zu machen oder in irgendeiner Weise manipuliert und indoktriniert zu werden?

Der Alptraum vom Leben ohne Arbeit

Wieviele von uns träumen von einem Leben ohne Arbeit? Wievielen erscheint ein Leben ohne Arbeit paradiesisch? Für wieviele sind die Urlaubswochen ohne Arbeit der Inbegriff dessen, worauf sie sich das ganze Jahr freuen? Wieviele verwünschen frühmorgens, beim jähen Weckerklingeln, die Pflicht, aufzustehen und zur Arbeit zu gehen? Wieviele verwünschen die Arbeit aufgrund der Probleme, die sich aus ihr ergeben, die Belastungen, der Streß, die Querelen mit Chefs und Kollegen – diese ganze elende Plackerei, tagaus, tagein?

»Acht Stunden sind kein Tag« hieß eine Fernsehserie von Rainer Werner Fassbinder, die dem Fernsehpublikum den deutschen Arbeitsalltag mit all seinen Auswirkungen vor Augen führen sollte.

Arbeiten, um zu leben, oder leben, um zu arbeiten? Für viele ist das keine Frage, man arbeitet, um überleben zu können.

Was aber ist mit denen, die nicht arbeiten können, die nicht arbeiten dürfen, mit den Arbeitslosen? Für sie wird das Leben ohne Arbeit zum Alptraum.

Immer häufiger erhalten die TS-Stellen Anrufe von Menschen, die in unmittelbarer Gefahr sind, ihren Arbeitsplatz zu verlieren, die gerade ihren Arbeitsplatz verloren haben oder die schon sehr lange ohne Arbeit sind.

Drohende Arbeitslosigkeit macht Angst, und lang anhaltende Arbeitslosigkeit macht einsam und hoffnungslos. Familienkonflikte, insbesondere Eheprobleme explodieren durch Arbeitslosigkeit mit für alle Betroffenen und Beteiligten katastrophalen Folgen.

Aber auch die finanziellen Folgen als eine der sozialen Konsequenzen aus der Arbeitslosigkeit sollten nicht unterschätzt werden. Der Konsumverzicht der Betroffenen und ihrer Familien verstärkt unerträgliche Spannungen und führt in einer konsumorientierten Umwelt tagtäglich vor Augen, daß man sich außerhalb des gängigen Kreislaufes von Kaufen und Konsumieren befindet. Arbeitslos zu sein bedeutet, außen vor zu stehen.

Je länger die Arbeitslosigkeit andauert, desto stärker wird die Isolation.

Der Verlust der Kontakte zu Arbeitskollegen, die fehlende Mitsprache-möglichkeit im Kollegen- oder Bekanntenkreis, gekoppelt mit den öko-nomischen Folgen und dem Verlust des Selbstwertgefühls von Personen, die ihre Identität bisher hauptsächlich durch ihre Arbeitsleistung und da-mit verbunden auch die Entlohnung für ihren Lebensunterhalt bekom-men haben, ist für Nicht-Betroffene von kaum vorstellbarer Tragweite. Wir definieren uns größtenteils durch unsere Arbeit, ein Sachverhalt, über den man wenig nachdenkt, nicht jedenfalls, wenn man nicht zu der Gruppe der Betroffenen oder potentiell betroffenen Arbeitslosen ge-hört.

Was ist ein Lehrer, der keine Schüler hat und keinen Unterricht geben, was ein Arzt, der nicht behandeln darf, was ein LKW-Fahrer ohne LKW, was ein Kapitän, der kein Schiff mehr kommandiert? In unserer leistungs- und bewußt rollenorientierten Gesellschaft sind das Personen, die einen maximalen Anteil ihrer subjektiv wahrgenommenen Existenzberechti-gung einbüßen, depotenzierte Gestalten, oft nur noch ein Schatten ihrer selbst. Sie werden von ihrer Umgebung gemieden, als ob Arbeitslosigkeit anstecken könnte.

Sehr häufig wird am Telefon von der folgenden furchtbaren Verkettung berichtet: Arbeitsplatzverlust – Depression – Steigerung des Alkohol-konsums – materiell angespannte Lage – Eheprobleme bis hin zur Tren-nung. Oftmals steht die Arbeitslosigkeit gar nicht im Gesprächsvorder-grund, sondern wird eher beiläufig nach einem 20-Minuten-Gespräch eingestreut, z. B. mit dem Hinweis, man sei schon anderthalb Jahre ohne Arbeit. Die zunächst genannten Hauptprobleme betreffen in der Regel Partnerkonflikte und Alkohol.

Arbeitslosigkeit macht in einer Vielzahl von Fällen einsam, depressiv, suchtgefährdet und suizidal. Diese soziale Krankheit »auf die leichte Schulter« zu nehmen, leichtfertig zu sagen, wer Arbeit will, der findet auch welche, oder schlimmer: Arbeitslose zu beschuldigen, sie seien nur arbeitsscheu und unwillig, ist menschenverachtend.

Auch wenn materielle Not oft nicht im Vordergrund der Gespräche mit den Mitarbeitern der TS steht, in vielen Gesprächen werden in zuneh-mendem Maße die desolaten sozialen Begleitumstände deutlich, die we-sentlich zur Verschärfung der zwischenmenschlichen Krisen beitragen.

Arbeitslosigkeit kann krank machen und ist quasi eine soziale Krankheit. Sie kann zur Epidemie werden und gefährliche politische Ausmaße errei-chen, mit Folgen, wie wir sie in den 30er Jahren kennenlernen mußten.

Die Krise –
psychologische Aspekte

> Alle Übergänge sind Krisen,
> und ist eine Krise nicht Krankheit?
> *Goethe,*
> *Wilhelm Meisters Lehrjahre*
> *VIII, 1*

Was ist eine Krise?

Im alltäglichen Sprachgebrauch wird das Wort »Krise« häufig verwendet:
Die wirtschaftliche, finanzielle, politische und materielle Krise beherrscht
die Zeitungsüberschriften; eine Krise kündigt sich an, droht, steht bevor,
wird sichtbar, geht aber auch vorüber oder kann glücklicherweise wieder
abflauen; wir haben eine schwere gesundheitliche, seelische, moralische
Krise durchzustehen, durchzumachen oder zu überwinden bzw. wir hoffen, aus einer gefährlichen Krise wieder herauszukommen. Die Formulierung: »Ich glaub', ich krieg' 'ne Krise«, gehört zum jugendlich-zeitgemäßen Ausdrucksrepertoire psychosozialer Befindlichkeit.
Krise ist also das, was uns zustoßen kann, während wir uns doch etwas
ganz anderes vorgenommen haben. Eine einfache Definition von Krise
könnte somit auch lauten: Eine Krise ist eine belastende Situation, die
unsere Bewältigungskapazität herausfordert. Drohen Ereignisse und Erlebnisse von uns oder einem Betroffenen nicht mehr sinnvoll verarbeitet
und bewältigt zu werden, erlebt man sich in einer Krisensituation.
Das griechische Wort »krisis« bedeutet »Unsicherheit«, »bedenkliche
Lage«, »Zuspitzung«, »Entscheidung«, »Wendepunkt«. Diese Wortbedeutungen spiegeln sich auch in der täglichen und nächtlichen Arbeit
einer Telefonseelsorge-Stelle am Telefon mit Menschen in einer Krisensituation: Es geht darum, den Anrufer in seiner *Unsicherheit* und *bedenklichen Lage* zu verstehen, eine katastrophale *Zuspitzung* seiner Situation
zu verhindern, soweit dies möglich ist, und ihm vielleicht bei einer *Entscheidung* behilflich zu sein, ohne sie ihm jedoch abnehmen zu wollen und
zu können. Dies ist unter Umständen mit der Hoffnung verbunden, daß
die Anruferin oder der Anrufer die Krise auch als Wendepunkt in ihrem /
seinem Leben im Sinne einer Chance betrachten kann, gilt es doch – wie
Jacob Burckhardt sagt – den »Entwicklungsknoten« zu lösen, den eine
Krise auch darstellt.
Krisenanlässe und -ereignisse können ganz unterschiedlich sein und na-

türlich völlig anders und verschiedenartig von uns erlebt werden. Als Krisenauslöser und -anlaß zählen nach Meinung der Wissenschaft Lebensveränderungen wie z. B. das Verlassen des Elternhauses, Wohnungswechsel, Heirat, Geburt eines Kindes, Klimakterium und Pensionierung. Dramatische Krisen – und das ist eine andere Art von Krisenkategorie – können aber auch entstehen durch den Tod einer nahestehenden Person, durch Krankheit, Invalidität, Untreue, Trennung, Kündigung, Arbeitslosigkeit, soziale Niederlagen und äußere Katastrophen. Während die Lebensveränderungen wie Wohnungswechsel und Pensionierung zum »normalen Lebenslauf« gehören und man sich auf sie besser vorbereiten kann, handelt es sich bei der zweiten Kategorie um überraschende, dramatische Krisen, bei denen das individuelle Gefühl, hilflos ausgeliefert zu sein, deutlicher zum Vorschein kommt und somit die ganze Situation beherrscht.

Amerikanische Forscher, die sich speziell mit Krisenanlässen beschäftigt haben, erstellten eine Skala von belastenden Ereignissen und Erlebnissen, die möglicherweise eine Krise darstellen bzw. auslösen können. Diese Liste wurde 394 Personen mit der Bitte um Bewertung vorgelegt, um wieviel mehr oder um wieviel weniger ein Ereignis als belastend empfunden wird, wenn man es mit einer Heirat vergleicht. Hierbei wurde immer die notwendige Anpassungsleistung erfragt, davon ausgehend, daß eine Heirat einen Anpassungsleistungswert von 50 Punkten hat. Wichtig war auch noch die Tatsache, daß nicht darauf geachtet werden sollte, ob ein Lebensereignis erwünscht oder unerwünscht, also positiv oder negativ ist. Das Ergebnis dieser Untersuchung zeigt die Tabelle 22 (S. 158)[162].

Krisen sind durch eine Reihe von typischen Merkmalen gekennzeichnet:

Die Krise ist ein *Ausnahmezustand*, der den gewohnten Lebensablauf unterbricht, und hat eine deutlich *negative Gefühlstönung*, verbunden mit schlimmsten Befürchtungen. Positive und glückliche Ereignisse wird keiner als Krise bezeichnen. Dennoch können auch diese Erlebnisse erstaunlicherweise eine Krise auslösen. Sigmund Freud sprach in diesem Zusammenhang vom »Scheitern am Erfolg«. So kann zum Beispiel die lang ersehnte und endlich bestandene Prüfung eine »Erfolgsdepression« auslösen.

Ein weiteres wichtiges Anzeichen für eine Krisensituation ist das Gefühl der psychischen und sozialen *Existenzbedrohung*. Mit der Krise ist ein »*Verlust des status quo*« eingetreten bzw. ein solcher zeichnet sich ab oder wird als bevorstehend befürchtet. Diese Veränderung in der bisherigen Lebenssituation macht eine Neuorientierung notwendig. Eine Weige-

158   Die Krise

Anlaß	Punkte
1. Tod des Ehepartners	100
2. Scheidung	73
3. Trennung vom Ehepartner	65
4. Gefängnisstrafe	63
5. Tod eines nahen Angehörigen	63
6. Eigene Verletzung oder Krankheit	53
7. Heirat	50
8. Verlust des Arbeitsplatzes	47
9. Aussöhnung mit dem Ehepartner	45
10. Rückzug aus dem Arbeitsleben	45
11. Verschlechterung des Gesundheitszustandes eines Angehörigen	45
12. Schwangerschaft	40
13. Sexuelle Schwierigkeiten	39
14. Familienzuwachs	39
15. Geschäftliche Veränderung	39
16. Änderung der finanziellen Verhältnisse	38
17. Tod eines nahen Freundes	37
18. Berufswechsel	36
19. Zunehmender Ehestreit	35
20. Aufnahme eines Kredits über 10 000 $	31
21. Kündigung eines Darlehens	30
22. Veränderungen im berufl. Verantwortungs-/Aufgabenbereich	29
23. Kinder verlassen das Elternhaus	29
24. Schwierigkeiten mit der Schwiegerfamilie	29
25. Großer persönlicher Erfolg	28
26. Anfang oder Ende der Berufstätigkeit der Ehefrau	26
27. Schulbeginn- oder Abschluß	26
28. Änderung des Lebensstandards	25
29. Änderung persönlicher Gewohnheiten	24
30. Ärger mit dem Vorgesetzten	23
31. Änderung von Arbeitszeiten oder -bedingungen	20
32. Wohnungswechsel	20
33. Schulwechsel	20
34. Änderung der Freizeitgewohnheiten	19
35. Änderung der kirchlichen Gewohnheiten	19
36. Veränderungen in den sozialen Aktivitäten	18
37. Aufnahme eines Kredits unter 10 000 $	17
38. Änderung der Schlafgewohnheiten	16
39. Änderung in der Häufigkeit der Familienzusammenkünfte	15
40. Änderung der Eßgewohnheiten	15
41. Urlaub	13
42. Weihnachten	12
43. Geringfügige Gesetzesübertretungen	11

Tabelle 22

rung, diese Neuorientierung vorzunehmen, und der Versuch, den alten, verlorenen Zustand wiederzuerlangen, kann die Krise noch zusätzlich intensivieren.

Eine Krise geht häufig mit Gefühlen von *Ausweglosigkeit* und *Entscheidungsunfähigkeit* einher. Viele Krisen sind auch dadurch gekennzeichnet, daß es unumgänglich erscheint, aber häufig unbedingt notwendig ist, eine Entscheidung zu treffen. Zwischen zwei oder mehr Handlungsmöglichkeiten zu wählen, erscheint dem Menschen in der Krise aber oft schier unmöglich.

Die folgende Übersicht enthält wichtige, für das Erleben von Krisen typische Merkmale:

– meist akutes Einsetzen der Krise
– Unterbrechung der Kontinuität des Lebens
– Unfähigkeit zur Verarbeitung und Bewältigung von Situationen/Ereignissen/Erlebnissen – statt dessen:
– Erleben/Gefühle von
  Ausweglosigkeit
  Hilflosigkeit
  Ineffektivität
  Ohnmacht
  Passivität
  Angst
  Verunsicherung
  Leistungsunfähigkeit
  Gespanntheit
  Depressivität
  Verzweiflung
  Schuld
  evtl. Aggressivität

– Dabei können Krisen als Wendepunkte verstanden werden, etwa so wie Weggabelungen mit Gefahren und Chancen:
  Krise als Gefahr: – Furcht vor der notwendigen Konfrontation
                     – Ausweichreaktionen (Verdrängung usw.)
  Krise als Chance: – Bewältigung
                     – Reifung

Eine Vielzahl von Faktoren entscheidet darüber, ob eine Situation oder ein Erlebnis für den Betroffenen zum krisenhaften, lähmenden Ausnahmezustand wird oder ob es zwar als belastendes, aber zu bewältigendes Ereignis angesehen werden kann.

160   Die Krise

Die Bewältigungskapazität für eine belastende Situation hängt vor allem von der psychischen Konstitution eines Menschen ab, insbesondere vom Maß seiner Ich-Stärke. Labile, ich-schwache und neurotische Menschen werden eine belastende Situation viel häufiger als kaum zu bewältigende Krise erleben als andere, die bereits in ihrer frühen Kindheit genügend Ich-Stärke entwickeln konnten. Diese nämlich bietet dann eine solide Basis für die Bewältigungskapazität in Krisenzeiten. Wie eine derartige Ich-Stärke oder -Schwäche entsteht, wird in Anlehnung an das Entwicklungs- und Krisenmodell von E. H. Erikson beschrieben werden.
Eine Krise kann auslösende Situation für eine psychische und/oder somatische Erkrankung sein, d. h. eine (neurotische und/oder psychosomatische) Symptombildung nach sich ziehen. So kann zum Beispiel der Verlust des Arbeitsplatzes als eine so enorme Kränkung, Ungerechtigkeit und Infragestellung der ganzen Person erlebt werden, daß kurze Zeit darauf ein Magengeschwür entsteht, das jetzt längerfristig die Aufnahme einer neuen Arbeit wirklich verhindert.

Das Leben als eine Abfolge von Krisen und Chancen
Das Krisenmodell von Erik H. Erikson

Haben wir bisher Krisen vor allem im Sinne von einschneidenden Ereignissen oder Ausnahmesituationen betrachtet, etwa als scheinbar zufällige, mehr oder weniger plötzlich hereinbrechende Schicksalsschläge, die im Strom des Lebens eine jähe Zäsur schaffen, so wenden wir uns jetzt einem anderen Krisenmodell zu.
In einer Erweiterung des gängigen Krisenbegriffs sieht der Psychoanalytiker Erik H. Erikson Krisen als allgemeine Phänomene, die jeder Mensch in bestimmten Phasen von seiner Kindheit bis zum Alter zu durchlaufen hat. In diesem Sinn sind Krisen im Lebenszyklus wiederholt auftretende »Nahtstellen zwischen Krankheit und Normalität«, »sensible Phasen«[163], von deren Bewältigung das weitere Schicksal des Einzelnen abhängt. Jedes Stadium enthält die Chance zu reifender Entwicklung und die Gefahr krisenhaften Scheiterns und Stillstands.
Eriksons Krisen- und Phasenmodell enthält gleichzeitig eine Erweiterung der erstmalig von Freud beschriebenen psychosexuellen Entwicklungsstufen. Dabei knüpft Erikson an die Entdeckung Freuds an, daß die neurotischen Konflikte Erwachsener den Konflikten sehr ähnlich sind, die jeder Mensch während seiner Kindheit bewältigen muß »und daß jeder Erwachsene diese Konflikte in den dunklen Winkeln seiner Persönlichkeit mit sich herumschleppt«[164]. Hiervon ausgehend hat Erikson für jedes

Stadium der Kindheit die zugehörigen kritischen psychologischen Konflikte dargestellt, und so gelingt es ihm auch, eine Beschreibung von Elementen zu geben, wie sie eine gesunde Persönlichkeit idealerweise haben sollte. Ihm war immer wieder aufgefallen, daß diese Elemente bei neurotischen Menschen nur in einem begrenzten, geschädigten Ausmaß zur Verfügung stehen oder bisweilen sogar ganz fehlen.

Eriksons entwicklungspsychologischer Entwurf versucht die Frage zu beantworten: »In welcher Weise wächst die gesunde Persönlichkeit, bzw. wie wächst ihr aus den aufeinanderfolgenden Stadien die Fähigkeit zu, die äußeren und inneren Gefahren des Lebens zu meistern und noch einen Überschuß an Lebenskraft zu erübrigen?«[165]

Die in der folgenden Übersicht[166] dargestellten Phasen bauen aufeinander auf und sind systematisch miteinander verbunden:

	Alter	Psychosoziale Krise
I	Säuglingsalter	Ur-Vertrauen gegen Ur-Mißtrauen
II	Kleinkindalter	Autonomie gegen Scham und Zweifel
III	Spielalter	Initiative gegen Schuldgefühl
IV	Schulalter	Werksinn gegen Minderwertigkeitsgefühl
V	Adoleszenz	Identität gegen Identitätsdiffusion
VI	Frühes Erwachsenenalter	Initimität gegen Isolierung
VII	Erwachsenenalter	Generativität gegen Selbstabsorption
VIII	Reifes Erwachsenenalter	Integrität gegen Verzweiflung

Tabelle 23

Die einzelnen Entwicklungs- und Krisenphasen sollen nachfolgend etwas ausführlicher vorgestellt werden, weil sie für das Verständnis von Krisen und die verfügbare Bewältigungskapazität von fundamentaler Bedeutung sind:

I Ur-Vertrauen gegen Ur-Mißtrauen
(Säuglingsalter, etwa 1. Lebensjahr)
Ur-Vertrauen, so Erikson, ist »der Eckstein der gesunden Persönlichkeit« und entsteht durch ein liebevolles Klima im ersten Lebensjahr, der sogenannten oralen Phase (orale Phase: von lat. os = Mund, weil beim Säugling in dieser ersten Lebensphase der Mund das wichtigste Wahrnehmungs- und Kommunikationsorgan ist, der Säugling »lebt und liebt« mit dem Mund, wie Erikson sagt).[167]
Mit Ur-Vertrauen (»basic trust«) meint Erikson ein Gefühl des zuversichtlichen Sich-verlassen-Dürfens auf die einfühlsame Zuverlässigkeit

162   Die Krise

der Mutter oder einer anderen versorgenden Person. Ur-Vertrauen ist die
Grundlage des späteren Identitätsgefühls.

Mißlingt die frühe Mutter-Kind-Beziehung oder kommt es zu einer Trennung, einem plötzlichen, abrupten Verlust der Mutterliebe, kann das ein
Ur-Mißtrauen zur Folge haben. Dieses Ur-Mißtrauen manifestiert sich
möglicherweise bereits in einer kindlichen Depression und bei Erwachsenen in Rückzugstendenzen, depressiven Persönlichkeitsbildern und süch-
tigen Fehlhaltungen.

Mit ganz ähnlichen Worten wie Erikson hat der Psychotherapeut Felix
Schottlaender diese Zusammenhänge in seinem Buch »Die Mutter als
Schicksal« zusammengefaßt:

> »Der Glaube des Erwachsenen, daß die Welt gut ist, liebevoll, ermuti-
> gend, schützend, verlockend zu Tat und Abenteuer, zu Erfolg und Sieg,
> hängt weitgehend davon ab, wie dem Kind von einst die Persönlichkeit
> der Mutter erschien: ob sie kraftvoll, natürlich und gütig ins Leben
> schaute, dem Kind seine Daseinsberechtigung gewährte, sein Eigenle-
> ben bejahte, ihm Vertrauen und Zukunftsglauben geschenkt hat. Wer
> in seiner Kindheit das Glück genossen hat, eine solche Mutter zu besit-
> zen, wird den Schwierigkeiten und Anforderungen, die später an ihn
> herantreten, ganz anders gewachsen sein als jener andere, der in der
> Begegnung mit dem ersten Menschen Dunkelheit und Freudlosigkeit
> antraf. Denn die Mutter lebt als Schutz- und manchmal auch als Qual-
> geist im Innern des Menschen fort.«[168]

II Autonomie gegen Scham und Zweifel

(Kleinkindalter, etwa 2. und 3. Lebensjahr)

In dieser zweiten Lebensphase liegt der Hauptakzent auf der Reifung des
Muskelsystems des Kindes. Es geht in Zusammenhang mit den Ausscheidungsvorgängen um die besondere Lust-, Macht- und Willensqualität, die
durch Aktionen wie »Festhalten/Zurückhalten« und »Loslassen« gekennzeichnet sind und für die Charakterentwicklung des Menschen von
besonderer Bedeutung sind. Dieses Entwicklungsstadium im 2. und
3. Lebensjahr wird deshalb auch »anale Phase« genannt. Das immer noch
sehr abhängige Kind beginnt, großen Wert auf seine Autonomie zu legen
und mit den ersten »Neins« versucht es, sich in der Durchsetzung seines
Willens zu erproben.

Wenn die Eltern das Kind durch eine zu frühe oder strenge Sauberkeitser-
ziehung daran hindern, seine Schließmuskeln und sonstigen Körperfunk-
tionen allmählich und nach eigenem Willen beherrschen zu lernen, wird
es in einen Zustand von Rebellion, Niederlage, Selbstbezogenheit und
frühreifer, überstrenger Gewissensbildung getrieben.

»Dieses Stadium wird deshalb entscheidend für das Verhältnis zwischen Liebe und Haß, Bereitwilligkeit und Trotz, freier Selbstäußerung und Gedrücktheit. Aus einer Empfindung der Selbstbeherrschung ohne Verlust des Selbstgefühls entsteht ein dauerndes Gefühl von Autonomie und Stolz; aus einer Empfindung muskulären und analen Unvermögens, aus dem Verlust der Selbstkontrolle und dem übermäßigen Eingreifen der Eltern entsteht ein dauerndes Gefühl von Zweifel und Scham. Die Vorbedingung für Autonomie ist ein fest verwurzeltes und überzeugend weitergeführtes Vertrauen.«[169]

III Initiative gegen Schuldgefühl
(Spielalter, etwa 4. und 5. Lebensjahr)

Diese dritte Phase fügt – wenn alles gut geht – zum Urvertrauen und zur Autonomie die Initiative hinzu. Initiative meint vor allem die Fähigkeit zu ungebrochener, zielstrebiger Aktivität, zum Planen und zum An-etwas-Herangehen – als Voraussetzung für jedes Tätigwerden und für jede Annäherung an einen anderen Menschen. In diesem Lebensabschnitt entwickelt das Kind einen regelrechten Initiative-Drang, der durch die weiter verbesserte, kraftvollere Bewegungsfähigkeit, durch das vervollkommnete Sprachvermögen und durch die sich erweiternde Vorstellungs- und Phantasiewelt ermöglicht wird.

Dieses Entwicklungsstadium ist auch die Zeit einer fragelustigen geschlechtlichen Neugier, eines wachsenden altersentsprechenden Interesses an den körperlichen und zwischenmenschlichen Aspekten der Sexualität. Es ist aber auch die Zeit einer besonderen, liebevollen Bindung an den gegengeschlechtlichen Elternteil mit den entsprechenden feindseligen und rivalisierenden Impulsen gegenüber dem gleichgeschlechtlichen Elternteil. Daraus entstehen entsprechende Konflikte:

»Denn jene dunklen Ödipus-Wünsche (die sich so naiv in der Zuversicht des Knaben ausdrückten, er werde die Mutter heiraten und sie werde noch stolz auf ihn sein, während das Mädchen träumt, es werde den Vater heiraten und viel besser für ihn sorgen) scheinen infolge der mächtig aufschießenden Phantasie und einer Art Berauschtheit durch den wachsenden Bewegungsdrang zu geheimen Vorstellungen von erschreckenden Ausmaßen zu führen. Die Folge ist ein tiefes Schuldgefühl – ein merkwürdiges Gefühl, da es doch immer nur bedeuten kann, daß der Mensch sich Taten und Verbrechen zuschreibt, die er tatsächlich nicht begangen hat ...«[170]

Mit dem Einsetzen von Schuldgefühlen beginnt in dieser Zeit auch »die Herrschaft des großen Lenkers der Initiative, nämlich des Gewissens«[171]. Wird das Gewissen des Kindes zu streng, grausam und starr – etwa weil es

164   Die Krise

sich von früh an mit einer Abschnürung all seiner Wünsche und Triebe durch ständige Verbote hat abfinden müssen, wird das sehr wahrscheinlich zur Folge haben, daß Schuldgefühle für immer Oberhand über alle Formen von Initiative behalten.

IV Werksinn gegen Minderwertigkeitsgefühl
(Schulalter)
Zwischen Kindheit und Pubertät (etwa zwischen dem 6. und dem 11. Lebensjahr) steht die Schule im Mittelpunkt des Erlebens, mit ihrem Versuch, den Schülern Inhalte und Techniken zu vermitteln, die für die Bewältigung des späteren beruflichen und privaten Lebens hilfreich sein sollen. Aber nur allzuoft gilt leider weiterhin das vorwurfsvolle Wort Senecas (um 4 v. Chr. bis 65 n. Chr.): »Non vitae, sed scholae discimus« (nicht für das Leben, sondern für die Schule lernen wir).
Wird die natürliche Lust der Kinder am Arbeiten und Lernen nicht durch eine überstrenge Disziplinierung zerstört, kann sich »Werksinn« entwickeln – ein positives Bewußtsein von der eigenen Arbeits- und Leistungsfähigkeit, das Gefühl, »auch nützlich zu sein, etwas machen zu können und es sogar gut und vollkommen zu machen«[172].
Die krisenhafte Gefahr dieses Stadiums liegt in der Entwicklung eines Gefühls von Unzulänglichkeit und Minderwertigkeit, »daß man niemals etwas recht machen kann«[173].

V Identität gegen Identitätsdiffusion
(Pubertät / Adoleszenz)
Mit der beginnenden Pubertät ist die Kindheit zu Ende. Die Pubertät ist wegen ihrer besonderen Entwicklungs- und Reifungsanforderungen eine »normale« Krisenzeit, in der die bisher gewonnene Stabilität in Frage gestellt ist. Hier ist die schwierige Aufgabe zu bewältigen, die körperliche Geschlechtsreife auch psychisch zu verarbeiten und langsam eine innere und äußere Ablösung von den Eltern einzuleiten.
Dies ist die Zeit des ständigen unruhigen Suchens nach einem stabilen Selbstgefühl. Es muß sich aus dem »inneren Kapital«[174] zusammensetzen, das in den voraufgegangenen Entwicklungsstufen erworben wurde. Dieses stabile Selbstgefühl ist die Ich-Identität, ein Gefühl der inneren Einheitlichkeit und Kontinuität. Grundvoraussetzung für eine dauerhafte Ich-Identität ist dabei ein sicheres Ur-Vertrauen aus der ersten (oralen) Phase.
Die Gefahr dieses Entwicklungsstadiums ist die Identitätsdiffusion, die Erikson an einem Zitat aus Arthur J. Millers »Tod eines Handlungsreisenden« verdeutlicht: »Ich kann es einfach nicht zu fassen kriegen, Mut-

ter, ich kann das Leben nirgends festhalten.«[175] Identitätsdiffusion kann sich einstellen, wenn es den Jugendlichen nicht gelingt, sich für eine berufliche Identität zu entscheiden, was auch durch äußere Faktoren bedingt sein kann – heutzutage vor allem durch die für junge Leute äußerst desolate Ausbildungs- und Arbeitsmarktlage.

Identitätsdiffusion herrscht aber auch, »wenn man im tiefsten Innern noch nicht ganz sicher ist, ob man ein richtiger Mann (eine richtige Frau) ist, ob man jemals einen Zusammenhang in sich finden und liebenswert erscheinen wird, ob man imstande sein wird, seine Triebe zu beherrschen, ob man einmal wirklich weiß, wer man ist, ob man weiß, was man werden will, weiß, wie einen die anderen sehen, ob man jemals verstehen wird, die richtigen Entscheidungen zu treffen ...«[176]

VI Intimität gegen Isolierung
(Frühes Erwachsenenalter)

Die Zeit nach der Pubertät ist besonders durch zwei Ziele geprägt. Die Hoffnung auf eine Realisierung beruflicher Pläne und vor allem der Wunsch nach einer stabilen Partnerbeziehung.

Erst ein während der Pubertät gefestigtes Selbst-Vertrauen und der weitere Zugewinn eines Gefühls von Identität schafft die Voraussetzung für »eine wirkliche Intimität mit dem anderen Geschlecht (wie übrigens auch mit jedem anderen Menschen und sogar mit sich selber)«. Bevor man nicht selber eine Einheit ist, gibt es keine wahre Zweiheit.[177]

Erikson weist für diesen Lebensabschnitt auf ein Wort Sigmund Freuds hin:

»Freud wurde einst gefragt, was seiner Meinung nach ein normaler Mensch gut können müsse. Der Frager erwartete vermutlich eine komplexe und ›tiefe‹ Antwort. Aber Freud soll einfach gesagt haben: ›Lieben und arbeiten.‹ Es lohnt sich, über diese einfache Formel nachzudenken; je länger man es tut, um so tiefer wird sie. Denn wenn Freud ›lieben‹ sagte, so meinte er damit ebensosehr das Verströmen von Güte wie die geschlechtliche Liebe; und wenn er sagte ›lieben *und* arbeiten‹, so meinte er damit ein Berufsleben, das den Menschen nicht völlig verschlingt und sein Recht und seine Fähigkeit, auch ein Geschlechtswesen und ein Liebender zu sein, nicht verkümmern läßt.«[178]

Der krisenhafte Gegenpol zu Intimität ist Isolierung, ein Vermeiden von Beziehungen, die zu Intimität führen. Häufig sind es die Defizite der vorausgegangenen Phasen (vor allem das Ur-Mißtrauen), die Ursache für eine gestörte Liebesfähigkeit sind.

166   Die Krise

VII Generativität gegen Selbstabsorption

Als siebentes Kriterium seelischer Gesundheit nennt Erikson Generativität, »das Interesse an der Erzeugung und Erziehung der nächsten Generation«[179]. Der Wunsch sexueller Partner, mit vereinter Kraft ein Kind großzuziehen, enthält die Chance, mit der Elternschaft und der Beziehung zum Kind einen weiteren wichtigen Reifungsschritt zu bewältigen. Fehlt diese Bereicherung, kann es zu einem »übermächtigen Gefühl der Stagnation und Persönlichkeitsverarmung«[180] kommen (Selbstabsorption).

Die Tatsache, Mutter oder Vater geworden zu sein, beinhaltet noch nicht die Fähigkeit, diese Rollen auch positiv auszufüllen – denn wie leicht kann Elternschaft mißlingen. »Die Gründe dafür finden sich oft in frühen Kindheitseindrücken; in unheilvollen Identifikationen mit den Eltern; in übermäßiger Eigenliebe, die auf einer zu mühsam erreichten Identität beruht...«[181]

VIII Integrität gegen Verzweiflung
(Reifes Erwachsenenalter)

Integrität ist eine tragfähige Eigenschaft des älter werdenden Menschen, Summe und Frucht der vorausgegangenen sieben Stadien und mosaikartig aus verschiedenen Bausteinen zusammengesetzt. Der Begriff Integrität

> »bedeutet die Annahme seines einen und einzigen Lebenszyklus und der Menschen, die in ihm notwendig da sein mußten und durch keine anderen ersetzt werden können. Er bedeutet eine neue, andere Liebe zu den Eltern, frei von dem Wunsch, sie möchten anders gewesen sein als sie waren, und die Bejahung der Tatsache, daß man für das eigene Leben allein verantwortlich ist...«[182]

Fehlende Integrität ist die Summe der negativen, krisenhaften Polaritäten der voraufgegangenen Stadien und äußert sich in Verzweiflung, Ekel und Lebensüberdruß.

Die Bedeutung von Eriksons Phasen- und Krisenmodell für die Telefonseelsorge

Die von Erikson beschriebenen Polaritäten enthalten sowohl die negativen Zustände und Leidensweisen, über die Anrufer berichten, die sich in einer Krisensituation befinden, als auch die positiven, kräftigenden Lebenselemente, die es beim Anrufer zu stärken gilt.

Die Menschen, die bei der Telefonseelsorge anrufen, verfügen aus aktuellen oder chronischen Gründen meist gerade nicht über die positiven Charakteristika einer stabilen Persönlichkeitsstruktur. Im Gegenteil: Ihre aktuelle Krise und Befindlichkeit spiegelt in einer Art Wiederholung die negativen, mißlungenen Pole der entscheidenden Entwicklungsphasen der Kindheit und der späteren Zeit: Sie haben ein Mißtrauen gegenüber anderen und sich selbst und leiden an Gefühlen von Scham und Zweifel, statt autonom zu sein. Schuld- und Minderwertigkeitsgefühle lähmen jede Initiative, die Konturen einer eigenen Identität sind einer Identitätsdiffusion gewichen. Isolation und Verzweiflung verbinden sich in Extremfällen bis zum Bild einer seelischen Ruinenlandschaft.

Sie scheinen alles Vertrauen in sich und die Welt verloren zu haben, da sie vielleicht gar nicht erst jenes basale Ur-Vertrauen entwickeln konnten, das in ihnen genug Kraft, Hoffnung und vertrauensvolle Gelassenheit für die Bewältigung von Konflikten und Krisen hätte verwurzeln können.

Mißtrauisches, aber auch verzweifeltes Schweigen oder ein langsam einsetzendes Weinen mag dann am Beginn des Anrufs stehen. Dies ist vielleicht auch Ausdruck, Nachklang und Echo von früh erlittener Trost-Losigkeit und Kälte. Vielleicht war im ersten Lebensjahr niemand da, der einen in seiner enormen Hilflosigkeit verstand und auf-nahm, zu dem man ein Gefühl vertrauens- und liebevoller Gewißheit hätte entwickeln können – im Sinne des »Du bist schon da, wenn ich Hunger habe, mich ängstige oder einfach nur ganz nah bei dir sein will...« Ganz mißtrauisch sagen dann viele Anrufer – frühere Enttäuschungen gleich wieder vorwegnehmend:»Niemand kann mich verstehen und mir helfen, Sie sicherlich auch nicht...«

Viele Ratsuchende scheinen nahezu alle Autonomie eingebüßt zu haben und sind nicht mehr in der Lage, eine Krise und einen Konflikt aus eigener Kraft zu lösen bzw. eine selbständige Entscheidung zu treffen. Aber gerade in der Krise bedarf es ja oftmals einer Entscheidung! Statt dessen werden sie konflikthaft von äußeren oder inneren Kräften beherrscht, die sie völlig einengen – bisweilen so stark, daß nur noch der »Frei«-Tod eine scheinbare Befreiung von diesem quälenden inneren und/oder äußeren Druck verspricht.

Ausweglosigkeit heißt Verlust der Autonomie. Wiederum ist es wahrscheinlich das Fundament, das nicht ausreichend trägt, weil Selbständigkeit in früher Zeit unerwünscht war und das keimende Selbst durch zu frühe und strenge Sauberkeitsdressur, durch autoritäre Maßregelungen und Überstrenge kaputt gemacht wurde. Weil das Gesetz der Erziehungsgewaltigen das alleinige war, blieb Anpassung und Gefügigkeit die letzte Hoffnung, ein wenig Liebe und Anerkennung zu bekommen, blieben Autonomie und Aktivität auf der Strecke und nur Hemmungen übrig. Woher

168　Die Krise

soll dann später die Kraft zur Selbständigkeit und Aktivität kommen, noch dazu in einer Krise, wo das Selbst von allen Seiten bedrängt wird? Statt dessen beherrschen Scham und Zweifel die innerseelische Szene. Vielleicht schämt sich das Ich wegen seines So-und-nicht-anders-sein-Könnens und ist verzweifelt, weil es gegenüber den überstrengen inneren (früher äußeren) Anforderungen versagt zu haben glaubt. Vor allem aber herrscht Zweifel an den eigenen Fähigkeiten und Möglichkeiten, eine Wiederbelebung jener frühen, aber noch wirksamen Szenen, in denen kindgemäßes So-sein-Dürfen verhindert und die autonome Existenz damit frühzeitig und dauerhaft angezweifelt wurde. Übrig blieb der Selbstzweifel.

Mit der fehlenden Autonomie geht meist auch die Initiative unter. Die Anrufer berichten häufig über eine totale Unfähigkeit, wieder aktiv zu werden, auf jemanden zuzugehen oder ein Problem oder eine Arbeit in Angriff zu nehmen. Die letzten Kraftreserven haben gerade noch gereicht, um die Nummer der Telefonseelsorge zu wählen.

Viele Anrufer belastet bewußt oder unbewußt das Problem der Schuld. Schuldgefühle sind die Gegenspieler der Initiative. Sie können auf eine verborgene Weise dazu führen, daß der Mensch das Gefühl hat, in Fesseln zu leben. Als ob er in einer Art – unbewußt selbst verhängter – Einzelhaft lebt, geprägt von einem diffusen, quälenden Gefühl der Schuld und des Schuldigseins, des Sühnen- und Büßenmüssens. Eingesperrt in die Beengung einer gebremsten Vitalität und sich immer wieder im Kreis drehend, erinnert er uns an den Panther in Rilkes gleichnamigem Gedicht:

> Sein Blick ist vom Vorübergehen der Stäbe
> so müd geworden, daß er nichts mehr hält.
> Ihm ist, als ob es tausend Stäbe gäbe
> und hinter tausend Stäben keine Welt.
>
> Der weiche Gang geschmeidig starker Schritte,
> der sich im allerkleinsten Kreise dreht,
> ist wie ein Tanz von Kraft um eine Mitte,
> in der betäubt ein großer Wille steht.
>
> Nur manchmal schiebt der Vorhang der Pupille
> sich lautlos auf –. Dann geht ein Bild hinein,
> geht durch der Glieder angespannte Stille –
> und hört im Herzen auf zu sein.[183]

Welches Vergehen ist es, das gebüßt werden muß, dem die Strafe gilt, mit dem bewußten oder unbewußten Gefühl, schuldig zu sein, und dem Resultat eines beengten, gequälten Lebens? Schuldgefühle zielen auf Wünsche und Impulse, die als verboten erlebt werden, auf Gefühle von Liebe und Haß zumeist, wobei oft schon deren phantasierte Realisierung von einer innerseelischen kontrollierenden Macht für so gefährlich gehalten wird, daß sie den Produzenten solcher Gefühle vorsorglich in eine Art Schutzhaft nimmt.

Die Stärke von Schuldgefühlen steigt mit wachsender Energie der andrängenden Impulse. Sie können ganz besonders heftig werden, wenn sich in Versuchungssituationen auf der einen Seite Wünsche und Bedürfnisse aggressiver oder sexueller Natur und auf der anderen Seite Kräfte, die diese Wünsche abwehren, konflikthaft gegenüberstehen. Die Schuldgefühle gesellen sich zu den Kräften, die Bedürfnisse abwehren und in Schach halten sollen.

Depression kann so also auch Tribut und Strafe sein, die ein von zu starken Schuldgefühlen bestimmter Mensch bezahlen muß, weil Bedürfnisse und strafend-kontrollierende Mächte in ihm ständig miteinander im Kampf sind. So kommt es zu Nieder-Gedrücktsein und lahmgelegter Initiative. Das Leben wird zur ausweglos erscheinenden Dauerkrise.

Eine von Schuldgefühlen beherrschte Anruferin klagt sich an, weil sie sich für den Tod ihres Mannes verantwortlich fühlt. Ein Ratsuchender ist verzweifelt, weil Schuldgefühle die Liebe zu einem anderen Menschen konflikthaft machen. Eine junge Anruferin weiß einfach nicht weiter, weil ihre Eltern auf ihren bevorstehenden Auszug von zu Hause mit Anklagen und Depressionen reagieren und jetzt für die Anruferin Sich-Trennen mit aggressivem Schuldigwerden gleichbedeutend wird.

Die Erziehungseinflüsse der frühen Kindheit entscheiden darüber, nach welcher Seite sich die Waage neigt: Ur-Vertrauen gegen Ur-Mißtrauen, Autonomie gegen Scham und Zweifel, Initiative gegen Schuldgefühl. Wenn Initiative altersgemäß und kindgerecht gefördert wurde und die Gewissensmächte sich im rechten Mittelmaß entwickeln konnten, ist die Chance groß, daß auch später lebendige Aktivität nicht durch neurotische Schuldgefühle gehemmt wird.

Diese negativen Pole der ersten fünf Lebensjahre leben im Erwachsenen fort und sind Merkmale, die in Krisensituationen wieder auftauchen können. Aber auch viele andere Polaritäten der späteren Altersstufen können in Sorgen und Nöten krisenhaft in Erscheinung treten:

Ein Gefühl tiefer Minderwertigkeit läßt zum Beispiel die eigene Person dürftig und klein erscheinen und im Gegensatz dazu alle anderen Menschen um so größer, stärker und mächtiger.

Eine Krise kann die Identität und das Selbstvertrauen erschüttern, vielleicht bis zur Gefahr des Zerbrechens der letzten Stabilität. Identitäts-

170 Die Krise

diffusion bedeutet das Auseinanderfließen der Konturen der eigenen Person. Das Versagen der inneren und äußeren stabilisierenden Kräfte kann einen Menschen ins Strudeln und Schlingern geraten lassen wie ein durch Sturm außer Kurs geratenes Schiff. Eine verzweifelte Suche nach Orientierung beginnt.

Isolation ist ein Grundmerkmal jeder verzweifelten seelischen Lage. Sogar bei Anwesenheit anderer herrscht dann manchmal ein Gefühl unendlicher Einsamkeit – Intimität und Solidarität sind verlorengegangen oder können nicht mehr angenommen werden.

Stagnation, Verzweiflung und Lebensunlust können weitere leidvolle Erlebnisweisen von Anrufern sein, die das Gefühl haben, sich ständig im Kreis zu drehen. Sie sind an die Grenzen ihrer Bewältigungskraft gekommen.

Aufgabe der Telefonseelsorge-Mitarbeiter sollte der Versuch sein, den negativen und krisenhaften Polaritäten aus den einzelnen Entwicklungsstadien entgegenzuwirken und die positiven Lebenskräfte zu stärken:

Vielleicht gelingt es durch einfühlsames, verständnisvolles und vorurteilsfreies Zuhören, daß sich ein wenig Vertrauen als unsichtbares Band zwischen die Gesprächspartner spannt, ein Vertrauen, das dem Anrufer hilft, sich zu öffnen, so daß er – so schwer es ihm anfangs auch fallen mag – seine Sorgen und Nöte einem Fremden an-vertrauen kann. Geduld fördert Vertrauen, eine Geduld, die das anfänglich-mißtrauische »Ich weiß gar nicht, wo ich anfangen soll…« oder krasser »Sie können mir sicherlich auch nicht helfen…« tolerieren kann. Vertrauen ist ein Gegenpol zu Trostlosigkeit, Einsamkeit und Kälte und kann zu einer Brücke werden, die erste Schritte über die Abgründe der Verzweiflung hinweg ermöglicht.

Weiterhin geht es darum, gemeinsam mit dem Anrufer ein Stück seiner verlorenen Autonomie wiederzufinden. Autonomie ist die Gegenkraft zu Unselbständigkeit, Scham und Zweifel. Ein Versuch zum Wiederfinden der Autonomie setzt voraus, das Ich des Leidenden gegenüber all den vielen Kräften zu stärken, die es geschwächt und kopflos gemacht haben können:

Allein schon die Möglichkeit, sich ungestört aussprechen zu können, kann ein Stück Selbständigkeit bedeuten, da der Anrufende vielleicht schon lange von niemandem mehr mit seinen Sorgen angehört und ernstgenommen wurde. Eine benennende Orientierung, eine Verdeutlichung des aktuellen Konflikts und der aktuellen Problematik durch den Telefonseelsorge-Mitarbeiter kann oft dem Gefühl des Anrufers entgegenwirken, sich im chaotischen Dickicht seiner Probleme überhaupt nicht mehr zurechtzufinden. Der Versuch einer Klärung und Benennung der aktuellen Außenwelt-Faktoren, die zu der Problematik des Anrufers beitragen, kann vielleicht verzerrte Perspektiven zurechtrücken und Chancen eröffnen, wieder zu einem Versuch der Gestaltung der Außenwelt überzugehen. Vielleicht gilt es auch, Rolle und Bedeutung des Partners, von Eltern oder Vorgesetzten deutlicher in das Blickfeld zu rücken, da sie vielleicht im aktuellen Vorfeld der Krise schwächend auf den Anrufenden eingewirkt haben.

Es sollte aber auch deutlich werden, daß es dem Ratsuchenden letztlich nicht erspart werden kann, seine Geschicke wieder selbst in die Hand zu nehmen, auch seinen Anteil zu sehen oder kennenzulernen, unter Anerkennung aller früheren und aktuellen belastenden Faktoren. Auch mit Hilfe eines anderen muß es immer der Anrufer sein, der zur Selbständigkeit zurückfinden sollte, im Wagen eines Neubeginns, im Treffen einer Entscheidung, im Sich-Nähern oder Sich-Trennen.

Eine gelassen-relativierende Haltung des Telefonseelsorge-Gesprächspartners gegenüber allzu starken, neurotischen Schuldgefühlen des Anrufers könnte vielleicht dazu beitragen, ein allumfassendes Gefühl des Bestraftseins oder des Sich-Bestrafenmüssens etwas zu mildern, und den unterdrückten Wünschen, Impulsen und Bedürfnissen wenigstens für einen Moment zu direkterer und unverstellterer Existenzberechtigung zu verhelfen.

In der tolerierenden Haltung des Mitarbeiters, in Klima und Stil der telefonischen Begegnung, die durch Ernstnehmen und Akzeptieren der Individualität des anderen gekennzeichnet sein sollte, liegt auch ein Element, das Minderwertigkeitsgefühle abbauen kann.

Alle diese Bemühungen, die positiven Lebenskräfte zu stärken, dienen auch dem Ziel, der krisenhaften Identitätsdiffusion entgegenzuwirken und die Konturen einer Identität anzudeuten.

Vergessen wir nicht: Der Anrufer hat durch seinen Gesprächswunsch einen Schritt aus der Isolierung herausgetan. Das Gespräch selbst sollte – wenn es gut verläuft – die Hoffnung in die Solidarität zwischen Menschen stärken. Solidarität – die durchaus auch kritisch sein kann – ist in jedem Fall eine Gegenkraft zur Verzweiflung.

Der sicherlich immer sehr fragmentarische Versuch, in einem Telefongespräch die positiven Lebenskräfte und Elemente zu stärken, wie er hier ausgehend von Eriksons Phasen- und Krisenmodell beschrieben wurde, ist ein wichtiger Bestandteil der Krisenintervention.

Das Medium
Zur Psychologie des Telefons und Telefonierens

Durchs Telefon zum anderen

Bruno und sein Rabe waren allein in der Wohnung. Sie langweilten sich ziemlich. »He Hans... was wollen wir machen?« fragte Bruno. Aber dem Raben fiel auch nichts ein. Müde flatterte er in die Küche. Wenn wenigstens jemand anrufen würde, wünschte sich Bruno. Leider blieb sein Telefon stumm. Na gut, dachte Bruno, mich ruft niemand an. Also rufe ich jemanden an. Aber wen dann nur? Und da hatte er plötzlich eine Idee. Bruno wählte die Nummer der Telefonauskunft. »Auskunft, Platz 25«, meldete sich eine Frauenstimme. Richtig freundlich klang die. »Hallo, ich bin's, der Bruno«, sagte Bruno. »Können Sie mir eine Auskunft geben?« »Natürlich kann ich das«, antwortete die Frau. Bruno wollte von ihr wissen, was er gegen die Langeweile tun soll. Eigentlich geben die Leute von der Telefonauskunft ja den ganzen Tag nur Auskünfte über Telefonanschlüsse. Auch die Frau von Platz 25. Wahrscheinlich freute sie sich gerade deswegen über diese Abwechslung. Jedenfalls sagte sie zu Bruno: »Vielleicht kann ich Ihnen helfen. Gibt es bei Ihnen etwas aufzuräumen? Oder hören Sie Musik«, schlug sie vor. Solche Dinge tat Bruno jeden Tag. »Das wird alles langweilig«, sagte er. »Irgendwann muß man doch mal etwas anderes tun.« Die Telefonauskunft vom Platz 25 gab ihm da völlig recht. Bruno fiel aber doch ein, was er tun könnte. »Ich mache mich ganz klein«, sagte er. »Dann krieche ich durch die Leitung und besuche Sie.«

Aus dem Kinderbuch ›Bruno und das Telefon‹ [184]

»Wunderheiler ›heilte‹ durch das Telefon«, so eine Berliner Boulevardzeitung in ihrer Überschrift auf der ersten Seite. [185] Der 48jährige Aron D. berichtet vor Gericht von erfolgreichen »Fernbehandlungen«: »Patienten riefen mich an und mußten den Telefonhörer auf die schmerzende Stelle legen. Der Schmerz ist dann sofort verschwunden.«

Der Magie des Telefons, dieser *black box*, die jeder alltäglich benutzt, ohne sich eigentlich darüber Gedanken zu machen, wie sie funktioniert, kann sich niemand entziehen. Der Stimme des Telefons wird gehorcht: Wenn es klingelt, »heben wir ab« – nahezu zwanghaft, immer in einer Gefühlsmischung aus Furcht und Hoffnung, wer »wohl dran« ist:

Der Arbeitgeber, der nur mal hören will, wie es denn mit unserem Genesungsprozeß vorangeht, die Schulleitung, die uns als Erziehungsberechtigten zu einem Konfliktgespräch wegen des ungezogenen Sprößlings einladen will, unsere Schwiegermutter, die mit tränenerstickter Stimme klagt, daß immer *sie* diejenige ist, die anrufen muß, oder der Hiobsbotschafter, der uns von schwerster Krankheit, vielleicht sogar von einem Todesfall berichten muß.

»Dran sein« könnte aber auch die längst erwachsene Tochter, mit der erfreulichen Mitteilung, daß sie das Examen doch geschafft hat, ein guter Freund, der eine Einladung zum Essen ausspricht, der Steuerberater mit der Nachricht, daß mit einer größeren Rückzahlung vom Finanzamt zu rechnen ist, vielleicht aber auch die Geliebte, die sich sanft erkundigt, ob man denn jetzt sprechen könne...

Biographisches von Telefonerfindern

In den 125 Jahren seiner Geschichte hat sich das Telefon zum weitverbreitetsten Kommunikationsmittel entwickelt. Täglich werden in der Bundesrepublik von über 26 Millionen Telefonapparaten mehr als 75 Millionen Gespräche geführt.

»Das Pferd frißt keinen Gurkensalat« – soll der erste Satz gewesen sein, den der hessische Physiklehrer Phillip Reis 1861 mit seiner neuen Erfindung, dem Telefon, übermittelt hat.

Aus seiner Biographie wissen wir, daß beide Eltern sehr früh starben, zuerst die Mutter und dann, als er kaum zehn Jahre alt war, sein Vater.

»Denkt man an die magische Dimension des Telefons, die neuerdings wieder im Hollywood-Film (›Joe‹) gestaltet worden ist – da ist ein Junge dargestellt, der mit einem Spielzeugtelefon seinen verstorbenen Vater an die Strippe bekommt –, so erscheint die Tatsache, daß Reis früh Waise war, nicht zufällig«, schreibt die Telefonforscherin Renate Genth. »Die Suche nach den verlorenen Menschen, nach Beziehungen – modern ausgedrückt – im Imaginären, in der unsichtbaren Ferne, die Sehnsucht nach der verlorenen Zeit scheint ihm als Kind bereits nahegelegt worden zu sein.«[186]

Obwohl Reis der erste war, dem es gelang, die menschliche Sprache elektrisch zu übertragen, konnte er seiner Erfindung weder zum nationalen, noch zum internationalen Durchbruch verhelfen.

Es blieb Alexander Graham Bell vorbehalten, das Telefon 15 Jahre später in den USA als Patent anzumelden und den Erfolg dieser technischen Errungenschaft für sich zu verbuchen. Biographisch ist bedeutsam, daß er als gebürtiger Schotte in die USA emigrierte und von Beruf Taubstummenlehrer war.

174   Das Medium

Für beide Telefonerfinder läßt sich vermuten, daß eine Quelle ihrer Kreativität aus dem Leiden an Einsamkeit gespeist wurde. Beide hatten gravierende Trennungserlebnisse zu verarbeiten: Reis verlor in frühester Kindheit seine Mutter und Bell mit seiner Emigration sein ursprüngliches soziales Umfeld, die Heimat. So gesehen hat die Erfindung des Telefons aus psychologisch-biographischer Sicht offenbar auch den Hintergrund, eine fundamentale Erfahrung von Trennung und Vereinsamung kompensatorisch ungeschehen zu machen.

Das Nähe-Distanz-Medium

Telefonieren bedeutet miteinander sprechen, ohne einander zu sehen. Somit stellt das Telefon die technische Realisation eines Teilbereichs zwischenmenschlicher Kommunikation dar. Es isoliert Sprechen und Hören aus der Vielfalt der menschlichen Mitteilungs-, Ausdrucks- und Wahrnehmungsmöglichkeiten. Um den Preis einer geringfügigen Verfremdung der Stimme ermöglicht es einen Dialog und überbrückt dabei weiteste Entfernungen.

Obwohl es Distanz reduziert, schafft es aber auch gleichzeitig wieder eine neue Form von Distanz. So gehört gerade exzessives Telefonieren zum Verhaltensrepertoire des zeitgenössischen Angst-vor-Nähe-Menschen: Sprachliche Nähe schaffend schützt das Telefon vor unmittelbarer körperlicher oder auch nur körpernaher Begegnung. »Schützen« wohl dann, wenn Nähe als gefährlich erlebt wird, weil die Realisierung aggressiver wie libidinöser Impulse vermieden werden muß. Was ist damit gemeint? Die Situation der Nähe bedeutet unbewußt eine Versuchungssituation, d. h. jemand befürchtet bei sich den Durchbruch verpönter und deshalb angestauter und weitgehend unbewußter aggressiver und/oder sexueller Bedürfnisse.

Was immer man »Böses« und »Schlimmes« beichtet, die einzige mögliche Strafkonsequenz des Zuhörers kann im Auflegen bestehen. Eine direkte Bestrafung ist beim Telefonieren ausgeschlossen.

Aber auch gewünschte oder gefürchtete sexuelle Kontakte können am Telefon nicht realisiert werden. Aggressive wie sexuelle Impulse sind auf ihre sprachlichen Ausdrucksmöglichkeiten reduziert. Gerade aber dadurch entsteht ein verbaler telefonischer Freiraum, der manches leichter an- und aussprechen läßt, als in der persönlichen Begegnung. »Am Telefon werde ich weniger leicht rot«, gesteht eine Anruferin dem Mitarbeiter der Telefonseelsorge.

Das Medium Telefon kommt so den ambivalenten Bedürfnissen seines

Benutzers entgegen, denn oft sind Wünsche nach Nähe und Distanz gleichzeitig vorhanden. Was im direkten persönlichen Kontakt zum Konflikt führen kann, der deshalb häufig vermieden wird, ist bei der telefonischen Begegnung durch das vom Medium vorgegebene Setting unabänderlich: Nähe und Distanz laufen parallel.

Das Telefon gewährleistet somit eine erträgliche Nähe. Hier kann niemand »verschlungen« werden. Und dennoch wird gleichzeitig die telefonische Distanz oft auch wieder als schmerzhaft erlebt, weil Geborgenheit und körperliche Anwesenheit vermißt werden.

Nicht selten werden Mitarbeiter der Telefonseelsorge am Telefon von Anrufern nach ihrem Namen, nach Beruf, Aussehen oder Eigenarten gefragt. Manche Anrufer gehen schnell zum »Du« über. Dies alles soll wohl dazu dienen, den Mitarbeiter für den Anrufer näher und vertrauter zu machen, und damit auch die Distanz zu überwinden.

Wie beim Träumen ist beim Telefonieren die Motorik weitestgehend »abgeschaltet«. Sie entlädt sich häufig in kleinen Zeichnungen, Ornamenten und Kritzeleien, die von dem Bedürfnis künden, sich über den Austausch verbaler Informationen hinaus »ein Bild zu machen«.

Für den Verzweifelten, Geängstigten und Einsamen schafft der Griff zum Telefon eine partielle Nähe. Die Technik ermöglicht für eine begrenzte Zeit eine sprachliche Nabelschnur, die Einsamkeit und Distanz vergessen lassen kann. Ein Aufeinanderzugehen im wörtlichen Sinn ist mit Hilfe des Telefons nicht notwendig. Das Anrufen erspart den Weg. Nach dem In-Bewegung-Setzen der Drehscheibe / Tastatur braucht man sich selbst nicht mehr in Bewegung zu setzen. »Let Your Fingers Do the Walking« lautete ein amerikanischer Telefon-Werbeslogan.

Man bleibt in seiner vertrauten Umgebung, denn der andere wird scheinbar herangeholt. Eine besondere intime Nähe wird durch die direkt ins Ohr gebrachte Stimme suggeriert – so als ob man etwas ins Ohr geflüstert bekommt.

Am Telefon muß man nur seine Stimme preisgeben, andere persönliche Merkmale – Aussehen, Alter, Mimik, Gestik, Kleidung bis hin zu Name und Beruf – können im Verborgenen bleiben. Man begibt sich quasi nur mit einem Teil seiner Person und seiner Persönlichkeit in Kontakt zum anderen.

Das dient vielleicht auch einem starken Sicherheitsbedürfnis. Schwäche und Hilflosigkeit brauchen nicht mit dem Einsatz der ganzen Person, sondern nur sprachlich, nicht »mit Haut und Haaren« zum Ausdruck gebracht zu werden. Dies kommt besonders den Menschen entgegen, deren übersteigertes Ideal es ist, immer stark sein zu wollen.

So kann sogar ein Gefühl der Autonomie entstehen, denn man ist ja in der

176   Das Medium

Lage, jederzeit aufzulegen und damit den Kontakt abzubrechen. Das Telefon gewährleistet eine deutliche Unabhängigkeit vom Gesprächspartner. Sich aus dieser Begegnungsform zurückzuziehen ist viel leichter als in einer Vis-à-vis-Situation.

Wer anruft, übt Macht aus, weil es ihm durch das Telefonklingeln fast immer gelingt, die aktuelle Beschäftigung des Angerufenen zu unterbrechen. Jürgen Hornschuh spricht in seinem bemerkenswerten Aufsatz »Das Telefon in der Krisenhilfe« von der »Macht des Zutritts« und der »Priorität des Telefonanrufs«: »Man kann beobachten, daß das Telefon so etwas wie eine Negierung oder zumindest Veränderung gewisser tradierter Verhaltensnormen mit sich bringt. Ein Beispiel: ...Gäste haben normalerweise Anspruch auf höchste Aufmerksamkeit. Kommt ein Telefonanruf, wird die Norm durchbrochen. Das Telefon übt einen Zwang aus, ihm Priorität einzuräumen. Man kann beobachten, daß ein Verkäufer seinen Kunden mitten im Gespräch mit einer kurzen Entschuldigung stehen läßt, um seine Aufmerksamkeit dem Telefon zuzuwenden.«[187]

Noch deutlicher wird die Macht des Telefonierenden in seiner Möglichkeit des Kontrollanrufes. Wird abgehoben? – Ist jemand da? – Wie sind die Hintergrundgeräusche? Und wenn besetzt war: »Mit wem hast du gerade telefoniert?« Oder wenn einmal nicht abgehoben wurde: »Wo warst du?« »Warum bist du nicht rangegangen?«

Ein amüsantes und plastisches Beispiel dafür ist der nicht seltene Ausruf von Fußballfans, die mit dem Schiedsrichter unzufrieden sind:

»Schiedsrichter! Telefon! – Deine Alte wartet schon!«

Hier dokumentiert sich die Priorität des Telefonanrufes, der den Schiedsrichter zwingen soll, das Spielfeld zu verlassen, um ans Telefon zu gehen. Es klingt aber auch das Motiv des aggressiven Kontrollanrufes an und einen Schritt weitergehend: Es ist die drohend-wartende Mutter in der Gestalt der Ehefrau, die ihren Sohn in nicht freigebender Weise bei einer Tätigkeit stören will, die per definitionem nicht zu unterbrechen ist. Hier klingt auch die Phantasie der vom Telefon vermittelten strafenden Gewissensaspekte an, d. h., der Schiedsrichter soll sich für seine unliebsamen Entscheidungen verantworten und gegebenenfalls auch zur Rechenschaft gezogen werden.

Nabelschnur und Gewissen

Wolfgang Hildesheimer läßt den unter schwerer Schlaflosigkeit leidenden Ich-Erzähler in seinem Roman »Tynset« nachts ihm völlig unbekannte, aus dem Telefonbuch willkürlich herausgesuchte Personen anrufen, die er mit wenigen Andeutungen und geflüsterten Sätzen quält und sich schuldig fühlen läßt:

Ich fand im Telefonbuch einen Mann, der Gottfried Malkusch hieß, er war Druckereibesitzer. Ihn rief ich an. Das Telefon wurde sofort abgehoben, und der Angerufene gab mir sofort seinen Namen an. Offensichtlich hatte er, trotz der vorgerückten Stunde, auf einen Anruf gewartet. Ich sagte, diesmal atemlos und flüsternd und ohne Umschweife: »Herr Malkusch, es ist alles entdeckt.« Nach einer Sekunde sagte er heiser: »Nein.« – »Ja«, sagte ich, »alles, leider.« – »Also doch!« – »Alles«, wiederholte ich, diesmal mehr wie ein beteiligter und damit betroffener Mitwisser als wie ein Warner. – »Und jetzt?« fragte er. – »Malkusch«, flüsterte ich freundlich, denn nun tat er mir beinah ein wenig leid, »Malkusch, fliehen Sie, bevor es zu spät ist!« – Wieder eine Pause der Ratlosigkeit, dann: »Habe ich Zeit, ein paar Sachen einzupacken?« – »Ich fürchte nicht«, flüsterte ich, denn plötzlich tat er mir nicht mehr leid, »nein, Malkusch, ich würde es an Ihrer Stelle nicht tun« ... und ich bin beinah gewiß, daß er nichts eingepackt hat.[188]

Was hier literarisch ausgedrückt ist, das thematisiert der Maler Konrad Klapheck in seinem 1965 entstandenen Bild »Die Stimme des Gewissens«.[189]

Seine zahlreichen Telefonbilder kommentiert Klapheck mit dem Satz: »Das Telephon, Sprachrohr so vieler Mahnungen, Warnungen und Drohungen, läßt auch auf meinen Bildern die Stimme des Gewissens und die Befehle unbekannter Mächte vernehmen.«[190]

In »Die Stimme des Gewissens« sieht Klapheck »den Telefonhörer als neugeborenes Kind und den tunnelartigen Raum als Mutterschoß. Das Kabel verbindet beide als Nabelschnur, die die Umrisse einer Frau mit großen Brüsten, breiten Hüften und drohend erhobenem Zeigefinger beschreibt. Die Schnur hat sich um den Hörer gewickelt, die Nabelschnur ist im Begriff, das Kind zu ersticken...«[191]

Auf lyrischer Ebene finden wir ein Pendant im Gedicht des amerikanischen Schriftstellers Coleman Barks aus seiner Reihe »Body poems«[192]:

Navel

hold the phone
down here see
if she can still
hear me gurgling:

my Long Distance
mother

178 Das Medium

Bekommt das Telefon bei Hildesheimer und Klapheck die symbolische Bedeutung des Gewissens, so liegt in anderen Telefonbildern Klaphecks wie auch in dem Gedicht von Barks der Schwerpunkt in der Darstellung des Telefons als Symbol der frühen Mutter-Kind-Beziehung. Damit wird auf den Ursprung jeglichen Dialogs hingewiesen, der – noch in vorsprachlicher Form – in der Beziehung zwischen dem Kind und seiner Mutter liegt.[193]

Das Telefonkabel vom Hörer zum Apparat und der »Draht« zwischen den Gesprächspartnern symbolisiert die Nabelschnur und damit die ursprünglichste Verbindung zwischen zwei Menschen. Auch das telefon-technische Vokabular weist auf die Nabelschnursymbolik hin: Formulierungen wie »an der Strippe hängen«, »eine Verbindung herstellen«, »richtig oder falsch verbunden sein« oder auch der bedeutungsvolle Satz »wir sind getrennt worden« sind Zeugnis dafür.

In dem Gedicht »Navel« dient das Telefon dazu, eine alte Verbindung zur inzwischen weit entfernten Mutter neu herzustellen. Der »Hörer« wird an den Nabel gehalten. Wie Ziolko und Hückel in einer bemerkenswerten psychoanalytischen Studie feststellten[194], bedeutet der Nabel vor allem das »primäre Signum verlorener Verbundenheit« mit der Mutter.

In diesem Zusammenhang erscheint es nicht ganz zufällig, daß sich aggressiv-destruktive Impulse von zumeist jüngeren Menschen häufig gegen Telefon-*Zellen* und Münzfernsprecher richten. Auf ca. 14 Mio. DM beziffert die Bundespost die jährlichen Kosten, die durch mutwillige Beschädigungen an den etwa 130 000 Münzfernsprechern in der Bundesrepublik entstehen. Am häufigsten sind Beschädigungen der Wählscheiben und Halterungen (1982: 49 Tsd.), gefolgt von Glasschäden (18 Tsd.) und gestohlenen Hörern (7,8 Tsd.). Münzbehälter werden nur relativ selten gestohlen (1,2 Tsd.).[195]

Mit dem beschwörenden Slogan »Dieses Telefon kann Leben retten« versucht die Bundespost, zerstörerische Aktionen gegen Telefonzellen zu verhindern, und weist damit unbewußt auf die lebensspendende Muttersymbolik dieses Apparates hin.

Nach den bisherigen Darlegungen ist die Hypothese naheliegend, daß zerstörerische Aktionen gegen Telefoneinrichtungen unbewußt einen Angriff auf die durch das Telefon symbolisierte Mutter darstellen können.

Der Angriff auf das Dialoginstrument Telefon beinhaltet aber auch Aspekte, die nach der unbewußten Formel ablaufen könnten: Was in der frühesten Kindheit an Kommunikationsentbehrungen schmerzlich passiv ertragen werden mußte, kann jetzt – mit Hilfe der Passiv-Aktiv-Umkehrung – durch das Zerstören eines Dialogapparates aktiv symbolisch gerächt werden.

Da es sich vorwiegend um jugendliche Telefonzellenzerstörer handelt, sind auch phasenspezifische Entwicklungsprobleme zu vermuten. Gerade in der Pubertät sind aggressive Impulse gegen die Eltern häufig. Sie bedeuten den Versuch, sich »abzunabeln« – vielleicht am stärksten symbolisiert im Abreißen des Telefonhörers – und sich von den als einengend erlebten Eltern befreiend zu trennen (symbolisch ausgedrückt im Zertrümmern der Scheiben). Mit den Eltern, so scheint es, ist in diesem Entwicklungsstadium oft nicht einmal mehr ein (Telefon-) Gespräch möglich.

Gleichzeitig dokumentiert sich in den Telefon-Zerstörungsaktionen auch eine ganz allgemeine Kommunikationsstörung, die mit Gefühlen von Hilflosigkeit und Ohnmacht verbunden ist. Davon soll in »kraft- und machtvollen« Gewaltaktionen abgelenkt werden.

In dem Theaterstück »Groß und klein« (1978) von Botho Strauß richtet sich die Hauptdarstellerin Lotte, Mitte 30 und sehr allein, in einer beleuchteten Telefonzelle am Rande einer Landstraße wohnlich ein. Lotte, die auf der Suche ist, nach ihrem Mann, nach Freunden, nach Halt und Verständigung, vereinsamt von Szene zu Szene zusehends, bis sie erkrankt und den Arzt aufsucht.

In der Telefonzellen-Szene (»Station«) ist bei Lotte ein Gipfel an Einsamkeit und Kommunikationsstörung erreicht. Sie versucht, Kontakt zu ihrem Mann aufzunehmen, »wirft ab und zu ein Markstück in den Apparat, wählt immer dieselbe Nummer, hängt nach einer Weile ein«[196] – so die Regieanweisung. Während dessen hören die Zuschauer der Szene über Lautsprecher Lottes Stimme, die einen Brief an ihren Mann vorliest:

»... Die Erinnerungen an unsere ersten Jahre in Saarbrücken werden für mich immer die schönsten meines Lebens bleiben. Manchmal wähle ich jetzt am Telefon unsere Nummer in der Straße des 13. Januar und lasse es lange ins Leere tüten.«[197]

Auf dem Telefonapparat in Lottes Telefonzelle steht ein Glas Milch!

Telefonieren mit der Telefonseelsorge

Eine Institution, die das Telefon als ihr zentrales Medium einsetzt und sich rund um die Uhr anruf- und erreichbar macht, bekommt schon allein dadurch zahlreiche Aspekte der beschriebenen mütterlichen Symbolik. So hat denn auch für viele Anrufer die Telefonseelsorge die Aufgabe, die

Rolle einer zuhörenden, verständnisvollen und tröstenden Mutter zu übernehmen.

Neben den schon genannten, durch das Medium vorgegebenen Distanz-Nähe-Aspekten kann auch die ständige Erreichbarkeit der Telefonseelsorge dazu beitragen, die Hemmschwelle herabzusetzen, in einer Krisensituation Hilfe in Anspruch zu nehmen.

Die Wahrung der Anonymität des Anrufers sowie die ihm zugesicherte Verschwiegenheit der Mitarbeiter der Telefonseelsorge sind weitere nicht zu gering einzuschätzende Motive, sich an diese Institution zu wenden. Erleichternd wirkt dabei die bequeme Kontaktaufnahme – man kann in den eigenen vier Wänden bleiben.

Die Nichtsichtbarkeit des Gegenübers ermöglicht dem Anrufer, sich vom Gesprächspartner ein Bild nach seinen Wünschen und Bedürfnissen zu machen, ein Bild einer idealen Mutter oder eines idealen Vaters.

So verstanden ist das Telefon eine wirklich einzigartige technische Erfindung, die unmittelbar dem Dialog dient.

Gespräche

»Offensichtlich fängt alles im Elternhaus an«
Interview mit Chad Varah

Auf der Suche nach den Ursprüngen der Telefonseelsorge kommt man an den Elternfiguren nicht vorbei.

Wie im Kapitel zur Geschichte der Telefonseelsorge beschrieben, ist eine dieser Elternfiguren Chad Varah, Gründer der Samaritans, des ersten Telefonnotdienstes für Menschen in Krisensituationen. Er ist damit auch geistiger Vater der gesamten Telefonnotdienst-Bewegung, einer Idee, die sich weltweit verbreitete, besonders aber im europäischen Raum etabliert ist.

Zu seiner Person: Geboren am 12. November 1911 in England – als ältestes von neun Kindern... »das führt ganz natürlich dazu, daß man sich für andere verantwortlich fühlt und sich um sie kümmert, wenn es notwendig ist«, schreibt Varah.[198] Und weiter: »Eine Weile nach mir kamen meine drei Schwestern auf die Welt, die gut miteinander spielen konnten, und dann zwei Brüder, und so ging es weiter. Ich mußte auf die Jüngeren aufpassen, wurde verantwortlich gemacht. Ich hatte keine Spielgefährten. Und auch in der Umgebung, wo wir wohnten, gab es nur wenige Familien, und die hatten keinen Sohn in meinem Alter. Ich bin als Kind allein in der Natur umhergezogen, nachdenklich und träumend, und habe viele Bücher aus der Bibliothek meines Vaters gelesen. Das waren keine Kinderbücher...«[199]

Sein Vater war Pfarrer; nach einem naturwissenschaftlichen Studium in Oxford studiert Varah Theologie und wird ebenfalls Pfarrer. »Als ich am 2. November 1953 bekanntgab, daß Menschen mit Selbstmordabsichten mich unter der Nummer Mansion House 9000 anrufen sollten, ahnte ich nicht, daß ich damit eine Organisation begründen würde, ganz zu schweigen von der weltweiten Bewegung, die heute daraus geworden ist. ... Hätte ich von Anfang an gewußt, worauf ich mich da einließ – ich weiß nicht, ob ich es noch gewagt hätte, ein so tollkühnes Angebot zu machen. Ich neige zu impulsiven Handlungen und hatte schon manchmal allen Anlaß, das zu bereuen.«[200]

Wir hatten uns vorher nicht angemeldet, sondern waren spontan nach London gefahren und nun in Sorge, ob wir Chad Varah überhaupt antref-

182 Gespräche

fen würden, der als Weltenbummler häufig außer Landes ist, um vornehmlich jetzt in Ländern der Dritten Welt neue Stellen der Samaritans zu gründen.

Die Telefonzellen auf der Viktoria Station in London brachten uns zur Verzweiflung. Entweder waren sie besetzt bzw. lange Schlangen diszipliniert hintereinanderstehender und wartender Engländer zeigten an, daß in absehbarer Zeit nichts zu machen sei oder das Telefon war ganz einfach kaputt. Was für Vorzeichen...

Chad ist ein älterer Herr, mit hellblondem Haar und einer auffälligen dunklen, großen Brille. Er hat etwas Väterlich-Vertrauenswürdiges, was es sehr leicht macht, mit ihm in ein freundliches Gespräch zu kommen. Bevor wir erklärten, warum und wozu wir das Interview machen wollten, baten wir ihn um Einverständnis, das Gespräch auf Tonband aufnehmen zu dürfen. Wo denn das Tonband sei, wollte er wissen und war entzückt von dem kleinen japanischen Diktiergerät. So tauschten wir erst einmal unsere Erfahrungen mit Diktiersystemen aus, und dann lehnte er sich zurück, in Erwartung der kommenden Interviewfragen.

Die erste Frage wurde von ihm so routiniert und elegant beantwortet, als ob sie vorher abgesprochen worden wäre und er meisterlich einen wohlakzentuierten und formulierten Text auswendig gelernt hätte. Noch einmal überprüften wir dann zusammen das Tonband, das zu unser aller Zufriedenheit arbeitete.

Im Laufe des Gespräches wurde er sehr nachdenklich, deutlich langsamer, zögernder mit seinen Antworten, und bei einigen Fragen irritierte ihn offenbar der starke gesellschaftliche Bezug. Gleichwohl war er deutlich bemüht, offen, spontan und vor allem in aller Ausführlichkeit zu antworten.

☆

London, im Arbeitszimmer der Kirche von Chad Varah, St. Stevens Wallbrook, am 20. 6. 1986.

Warum engagieren sich Menschen für einen Telefonnotdienst, wie ihn die Samaritans in England beziehungsweise die Telefonseelsorge in Deutschland anbieten?

VARAH: In vielen Menschen steckt der Wunsch – vielleicht sogar das Bedürfnis –, etwas Bedeutsames und Wichtiges in ihrem Leben zu tun, und was kann bedeutsamer und wichtiger sein, als Leben zu retten?

Und da gibt es nun die Samaritans, die Mitarbeiter suchen, die fähig sind, ihre Nächsten zu lieben und zu verstehen. Und die auch dazu in der Lage sind, zuzuhören, ohne zu unterbrechen, ohne Ratschläge zu geben, insbesondere ohne jegliche religiöse Einflußnahme. Die Samaritans suchen also die »außergewöhnlich gewöhnlichen« Leute, und das wird freudig und begeistert von den sich dafür interessierenden Menschen aufgenommen, die das Gefühl haben, daß es ihnen verwehrt ist, ihren Mitmenschen irgendwie bei ihren Problemen zu helfen. Es geht doch vielen bei uns in England so, daß die wichtigste ehrenamtliche Aufgabe, die man einem gerade noch zugesteht, darin besteht, einen Bücherwagen durch die Krankenhauskorridore zu schieben – was eigentlich auch ein intelligenter Zehnjähriger machen könnte.

Sie haben die Samaritans als erste Einrichtung eines Telefonnotdienstes dieser Art gegründet. Wie sind Sie darauf gekommen?
VARAH: Nachdem ich die Priesterweihe durch die Anglikanische Kirche bekommen hatte, war meine erste Aufgabe die Beerdigung eines 13jährigen Mädchens, das nach dem Einsetzen ihrer ersten Menses Suizid begangen hatte. Das hat mich sehr tief berührt, und in der Grabrede habe ich nicht über den Suizid gesprochen, sondern über seine Ursachen – in diesem Fall Unwissenheit über Sexualität. Und ich habe mir geschworen, mich verstärkt für einen Sexualkundeunterricht für junge Leute zu engagieren und habe noch am selben Abend in meinem Gemeindejugendclub damit angefangen.
Im Laufe der Jahre wurde ich als Berater bei Fragen und Problemen im Sexualbereich bekannt, und so blieb es nicht nur bei der Beratung junger Leute. Ich habe quasi Eheberatung gemacht, lange bevor dies so genannt wurde – indem ich jungen Paaren, die wegen ihrer geplanten Hochzeit zu mir kamen, ebenfalls so etwas wie Sexualkundeunterricht gab.
Erst etwa 18 Jahre später habe ich mich der Suizidthematik zugewandt. Ich las damals in einer Zeitung, daß sich in London täglich drei Menschen umbringen, und ich habe mich gefragt: Was hätte diesen Menschen helfen können – schließlich haben wir ja unseren National Health Service, also warum sind diese Menschen eigentlich nicht zu ihrem Hausarzt gegangen?
Meine Recherchen ergaben, daß die meisten von ihnen ihren Hausarzt innerhalb der letzten drei Wochen vor ihrem Suizid aufgesucht hatten. Ich möchte hier nicht die Ärzte angreifen, die ja auf jeden Fall die richtigen Leute sind, an die man sich wenden kann, wenn man krank ist. Aber was macht man bei emotionalen und psychischen Problemen, die keine Krankheit im engeren Sinn darstellen, oder zum Beispiel bei einer Art von Depression, die durch medizinische Behandlung nicht weggeht? Was für eine Form von Hilfe wünschten sich diese unglücklichen Menschen wohl?

184 Gespräche

Als Naturwissenschaftler – ich habe noch nicht erzählt, daß mein erstes Studium ein naturwissenschaftliches war und bei uns Leute mit einem naturwissenschaftlichen Hochschulabschluß in der Regel nicht Priester werden – spürte ich, daß der einzige Weg, herauszufinden, welche Art von Hilfe notwendig ist, darin besteht, die Menschen zu fragen. Und dieser einzige Weg sah so aus, suizidgefährdete Menschen einzuladen, ein Hilfsangebot anzunehmen. Und da habe ich gedacht, daß der schnellste und einfachste Weg der über das Telefon ist. So entwickelte ich die Idee von einem Notruf-Telefon, und im Zimmer hier nebenan steht immer noch dieses erste »hotline«-Telefon.

Was macht Ihrer Meinung nach einen guten Mitarbeiter der Telefonseelsorge aus?
VARAH: Sie meinen die Eigenschaften, die die ehrenamtlichen Mitarbeiter haben müssen?
Lassen Sie mich mit einigen ganz naheliegenden anfangen: Sie müssen zuverlässig sein. Also wenn sie sagen, sie kommen am Dienstag um 18 Uhr, dann müssen sie am Dienstag um Viertel vor 18 Uhr dasein. Sie müssen vertrauenswürdig sein, dürfen das ihnen entgegengebrachte Vertrauen niemals mißbrauchen und niemals von den durch die Samaritans festgelegten Regeln für den Dienst am Telefon abweichen.
Nun zu den inneren Qualitäten: Sie müssen eine gewisse Bescheidenheit haben, so daß sie nicht anfangen zu glauben, sie seien der Messias oder ein großer Wunderheiler! Sie sollten davon ausgehen, daß sie ganz alltägliche Leute sind, die einem Mitmenschen zuhören, während dieser ihnen von seinen Sorgen berichtet. Die Qualität ihres Zuhörens und ihres Einfühlungsvermögens ist es, worauf es ankommt.
So müssen sie alle Versuche vermeiden, besserwisserisch zu sein, und dürfen nicht den Eindruck erwecken, einfach Probleme anderer lösen zu können oder wild handelnd in die Angelegenheiten der Anrufer einzugreifen. Sie müssen die Form der Zurückweisung vermeiden, die dadurch entsteht, daß man den Anrufer schnell an einen Experten weiterverweist. Sicherlich gibt es den Zeitpunkt, an dem es angebracht ist, auf professionelle Hilfsangebote hinzuweisen, insbesondere bei denen, die selbst das Gefühl haben, sie hätten nun genug freundschaftliche Begleitung (*befriending*) von den Samaritans erhalten. Aber unser Angebot ist nun einmal *befriending*, das heißt, für eine bestimmte Zeitspanne jemandes Freund zu sein. Und wir haben aufgrund unserer jahrelangen Erfahrung das Recht, dies für eine effektive Hilfe zu halten.

Worin sehen Sie die Möglichkeiten und Grenzen einer solchen Einrichtung wie die der Samaritans oder der Telefonseelsorge?

VARAH: Es ist doch unglücklicherweise so, daß man mit der Gründung einer Organisation mit einer so spezifischen Aufgabe – in dieser elenden Welt mit so vielen Menschen, die alle Arten von Hilfe brauchen und die sie offensichtlich nicht finden – dann auch von Leuten bestürmt wird, die eine Art von Hilfe brauchen, die wir nicht geben können. Und wenn wir nicht besonders vorsichtig sind, werden wir zu einer Art Mülleimer. Man wird dann mit jedem Problem konfrontiert, ob man nun dafür zuständig ist oder nicht.

Und die Schwierigkeit bei einer Organisation mit dem Ziel, suizidgefährdeten Menschen zu helfen, ist die, daß sich sehr viele Menschen melden und Hilfe erbitten, die nicht suizidal sind und sehr wahrscheinlich auch niemals suizidal sein werden und die weder *befriending* wollen noch brauchen. Sie wollen und brauchen etwas, was wir ihnen leider nicht geben können, was ihnen vielleicht auch niemand geben kann.

Da gibt es zum Beispiel niemanden, der einem Psychopathen helfen kann. Wir haben zum Beispiel keine Jobs und keine Wohnungen zu vergeben. Wir haben auch kein Geld, und so ist es sehr schwierig, bei unserer eigentlichen Aufgabe zu bleiben, denn die ehrenamtlichen Mitarbeiter sind ja ausgewählt worden, weil sie so mitfühlend und gütig sind. So fällt es ihnen natürlich nicht leicht, den Leuten einfach zu sagen: »Bitte geht woanders hin, ihr seid hier falsch am Platz!« Aber das muß bisweilen gesagt werden, und deshalb muß auch diszipliniert nach unseren Statuten gearbeitet werden. Manchmal muß der verantwortliche Leiter einer Stelle sagen: »Das ist Herr/Frau Sowieso, bitte ermutigen Sie diese(n) nicht, hier wieder anzurufen, denn wir können nicht helfen und vergeuden nur unsere Zeit, vor allem, wenn in der Zwischenzeit jemand versucht, uns anzurufen und nicht durchkommt.«

Für welche Kategorien von Hilfesuchenden sind wir nun da?

Nicht also für die Psychopathen und auch nicht so sehr für die psychotisch Erkrankten – mit Ausnahme derer, denen es leichter fällt, über uns ihren Weg zu einem Spezialisten zu finden, als sich alleine und direkt an jemanden zu wenden.

Eigentlich sind wir für die Neurotiker da, diese dritte Kategorie der Spezies Mensch – es gibt keine sogenannte »normale« Kategorie. Und ich denke, wir können ruhig sagen, daß gerade wir die Neurotiker verstehen, weil wir eben selbst neurotisch sind.

Der Unterschied zwischen dem ehrenamtlichen Mitarbeiter und dem Anrufer ist, daß wir von unserer Neurose nicht so beeinträchtigt sind, wir werden von ihr angetrieben, diese Arbeit zu leisten. Das Leben des Anru-

186 Gespräche

fers dagegen ist durch seine Neurose stark bedroht und aus dem Gleichgewicht geraten. Bei schwereren Fällen ist eine Psychotherapie wirklich angezeigt. Meistens erleben wir jedoch, daß Leute auf unsere Form des *befriending* ansprechen, also unsere spezifische Form des therapeutischen Zuhörens, die wir während der letzten 33 Jahre entwickelt haben.

Welches sind Ihrer Meinung nach zur Zeit die Hauptprobleme der Anrufer?
VARAH: Ich möchte eigentlich nicht über die sprechen, die besser nicht anrufen sollten, das ist vertane Zeit – also über Psychopathen und diejenigen, die materielle Hilfe haben wollen, die wir ihnen nicht geben können. Ich kann aber gerne über die sprechen, bei denen wir froh sind, daß sie anrufen.
Wir sind in der Lage, den Leuten zu helfen, die Probleme mit ihren zwischenmenschlichen Beziehungen oder überhaupt keine zwischenmenschlichen Beziehungen haben, all denen also, die einsam sind. Aber auch Menschen, die sexuelle Probleme haben oder psychologische Probleme, wie zum Beispiel verschiedene Arten von Phobien, ebenso wie Anruferinnen mit unerwünschten Schwangerschaften oder Leuten, die Informationen brauchen über Dinge, die ihr persönliches Leben betreffen, insbesondere ihr Sexualleben. Alle diese und noch einige mehr gehören in unseren Aufgabenbereich.

Was sind Ihrer Meinung nach die Hauptprobleme der Menschen in unserer heutigen Gesellschaft?
VARAH: Das ist eine Frage für einen neunmalklugen Gelehrten, der ich nicht bin, oder für einen Politiker – und Politiker kann ich nicht ausstehen!
Die Menschen pflegen so etwas wie gutnachbarliche Beziehungen zuwenig. Die Menschen kümmern sich zuwenig umeinander. Sie sind nicht in der Lage, befriedigende und tragfähige Beziehungen miteinander einzugehen. Insgesamt kann man sagen, gibt es in dieser Welt zuwenig liebevolle Zuwendung füreinander.
Die Samaritans nun sind Leute, die zu dieser liebevollen Zuwendung willens und in der Lage sind.
Die Antwort aber auf das Problem der mangelnden liebevollen Zuwendung ist weder bei den Regierungen noch bei den Politikern und auch nicht bei uns zu suchen, denn alles, was wir machen, ist, die Opfer, die Verletzten zu verbinden. Wir verändern die Gesellschaft nicht, außer durch Hilfe für einzelne Menschen. Ich denke, wir sollten auch der Versuchung widerstehen, die Gesellschaft zu verändern. Das ist nicht unsere

Aufgabe, nicht jedenfalls als Samaritans, als Bürger ist das natürlich etwas anderes. Wir wählen schließlich das, was wir glauben, was wir wählen sollten.

Unser Anliegen war es auch, eine Art Diagnose der Leiden in unserer Gesellschaft von Ihnen zu erhalten und vielleicht auch einen Therapievorschlag.

VARAH: Ich glaube, darauf gibt es keine einfache Antwort. Ich denke, alles hängt von den Eigenschaften der einzelnen Individuen ab und den Möglichkeiten, die sie haben, rücksichtsvoll miteinander umzugehen. Offensichtlich fängt alles im Elternhaus an, die Art und Weise, wie die Eltern einen erziehen und wie man in der Schule unterrichtet wird. Und nicht zuletzt ist die Arbeitswelt von Bedeutung, was man da zu tun in der Lage ist, wenn man überhaupt etwas zu tun hat in dieser Zeit der hohen Arbeitslosigkeit. Ich glaube übrigens nicht, daß es irgendein Gesellschaftssystem gibt, das in der Lage ist, von Hause aus unglücklichen Individuen ein glückliches Leben zu ermöglichen.

In der Sowjetunion haben sie geglaubt, einen Weg zur perfekten Gesellschaft gefunden zu haben. Und dennoch sind sie ständig mit Problemen wie Korruption, enormer Arbeitsunproduktivität, Vandalismus, Alkoholismus und einer hohen Scheidungsrate konfrontiert. Sie müssen feststellen, daß sich viele Menschen in ihrer Gesellschaft so verhalten wie teilweise in unserer Gesellschaft auch.

Ich weiß auch nicht, ob man sagen kann, daß das dort alles am Gesellschaftssystem liegt, zum Beispiel weil angeblich alle gleich sind oder weil die Maxime herrscht: »Was kümmert es mich, der Staat wird es schon machen, von der Wiege bis zum Grab.«

Man könnte ja auch versucht sein zu sagen, es liegt vielleicht daran, daß eine Einflußnahme von Seiten der Kirche ständig behindert worden ist. Aber dann muß man sich einmal unser eigenes Gesellschaftssystem ansehen und wird feststellen, daß der Einfluß der Religion auch nicht sehr effektiv ist und daß die Kirchen insgesamt gesehen sehr stark nach innen orientiert, engherzig und voller Vorurteile sind.

Zum Beispiel wenn die Kirche die Ehescheidung verurteilt, statt den Leuten zu helfen, bessere Ehen zu führen. Da kann schon der Eindruck entstehen, die Kirchenleute in unserer Gesellschaft treten eher in der Rolle des Moral- und Sittenrichters auf, und deshalb bin ich sehr froh, daß die Samaritans sich niemals als eine kirchliche Institution verstanden haben und auch niemals als eine solche von den Leuten gesehen worden sind, also keine Verbindung zur Kirche haben. Wir wollen, daß die Leute, die Hilfe brauchen, uns als gewährend und nicht autoritär-kontrollierend

188 Gespräche

erleben sowie als einfühlsam und nicht als verurteilend und moralisierend.

Auch auf die Gefahr hin, daß wir uns wiederholen, sehen Sie gesellschaftliche Ursachen für das psychische Elend der Menschen in unserer Gesellschaft?

VARAH: Das ist schwer zu beantworten, weil das so normalerweise nicht meine Art zu denken ist. Ich beschäftige mich nicht so sehr mit gesellschaftlichen Fragen und Institutionen. Ich beschäftige mich mit dem Individuum, meine Arbeit ist eine von Mensch zu Mensch.

Da kommt zum Beispiel eine Frau vorbei und möchte einen Beratungstermin bei mir, weil sie gehört hat, daß ich Sexualtherapie mache. Sie hat in ihrem bisherigen Leben noch nie einen Orgasmus erlebt. Ich weiß, wenn ich sie befrage und ihr zuhöre, also mit meiner Psychotherapie beginne, dann wird sie in einigen Wochen in der Lage sein, Orgasmen zu erleben und ihr Leben wird sich verändern.

Das ist doch etwas Reales, etwas Konkretes. Wenn ich aufgefordert werde, eine Aussage über eine große Anzahl von Menschen zu machen, dann fühle ich, wie ich mich immer weiter und weiter von der Realität entferne, hinein in eine Sphäre von Spekulation und Generalisation, in eine Art Bla-Bla-Bla, das man normalerweise von Politikern und anderen Stinktieren hört.

Ich befürchte, ich enttäusche Sie, was die Diagnose sozialer Mißstände und ihre Beseitigung anbetrifft, denn das ist nun wirklich nicht mein Spezialgebiet.

Was glauben Sie, sind die entscheidenden Erziehungsfehler, die gemacht worden sind, als Mitursache für das psychische Elend der Anrufer?

VARAH: Sie müssen mittlerweile glauben, daß ich vom Thema Sexualität besessen bin, aber ich habe mich mit diesem Gebiet seit 45 Jahren beschäftigt. Und es stellt sich für mich so dar, daß das Fehlen von Freimütigkeit, Offenheit, Erklärungsbereitschaft und Toleranz zwischen Eltern und Kindern bei allen schwierigen Themen, besonders aber auf dem Gebiet der Sexualität, schon immer und auch immer noch jede Menge Probleme verursacht.

Zum Beispiel die Frau, von der ich gerade sprach, die keinen Orgasmus erleben kann: Der Grund dafür besteht sehr wahrscheinlich darin, daß ganz tief in ihrem Innern noch immer das kleine Mädchen steckt, dessen Mutter zu ihr sagte:»Mach das nicht, faß dich da unten nicht an und laß vor allem keinen Mann an dich ran!«

Ohne nun Freudianer zu sein oder irgend jemand anders außer ich selbst, der ich von meinen eigenen Erfahrungen und den Erfahrungen meiner

Klienten gelernt habe und nicht aus anderer Leute Bücher – also ich denke, daß Eltern an ihre Kinder die defizitäre Erziehung weitergeben, die sie selbst als Kinder von ihren Eltern erhalten haben, so wie es in der Bibel steht: Die Sünden der Väter verfolgen und bestrafen die Kinder bis ins dritte und vierte Glied.

Keine Macht der Welt kann Eltern zu guten Eltern machen. Aber ich glaube, es würde helfen, wenn man die Eheschließungen etwas erschweren würde. Natürlich weiß ich, daß man auch Kinder in die Welt setzen kann, ohne verheiratet zu sein, und niemand kann daran etwas ändern, da hilft auch kein Beten, da helfen nur Aufklärung und Verhütungsmittel.

Aber wenn Paare, die nun offiziell verheiratet sein wollen, an einer Art Ehe- und Elternschule teilnehmen müßten, bevor sie heiraten dürfen, dann könnte dies schon eine Verbesserung bedeuten für diese neuen Ehen, und manche würden vielleicht gar nicht erst geschlossen werden.

Ich halte das Problem der Ehescheidungen und das Elend, was daraus entsteht – also die *broken home*-Situation, zwischen ihren Eltern hin- und hergerissene Kinder –, nicht dadurch veränderbar, daß man Ehescheidungsverfahren erschwert, sondern eher schon dadurch, daß man Ehegründungen nicht so einfach macht. Dabei geht es mir darum, Ehen stabiler, sicherer zu machen, so daß sie vielleicht weniger leicht und schnell kaputtgehen.

Was macht Ihrer Meinung nach das Leben heute noch lebenswert?
VARAH: Das wichtigste, was das Leben lebenswert macht, ist das Erfahren von Sinnhaftigkeit und das Gefühl, durch liebevolle Beziehungen getragen zu werden. Wenn es dann etwas gibt, was man tun und erreichen will, und man Menschen um sich hat, die einem emotionale Unterstützung geben und Mut machen, dann ist man, ohne groß darüber nachzudenken oder sich dessen bewußt zu sein, ein glücklicher Mensch.

Man ist sicherlich kein glücklicher Mensch, wenn man ständig krampfhaft versucht, dem Glück hinterherzulaufen. Glücklichsein ist ein Nebenprodukt der Pflichterfüllung. Wenn man also etwas entdeckt, was man als seinen Beitrag und seine Aufgabe ansehen kann, und man sich darauf mit ganzem Herzen einläßt – selbstverständlich mit gewissen Erholungspausen –, dann wird man ein glücklicher Mensch werden. Aber auch wenn dann jemand kommt und einen fragt: »Bist du glücklich?«, wird man innehalten müssen und verwundert feststellen: »Bin ich glücklich? Ja, ich denke, ich bin es.«

(Übersetzung aus dem Englischen)

190   Gespräche

»Das Hauptproblem ist die Vereinsamung«
Interview mit Ellen Nora Balaszeskul

Eine Frau leitete und prägte fast ein Jahrzehnt lang den Internationalen Verband für Telefonseelsorge (IFOTES), dem 20 Länder mit ihren Telefonnotdienst-Stellen angehören. Darüber hinaus arbeitete sie fast 30 Jahre bei der Berliner Telefonseelsorge mit, davon viele Jahre als stellvertretende Vorsitzende im Vorstand. In ihrer Beratungstätigkeit hatte sie den Schwerpunkt Eheberatung.
Zur Person: In Berlin geboren. In England Studium der Sozialwissenschaften. Berufstätigkeit als Sozialarbeiterin in der Psychiatrie. Ende der 50er Jahre zurück nach Berlin, Beginn ihrer Tätigkeit als ehrenamtliche Mitarbeiterin bei der Telefonseelsorge Berlin. Ausbildung zur Eheberaterin. 1976 Organisation eines internationalen Kongresses für IFOTES in Berlin. Präsidentin von IFOTES von 1976 bis 1985. Mitte 1986 zog sie sich aus familiären und auch aus Altersgründen weitestgehend von ihrer Arbeit bei der Telefonseelsorge Berlin zurück.
In der Telefonseelsorge Berlin lief nichts ohne sie und ohne sie nichts. Persönlichkeiten mit ihrem Charisma haben nicht nur Befürworter. Sie war immer unerschrocken genug, auch die unbequemsten und unpopulärsten Dinge zu sagen. Aber bei aller Dominanz zeichnet sie auch ein besonderes Feingefühl und Einfühlungsvermögen aus, und die Fähigkeit, enorm tröstend und aufbauend zu wirken.
In einem Aufsatz über den Umgang mit Menschen in Lebenskrisen zitiert sie ein Gedicht von Günter Kunert:

Der zu leben sich entschließt
Muß wissen
Warum er gestern zur Nachtzeit erwachte
Wohin er heute durch die Straßen geht
Wozu er morgen in seinem Zimmer
die Wände mit weißem Kalk anstreicht.
War da ein Schrei?
Ist da ein Ziel?
Wird da Sicherheit sein?

☆

Berlin-Dahlem, in ihrem Haus, am 10. 7. 1986:

*Warum engagieren sich Menschen Ihrer Meinung nach bei der Telefonseel-
sorge?*

BALASZESKUL: Da gibt es eine ganze Reihe von verschiedenen Gründen. Es gibt viele Menschen, die das Gefühl haben, es geht mir gut, ich
möchte etwas für Leute tun, denen es nicht so gut geht, für Leute, die in
schwierigen Situationen nicht weiterwissen; denen möchte ich gern helfend zur Verfügung stehen.

Dann gibt es Leute, die mit ihrem eigenen Leben nicht zufrieden sind
und hoffen, durch das Engagement für andere bei der Telefonseelsorge
etwas zu finden, was ihnen nicht nur indirekt, sondern direkt helfen
kann.

Außerdem gibt es Leute, die in einem verwandten Beruf zu dem eines
Beraters am Telefon arbeiten oder vielleicht ein entsprechendes Fach stu-
dieren und praktische Erfahrung sammeln wollen. Natürlich gibt es auch
Leute, die gern die Ausbildung haben wollen, die die Telefonseelsorge
anbietet, und deshalb mitarbeiten möchten.

Warum haben Sie sich für die Arbeit der Telefonseelsorge engagiert?

BALASZESKUL: Das ist etwas schwierig zu beantworten, ich muß das
vielleicht auch sehr persönlich beantworten. Ich war nach Berlin gezogen
und hatte hier keine berufliche Tätigkeit. Und ich wußte auch, daß mein
Ehemann den Gedanken nicht sehr gern hatte, daß ich berufstätig war,
bevor wir geheiratet hatten. Er hat mir auch sehr deutlich zu verstehen
gegeben, daß er lieber eine Frau hätte, die das nicht ist. Und dann habe
ich zufällig einen Vortrag über die Arbeit der Telefonseelsorge in Berlin
gehört, und das hat mich veranlaßt, nach dem Vortrag spontan zu dem
Vortragenden zu gehen und mich als ehrenamtliche Mitarbeiterin anzubieten.

Das ist dann hier zu Hause auf keine große Freude oder Gegenliebe ge-
stoßen, und mein Mann hat sich mit dem Gedanken erst versöhnen können, als ich in den Vorstand kam. Es hat etwas damit zu tun, daß ich mich
gegenüber meinem Mann durchsetzen wollte. Ich denke, es war schwierig
für einen etwas konservativen Ehemann, der noch so die Idee hat, ich
möchte nicht nur für meine Frau und Familie sorgen, sondern ich möchte
auch, daß jeder sehen kann, daß ich das tue. Da ist es dann vielleicht
etwas akzeptabler, wenn die Frau eine Tätigkeit hat, für die sie nicht bezahlt wird. Auf die Art und Weise habe ich die Möglichkeit gehabt, etwas
zu tun, wofür ich ganz gut qualifiziert war und was mir im Laufe der Jahre
auch immer mehr Freude gemacht hat.

192 Gespräche

Was macht Ihrer Meinung nach einen guten Mitarbeiter der Telefonseelsorge aus?
BALASZESKUL: Ich glaube, es muß jemand sein, der andere Menschen mag. Der ein Interesse an anderen Menschen hat und ihnen wohlwollend gegenübertreten kann. Es muß jemand sein, dessen eigene Probleme nicht so im Vordergrund sind, daß sie seine Haltung und seine Reaktion auf den Anrufer oder Klienten zu stark beeinflussen. Jedenfalls muß er wissen, was bei ihm los ist.
Ich denke, es muß jemand sein, der zuverlässig ist, auch in rein praktischen Dingen, wie pünktlich zum Dienst zu kommen und wirklich anzutreten, wenn er dran ist. Und ich denke, es muß jemand sein, der psychisch stabil ist, der es aushalten kann, die Dinge zu hören, die die Mühsamen und Beladenen bei der Telefonseelsorge abladen oder besprechen wollen. Und er muß das können, was ja zum Training bei sehr vielen helfenden Berufen gehört: Er muß die Möglichkeit haben, sich von dem, was er während der Arbeit hört, in seiner privaten Sphäre freizumachen, im Gegensatz zu dem, was viele Menschen einem sagen: »Ach, Sie machen so eine schwere Arbeit, wie können Sie das überhaupt ertragen?« Ich glaube, man muß – ohne dem Anrufer gegenüber distanziert zu sein – eine gewisse Distanz wahren und sich damit selbst schützen können.

Worin sehen Sie Möglichkeiten und Grenzen der Telefonseelsorge?
BALASZESKUL: Die Möglichkeiten sehe ich in der sofortigen Bereit-schaft desjenigen, der am Telefon ist, erst mal den Anrufer anzuhören und anzunehmen. Das halte ich für das Wichtigste am Anfang eines Gesprächs. Weitere Möglichkeiten, die sich daraus ergeben, denke ich, sind ganz un-terschiedlich in den verschiedenen Telefonseelsorge-Stellen, also nicht nur in Berlin und der Bundesrepublik, sondern auch in anderen Ländern.
Die Samaritans in Großbritannien zum Beispiel haben etwas sehr Gutes, das sie als *befriending* bezeichnen – eine persönliche Beziehung, die ein Mitarbeiter oder eine Mitarbeiterin zu einem Anrufer in einer akuten Krise aufnehmen kann. In dieser Form gibt es so etwas anderswo glaube ich nicht. Ich denke, daß es gut ist, wenn eine Telefonseelsorge-Stelle, außer am Telefon zu arbeiten, auch persönliche Beratung anbieten kann, von Mitarbeitern, die dafür qualifiziert sind. Ich glaube, daß es zum Beispiel in Ehekrisen, die sehr akut sind und vielleicht auch etwas mit Suizidgefähr-dung zu tun haben, sehr günstig ist, wenn eine Telefonseelsorge-Stelle Eheberater unter den Mitarbeitern hat, die sehr viel schneller eine solche Beratung beginnen können, als das bei anderen Eheberatungsstellen der Fall ist. Bei diesen dauert es meistens Wochen, bis man einen Termin bekommt.

Nun zu den Grenzen: Also, ich denke, am Telefon kann man nicht therapeutisch arbeiten, das ist eine Grenze. Es sind Grenzen auch dadurch gesetzt, daß die Mitarbeiter zwar eine gute Ausbildung bekommen, daß aber durch die Art und Weise, wie in der Telefonseelsorge gearbeitet wird, nämlich mit Schichtdiensten und immer wieder neuen Gesprächspartnern auf der Seite der Telefonseelsorge, eine therapeutische Beziehung im eigentlichen Sinn nicht möglich ist.

Was sind Ihrer Meinung nach die Hauptprobleme der Anrufer zur Zeit?
BALASZESKUL: Das Hauptproblem ist die Vereinsamung. Vielleicht, weil man tatsächlich ganz allein lebt oder weil man mit jemandem zusammenlebt, der einen nicht versteht und man sich deshalb einsam fühlt.

Was glauben Sie, sind denn die Hauptprobleme der Menschen in unserer Zeit und in unserer Gesellschaft?
BALASZESKUL: Das könnte mit den Problemen der Anrufer identisch sein. Ich glaube, außerdem so Probleme wie Angst vor der Zukunft, im Hinblick auf politische Entwicklungen und Bedrohung durch Atomkraft. Das sind dann aber nicht die Dinge, weswegen Leute eigentlich anrufen.
Ich bin immer unsicher, ob das, was die Menschen umtreibt, eigentlich mehr das Persönliche ist, das, was, sagen wir einmal, zwischen mir und meinem Mann und mir und meinen Kindern passiert, oder die weiteren Fragen, die mehr ins Gesellschaftliche gehen und andere Leute betreffen, die mir zum Teil überhaupt nicht bekannt sind. Ich weiß es eigentlich nicht. Ich denke, die Anrufer sind meistens mehr beschäftigt mit sich und ihren persönlichen Beziehungen oder den fehlenden Beziehungen mit anderen Menschen.

Was sind Ihrer Meinung nach die gesellschaftlichen Ursachen für das psychische Elend der Anrufer? Oder etwas allgemeiner gefragt: Woran krankt unsere Gesellschaft? Was wäre Ihre Diagnose, und – wenn möglich – was wäre Ihr Therapievorschlag?
BALASZESKUL: Ich glaube, daß es sehr weitgehend an der fehlenden Integration der Einzelnen in die Gesellschaft liegt, das, was Durkheim als Maßstab für die Suizidalität in einer Gesellschaft beschrieben hat. Ich bin sehr dieser Meinung. Da kommen sicherlich noch andere gesellschaftliche Faktoren hinzu, aber ich denke, das ist für mich das Grundlegende.
Jede Therapie für dieses Problem wären irgendwelche Ideen, wie die Menschen besser integriert in die Gesellschaft sein könnten, in der sie zufälligerweise leben. Das ist natürlich in verschiedenen Gesellschafts-

194 Gespräche

typen unterschiedlich. Ich glaube nicht, daß man zum Beispiel sagen kann:
»Ja, was macht ihr eigentlich bei der Telefonseelsorge, ihr müßt erst mal die
Gesellschaftsstruktur ändern.« Das habe ich manchmal so gehört, wenn
ich als Telefonseelsorger irgendwo aufgetreten bin, hauptsächlich bei Ärzten und in Krankenhäusern. Ich glaube nicht, daß man als eine Organisation wie die Telefonseelsorge überhaupt anfangen könnte, versuchen
könnte, so zu arbeiten. Ich denke, daß es immer die Menschen sind, die sich
an uns wenden, ganz egal, ob sie wirklich wissen, was wir anbieten können,
oder ob sie sich da Illusionen machen oder ob sie Wünsche haben und einen
auf irgendwas festnageln wollen, das ist da ganz gleichgültig. Ich denke,
daß eine solche Organisation wie ein Gefäß ist, das erst mal auffangen muß,
was da kommt. Und das nicht losgeht wie eine Maschine oder ein Speer, der
in irgendeine Richtung geworfen wird und da etwas erreichen will, was
vielleicht überhaupt nicht zum Glück der allgemeinen Menschheit sein
könnte. Ich bin also ganz schön konservativ...

Was glauben Sie, sind die entscheidenden Erziehungsfehler, die als Mitur-
sache verantwortlich gemacht werden können für das psychische Elend der
Anrufer?
BALASZESKUL: Ich glaube, daß der eigentliche Faktor die fehlende psychische Gesundheit bei den Eltern ist. Und daß sich das leider manchmal
von Generation zu Generation verfolgen läßt – soweit man das rausbekom-
men kann.

Woran hat es den Eltern gemangelt und den Eltern der Eltern? Wo sind da die
Defizite?
BALASZESKUL: Die Defizite, so glaube ich, liegen sehr weitgehend auf
dem Gebiet der Liebe, der menschlichen Wärme und ähnlichen Dingen.
Und sie liegen natürlich auch im Sadismus der Eltern, die ihre Kinder
strafen, wie sie vielleicht selbst gar nicht gestraft worden sind, und an falsch
ausgelebten Reaktionen auf eigene Schwierigkeiten. Das ist eine sehr
schwierige Frage. Ich habe dabei auch an das Buch von Alice Miller »Am
Anfang war Erziehung« gedacht, diese ganzen fürchterlichen Sachen, die
da aufgedeckt werden und wo einem auch klar wird, zu was das führen
kann.

Als ob in der Kindheit schon die fehlende Integration beginnt – was Durk-
heim für die Gesellschaft formuliert hat, Desintegration, die zum Beispiel
entsteht, wenn Kinder sadistischen Eltern ausgesetzt sind.
BALASZESKUL: Es ist auch für Eltern, die nicht sadistisch veranlagt sind,
manchmal sehr schwer, nicht ihre Macht über das Kind auszuüben. Das ist
eine große Versuchung Kindern gegenüber.

Gespräche 195

*Eine Frage zu Ihrer Erfahrung bei IFOTES, dem internationalen Telefon-
seelsorge-Verband. Gibt es große Unterschiede zwischen den einzelnen
Ländern, was die Anrufer betrifft?*
BALASZESKUL: Nach meiner Erfahrung könnte ich sagen, daß die Probleme überall sehr ähnlich sind. Die häufigsten Probleme sind die zwischenmenschlichen. Selbst in anderen Erdteilen sind die Probleme sehr
ähnlich denen, die wir hier haben.

*Ist das Verhältnis Kirche und Telefonseelsorge in der Bundesrepublik ein
aktuelles oder vergangenes Problem?*
BALASZESKUL: O nein, im Gegenteil, leider, kein vergangenes. Ich
denke, daß in der Telefonseelsorge in der Bundesrepublik die Frage der
kirchlichen Trägerschaft von Telefonseelsorge-Stellen und der kirchlichen Zugehörigkeit von Mitarbeitern jetzt wichtiger geworden ist, als es
vor 10 oder 15 Jahren war. Es gibt Landeskirchen, die fordern, daß die
Mitarbeiter einer Telefonseelsorgestelle, die von ihnen getragen und finanziert wird, Mitglieder einer christlichen Kirche sind. Die Entwicklung
bei der katholischen Seite in Deutschland geht sehr in Richtung größerer
Einflußnahme der Kirche auf die Arbeit der Telefonseelsorge.

Heißt das auch Einflußnahme auf den Anrufer?
BALASZESKUL: Nein, das glaube ich nicht, jedenfalls bisher noch nicht.
Aber da sind auch schon so Formulierungen wie »christliche Botschaft« in
gewissen Richtlinien mit drin, die man vielleicht so oder so auslegen
könnte. Aber bisher hat sich das auf die Gespräche mit den Anrufern
nicht ausgewirkt.
Es gibt Länder, die den Einfluß der Kirche nie gehabt haben, zum Bei-
spiel die romanischen Länder Italien und Frankreich. Diese beiden
Länder bekommen kein Geld von der Kirche, auch zum Beispiel in
England nicht, obwohl da die Organisation der Samaritans von einem
anglikanischen Priester gegründet worden ist und eine ganze Menge
Priester auch Stellen geleitet haben. Aber dann gibt es eben Deutschland und die skandinavischen Länder, die kirchliche Träger für ihre Stel-
len haben.
Am stärksten macht sich der Einfluß der Kirche tatsächlich zur Zeit in
Deutschland bemerkbar, und besonders auf der katholischen Seite.

Was macht Ihrer Meinung nach das Leben heutzutage lebenswert?
BALASZESKUL: Das kann ich so spontan eigentlich nicht beantworten.
Andererseits möchte ich hierzu aber gern etwas sagen können.
Ich glaube, daß die Schöpfung einen Sinn hat. Und deshalb glaube ich
auch, daß das Leben der einzelnen Menschen einen Sinn hat, daß sie

geboren werden mit einem gewissen Potential und daß ich zum Beispiel deshalb versuchen sollte, das, was ich mitbekommen habe an Intelligenz, Gefühl und solchen Dingen, so gut ich kann zu verwirklichen, in der Gemeinschaft mit anderen Menschen und zum Wohl auch anderer Menschen. Das ist für mich der Sinn des Lebens.

Ein Blick nach drüben
»Telefon des Vertrauens« – Einblick in die DDR

> »Es ist die Absicht der Initiatoren des Telefons des Vertrauens, durch diese menschliche Betreuung zur sozialen Geborgenheit in unserer sozialistischen Gesellschaft einen neuen zeitgemäßen Beitrag zu leisten.«
>
> *»BZ« (Ost-Berlin), 19./20.12.87*

Als letztes europäisches Land hat sich die DDR zur Einrichtung von Telefonnotdiensten entschlossen.

Etwa 10000 Anrufe bekam 1987, im dritten Jahr ihres Bestehens, eine staatliche Einrichtung der DDR in Leipzig, die sich als »Telefon des Vertrauens« bezeichnet. Unter den Sondernummern 51000 und 51100 wirbt diese den bundesrepublikanischen Telefonseelsorge-Institutionen teilweise vergleichbare Einrichtung mit dem Motto »Sie können mit uns reden«.

Täglich in der Zeit von 12 bis 24 Uhr – auch an Sonn- und Feiertagen – stehen den Anrufern Klinische Psychologen zur Verfügung, die ansonsten in Polikliniken und der Sektion Psychologie der Karl-Marx-Universität Leipzig arbeiten. Sie versehen ihren telefonischen Beratungsdienst zusätzlich zu ihrer sonstigen Tätigkeit.

Auf die Frage, was zu diesem Experiment psychologischer Telefonberatung bewogen hat, sagte der Projektleiter, Obermedizinalrat Dr. Heinz Metzig, in einem Zeitungsinterview:

»Überall, wo Menschen zusammenleben, ergeben sich Probleme. Das ist natürlich. Viele löst man im Gespräch mit dem Partner, mit Kollegen und Freunden. Mit anderen wieder muß man allein fertig werden. Bewältigt man diese nicht, können daraus psychische und auch physische Störungen erwachsen. Unser ›Telefon des Vertrauens‹ verstehen wir als Bestandteil unserer medizinischen Betreuungskette, als sinnvolle Ergänzung traditioneller psychotherapeutischer Möglichkeiten.«[201]

Als Hauptprobleme der Leipziger Anrufer benennt Dr. Metzig familiäre Konflikte, die er inhaltlich als Partnerprobleme, Konflikte mit den Kindern sowie als sexuelle Konflikte beschreibt. Außerdem geht es in den Anrufen hauptsächlich um lebensverändernde Krankheiten, Alkoholabhängigkeit und Probleme im Berufsleben. Etwa 0,5 % der Anrufer sind akut selbstmordgefährdet.

Nach Angaben der Ostberliner Zeitung »BZ« (19./20.12.87) zeigen die

198   Ein Blick nach drüben

Leipziger Erfahrungen, »daß ein erfreulich hoher Teil der vorgetragenen
Konflikte am Telefon geklärt werden konnte (59 Prozent)«.
Die meisten Anrufe kommen aus der Altersgruppe der 35- bis 45jährigen.
Daß es deutlich mehr Frauen als Männer sind, erklärt man sich in Leipzig
damit, »daß Frauen eher geneigt sind, sich mit ihren Problemen zu öff-
nen«.[202]
Bei emotional bewegenden Feiertagen häufen sich die Anrufe. Der zeit-
liche Anrufschwerpunkt liegt in den ersten Abendstunden, und bei der
Verteilung über die Woche liegen Dienstag und Mittwoch an der Spitze,
wird berichtet.
Das »Telefon des Vertrauens« bietet jedem Anrufer die Möglichkeit an,
anonym zu bleiben. Die Gespräche werden lediglich zu Weiterbildungs-
zwecken für die Mitarbeiter ausgewertet und natürlich, um statistische
Aussagen über Hauptprobleme und die Alters- und Geschlechtsverteilung machen zu können.
Dr. Metzig berichtet, daß die so gewonnenen Informationen auch für die
weitere Verbesserung der medizinischen Versorgung genutzt werden:
»Fragen wie der Ausbau des Hausarztprinzips, wo der Arzt als Bezugs-
punkt nicht nur für Krankheiten da ist, spielen hier eine besondere Rolle.
Hinweise gehen auch an die örtlichen Räte, an die Kommunalpoliti-
ker.«[203]
Nach dem erfolgreich arbeitenden Leipziger Vorbild will nun das DDR-
Gesundheitsministerium auch in anderen Bezirksstädten Einrichtungen
unter der Bezeichnung »Telefon des Vertrauens« aufbauen.
Aber auch Teile der Kirche in der DDR sind vor einigen Jahren parallel zu
der staatlichen Initiative und in Anlehnung an die bundesrepublikanischen Telefonseelsorge-Stellen aktiv geworden. Hier wird der Telefondienst von ehrenamtlichen Kräften organisiert, die aus unterschiedlichen
Berufen kommen und in Ausbildungskursen für ihre Tätigkeit geschult
werden.
Die Mitarbeiter dieser nur von kirchlicher und zu einem kleinen Teil von
privater Seite unterstützten Einrichtung arbeiten ebenfalls wie die staatlichen Kollegen nicht rund um die Uhr. Ohne offizielle und medienwirk-
same Unterstützung ist ihre Telefonnotruf-Nummer dennoch nicht unbekannt geblieben. Aus verschiedenen Gründen führen sie keine Statistik.
Die Anrufer und ihre Probleme bleiben so noch tiefer im Schutz, aber
auch im Dunkel der Anonymität. Einen Austausch oder gar eine Zusammenarbeit mit offiziellen staatlichen Stellen, wie es der »Telefon des Vertrauens«-Leiter für seine Einrichtung in Leipzig berichtet, gibt es nicht.
So begrenzt das vorliegende statistische Material über die Probleme, die
dazu führen, sich an eine mit der Telefonseelsorge vergleichbare Institu-

tion in der DDR zu wenden, auch ist – Parallelen zur bundesrepublikanischen Situation sind nicht zu übersehen:
Das staatliche Leipziger Angebot scheint auf ähnlich große, wenn nicht sogar noch größere Resonanz zu stoßen wie das Angebot der Telefonseelsorge in der Bundesrepublik.
Deutlichste Parallele dabei ist das Alter der stärksten Anrufergruppe, die 35- bis 45jährigen. Aber auch die Geschlechterrelation bei den Anrufern scheint ähnlich zu sein.
Die in Leipzig am häufigsten genannten Probleme sind vergleichbar mit den in der Bundesrepublik an zweiter Stelle stehenden Partnerproblemen. Auch Problemthemen wie Alkohol, Krankheit und Konflikte im Beruf rangieren in den Anlaßstatistiken vergleichbar hoch.
Lediglich das Thema Nr. 1 bei der bundesrepublikanischen Telefonseelsorge – Einsamkeit, Vereinzelung und Isolation – wird von dem Leipziger Stellenleiter nicht als Problem benannt. Dennoch führt er an – und das ist eine weitere Parallele zur Bundesrepublik –, daß an emotional bewegenden Feiertagen – wie Ostern, Weihnachten, Silvester – eine verstärkte Inanspruchnahme des »Vertrauenstelefons« zu beobachten ist. Dies ist sicherlich mit auf die gerade an diesen Feiertagen hier wie dort schmerzlich empfundene Einsamkeit zurückzuführen. Die Scheidungsrate in der DDR, die doppelt so hoch ist wie in der Bundesrepublik, spricht ebenso eher für die Hypothese des besonderen Einsamkeitsleidens an Feier-, aber auch an Alltagen.
Generell trifft sicherlich für die Anrufer beim »Telefon des Vertrauens« zu, was für die Anrufer bei der Telefonseelsorge gilt: Kaum jemand wendet sich an eine solche Institution, der nicht unter quälenden Einsamkeitsgefühlen leidet.
Verschiedene Gesellschaftssysteme – gleiche Probleme, auch wenn der offizielle DDR-Tenor sich in der Ostberliner »BZ« etwas anders liest: »In der BRD, der Schweiz, England, den Niederlanden und Österreich sind in den letzten Jahren solche Telefondienste eingerichtet worden. Im Gegensatz zu den Erfahrungen in der DDR sind die häufigsten Beratungsursachen in der BRD Arbeitslosigkeit, soziale Unsicherheit, Existenzangst und auch totale Mittellosigkeit.«

Telefonseelsorge
Ein Spiegel unserer Probleme

> In jedem Menschen ist etwas
> von allen Menschen.
> *Georg Christoph*
> *Lichtenberg*

Die Anrufer – nicht am Rande, sondern in der Mitte

600 000 Anrufe pro Jahr bei der Telefonseelsorge geben einen repräsentativen Querschnitt über die Probleme der Menschen in unserer Gesellschaft.

Es sind nicht – wie man klischeehaft denken könnte – Mitglieder extremer Randgruppen, die sich an die Einrichtung Telefonseelsorge wenden, es sind nicht überwiegend die noch ganz jungen Menschen mit ihren pubertär bedingten Entwicklungsproblemen oder die schon ganz alten, die wir uns krank, einsam, aber fromm vorstellen.

Es sind die 30- bis 50jährigen, die weit über die Hälfte der Anrufer stellen, eine Altersklasse, die Soziologen als die potenteste in unserer Gesellschaft bezeichnen. Es sind die, die eigentlich mitten im Leben stehen.

Nicht »die Verrückten«, die armen Habenichtse, unverheirateten Einzelgänger oder die mehrfach Geschiedenen wenden sich – wie die Phantasie vorschnell beruhigen mag – problembeladen an eine solche Stelle. Es sind auch nicht die braven Kirchensteuerzahler und frommen Sonntagsgottesdienstbesucher, die sich hoffnungsfroh an eine kirchliche Einrichtung wenden, wie es die Telefonseelsorge im Namen zu signalisieren scheint.

Alle die sind es nicht, die leicht Abzustempelnden und Auszugrenzenden.

Es sind Herr und Frau Jedermann, die anrufen: Die unter Leeregefühlen leidende Hausfrau und Mutter von drei Kindern, der eine unerträgliche Isolation und Entfremdung empfindende Fernfahrer und Familienvater, der trotz massiver Überstunden seine Schulden nicht abtragen kann, der alkoholgefährdete Büroangestellte mit seinem »todsicheren« Arbeitsplatz im öffentlichen Dienst, der über die Monotonie seines ganzen Lebens klagt, der selbständige Fleischermeister, der glaubt, seiner Frau alles geboten zu haben und die »ihm« trotzdem »weggelaufen« ist.

Es ist auch die depressive Psychotherapiepatientin, deren Therapeut sich in Urlaub befindet und die jetzt nicht weiß, wohin sie sich wenden soll, der Krankenpfleger, der das durch Apparatemedizin verlängerte Elend auf der Intensivstation nicht mehr aushält, der unter Angst vor Arbeitsstörungen leidende Journalist, die arbeitslose und psychosomatisch erkrankte Lehrerin, die akkordgestreßte und alles als sinnlos erlebende Fließbandarbeiterin und und und ...

Die überdeutlich vertretene Altersgruppe der 30- bis 50jährigen macht auf die besonderen Probleme in der mittleren Lebensphase aufmerksam. Seit Ende der 60er Jahre wurde dafür der Begriff »midlife crisis« geprägt, eine bilanzartige Identitätskrise, verbunden mit Fragen wie: »Wer bin ich, wo komme ich her, wo gehe ich hin?« Bisweilen wird das torschlußartige Resümee geäußert: »Das kann doch nicht alles gewesen sein ...«

Eine treffende Schilderung des »mittelalterlichen« Lebensgefühls gibt Robert Musil in seinem Roman »Der Mann ohne Eigenschaften«:

Im Grunde wissen in den Jahren der Lebensmitte wenig Menschen mehr, wie sie eigentlich zu sich selbst gekommen sind, zu ihren Vergnügungen, ihrer Weltanschauung, ihrer Frau, ihrem Charakter, Beruf und ihren Erfolgen, aber sie haben das Gefühl, daß sich nun nicht mehr viel ändern kann. Es ließe sich sogar behaupten, daß sie betrogen worden seien, denn man kann nirgends einen zureichenden Grund dafür entdecken, daß alles gerade so kam, wie es gekommen ist; es hätte auch anders kommen können; die Ereignisse sind ja zum wenigsten von ihnen selbst ausgegangen, meistens hingen sie von allerlei Umständen ab, von der Laune, dem Leben, dem Tod ganz anderer Menschen, und sind gleichsam bloß im gegebenen Zeitpunkt auf sie zugeeilt.[204]

Von verschiedenen Wissenschaftlern werden übereinstimmend Faktoren benannt, die in der Krise der Lebensmitte in besonders ausgeprägter Weise die Themen Trennung und Verlust aktuell werden lassen. Sie kränken und erschüttern nachhaltig unser bis dahin vielleicht halbwegs bestehendes (Allmachts-) Gefühl, das soziale Umfeld erfolgreich beeinflussen zu können:

- Die Verringerung der sexuellen Potenz, bis hin zu deren Verlust, oder, allgemeiner ausgedrückt: die Verminderung der Lebenskraft;
- Partnerprobleme, auch im Zusammenhang mit einem Nachlassen der sexuellen Attraktivität des Partners;
- das Erleben des langsamen Überflüssigwerdens im Beruf;
- die zunehmende Selbständigkeit und Unabhängigkeit der Kinder, verbunden mit dem Verlust der Elternrolle und einer notwendig werdenden Neuorientierung;
- Konfrontation mit der Kränkung, nicht mehr dem gesellschaftlich aufoktroyierten Jugendlichkeitsideal zu entsprechen;

202   Telefonseelsorge – Ein Spiegel unserer Probleme

– Einschränkungen und Verluste als Folge von biologischen Gesetzmä-
ßigkeiten (z. B. Menopause) oder von Krankheiten;
– die stärkere Konfrontation mit dem unausweichlich näherrückenden
Thema Tod.

Allen aufgeführten Trennungs-, Verlust- und damit einhergehenden
Kränkungsaspekten ist gemeinsam, daß sie zu einem Erleben von quälenden Einsamkeitsgefühlen führen können. Diese sind um so stärker, je
mehr in den aktuellen Trennungs- und Einsamkeitserfahrungen frühkindliche Verlust- und Verlassenheitssituationen reaktiviert werden.

Das Problem – die Einsamkeitskrankheit

Die Anrufer bei der Telefonseelsorge geben ein Bild von der psy-
chischen Situation der Menschen in unserer Zeit. Sie benennen die Leit-
und Leid-Themen mit *Einsamkeit, Partnerproblemen, Depression,
Alkoholabhängigkeit, Suizidalität, Krankheit, Arbeitslosigkeit und
Angst.*
Sich-einsam-Fühlen ist das zentrale Problem und emotionaler Ausgangspunkt, die Notrufnummer dieser Tag und Nacht leicht erreich- und verfügbaren Institution zu wählen. Aber auch die anderen Probleme, die von den
Anrufern thematisiert werden, beinhalten ein Leiden an Einsamkeit und
Isolation. Sie sind lediglich Masken und Variationen dieses Themas.
Das gilt für
– die Unfähigkeit, lange dauernde befriedigende Partnerbeziehungen zu
haben, die zu einsam machenden Trennungserfahrungen führt,
– Depression, Alkoholprobleme und Suizidalität, die unmittelbare pathologische Folgezustände von Einsamkeits- und Trennungserlebnissen sind,
– Krankheit, Arbeitslosigkeit und Angst, die Einsamkeitsleiden und Isolation unweigerlich nach sich ziehen.

So gesehen umgreift das Einsamkeitsgefühl alle anderen Hauptprobleme
der Anrufer.
Einsamkeit ist das leidvolle Anzeichen für eine verbreitete Störung in der
Beziehung zwischen dem Ich und den anderen. Die eingeschränkte und
von schweren Defiziten gekennzeichnete Kommunikationsfähigkeit manifestiert sich vor allem auch in der Heerschar der Menschen mit Partnerproblemen. Die einsam machende Beziehungs- und Liebesunfähigkeit
wird am Telefon immer häufiger beklagt.

Depression, Sucht und Suizidalität liegt ein häufig durch Trennungen ausgelöstes fundamentales Einsamkeitsgefühl zugrunde: Wer einsam ist, wird depressiv, wer einsam ist, greift zur Droge, und wer einsam ist, kann suizidal werden. Alle drei Leiden werden aber auch von massiven Verlassenheits- und Einsamkeitsgefühlen begleitet. Einsamkeit ist gleichsam ein Schatten, der dem leidenden Menschen auf Schritt und Tritt folgt und sein Leben verdunkelt.

Der krasseste Ausdruck für die tödliche Kraft, die Einsamkeit entfalten kann, ist der Suizid. Aus psychosomatischer Sicht muß man hinzufügen, daß Einsamkeit auch auf dem Umweg über körperliche Krankheiten schwersten Schaden anrichten kann. Aus dieser Sicht gehört die Krankheit Einsamkeit mit zu den wichtigsten Ursachen für frühzeitigen Tod.

Erlittene Einsamkeit ist häufig vor allem für Herz-Kreislauferkrankungen ein maßgeblicher Hintergrund. Diese Erkrankungen stehen in der Todesursachenstatistik der Bundesrepublik an erster Stelle. Einsamkeit kann einem – wie es die Volksweisheit seit langer Zeit plastisch auszudrücken weiß – regelrecht »das Herz brechen«.[205]

Einsamkeit macht krank – psychisch und physisch. Die *Einsamkeitskrankheit* ist das zentrale, wenn auch weitgehend tabuisierte Leiden der Menschen unserer Zeit.

Quälende Einsamkeitsgefühle, objektive Vereinzelung und Isolation sind aber nicht nur das zentrale Problem der halben Million Anrufer bei der Telefonseelsorge, sondern vieler Menschen in unserer Gesellschaft. Nach einer Repräsentativumfrage des Allensbacher Instituts für Demoskopie fühlten sich 1986 53 % der Befragten zeitweise einsam.[206]

Weiterer Hinweis auf die Verbreitung der Einsamkeitskrankheit sind die Anrufe, die andere telefonisch erreichbare und z. T. ebenfalls rund um die Uhr arbeitende Institutionen erhalten. Hintergrund ist auch hier massives Einsamkeitsgefühl und nicht aufschiebbares Aussprachebedürfnis. Bei Rundfunk- und Zeitungsredaktionen wird ein kleiner Anlaß als Aufhänger genommen, um ein Gespräch und damit einen zwischenmenschlichen Kontakt herzustellen.

Auch die Telefonauskunft der Post kennt dieses Thema und verweist dann gerne auf die Telefonseelsorge, wenn es den Anrufern weniger um die Telefonnummer eines Fernsprechteilnehmers geht, sondern deutlich mehr um das »Fern-sprechen«.

Bei den Notrufzentralen der Polizei ebenso wie bei der Feuerwehr treffen seelische Notrufe ein, die sich mit Blaulichteinsatz nicht lösen lassen. Hier soll zugehört, geschlichtet, Rat und erste seelische Hilfe gegeben werden. Von etwa 2000 Anrufen, die die Berliner Polizei täglich unter ihrer Notrufnummer 110 erhält, sind es nach Einschätzung der Beamten

204 Telefonseelsorge – Ein Spiegel unserer Probleme

am Telefon über 500 Anrufe, die keinen Funkwageneinsatz, sondern eigentlich ein längeres Gespräch erfordern. Häufig fühlen sich die Beamten dann überfordert und hilflos.

Ähnliche Erfahrungen machen die Telefonmitarbeiter des ärztlichen Bereitschaftsdienstes. Oftmals steht bei ihren Anrufern eher das Seelische als das Körperliche im Vordergrund. Auch hier geht es um das Bedürfnis nach einem Gespräch, nach Zuwendung, Zuspruch, Trost und weniger um Tabletten und Spritzen.

Die Spitze des Eisberges macht auf den noch viel größeren Teil unter der Wasseroberfläche aufmerksam. Wieviele schweigen und wagen nicht, über ihr Leiden zu sprechen, wieviele leiden unter den verschiedensten Symptomen und wissen die eigentliche Ursache nicht zu benennen? Einsamkeit ist ein Tabuthema. Das, womit die meisten nicht mehr fertig werden, wird zur normalen Anormalität.

Die Probleme der Anrufer bei der Telefonseelsorge spiegeln die Probleme wider, die jeder von uns hat – lediglich im Ausmaß unterschieden.

Die selbstzerstörerische Komponente

Neben dem mitverursachenden und begleitenden massiven Einsamkeitsgefühl ist als zweites Hauptcharakteristikum bei den zentralen Problemen Depression, Sucht und Suizidalität eine besondere selbstzerstörerische Kraft beteiligt: die gegen die eigene Person wütende Aggressivität.

Woher kommt dieses massive aggressiv-destruktive Potential im Sinne von Feindseligkeit, Haß und Zerstörung?

Verkürzt ausgedrückt: Frustration schafft Aggression – oder in den Worten Freuds: Haß entsteht aus unbefriedigter Liebe.[207]

Es ist die Situation mangelnder Liebe, massiver Enttäuschungen und kumulativer Entbehrungen in den ersten Lebensmonaten, die ein fundamentales Einsamkeits- und Verlassenheitsgefühl schon beim Kleinkind bedingt. Sie läßt jene archaisch-destruktiven Kräfte entstehen, die sich gegen die enttäuschenden und im doppelten Wortsinn versagenden Verursacher richten.

In der besonderen Phase der extremen Hilflosigkeit und Abhängigkeit des ganz kleinen Kindes gegenüber der versorgenden Umwelt – und das ist primär die Mutter – ist es dem Frustrationen erleidenden und deshalb aggressiv reagierenden Kind aber nicht möglich, diese Wutimpulse gegen die sich nicht ausreichend liebevoll kümmernden Personen zu richten. Hintergrund dafür ist die berechtigte Angst des Kindes, bei einer Realisierung seiner aggressiven Impulse die primären Bezugspersonen, die es ja trotz alledem liebt und von denen es sich mit Recht abhängig fühlt, gänzlich zu verlieren.

Die Wendung der Aggression gegen die eigene Person ist der scheinbare Ausweg aus diesem Dilemma, der später in einer Situation der Reaktualisierung der frühkindlichen Trennungs- und Einsamkeitserfahrungen durch aktuelle Personen zu selbstzerstörerischen Erkrankungen führt. Die Einsamkeit des Kindes ist die Einsamkeit des Erwachsenen – und vice versa.

Bei den individuellen Leiden Depression, Sucht und Suizidalität ist der eigentliche Adressat der Aggressivität nicht mehr sichtbar. Er ist in der Vergangenheit, in der individuellen Biographie zu suchen. Aus psychoanalytischer Sicht gilt die individuelle Selbstzerstörung bei den genannten Störungen unbewußt der psychisch in die eigene Person aufgenommenen (introjizierten) Mutter der frühen Kindheit. Diese soll unbewußt primär getroffen und zerstört werden, wenn auch auf Kosten der eigenen Person, die zugrunde geht.

Die kollektive Parallele

Diese vor allem durch Autoaggression charakterisierten individuellen Leiden haben eine fatale globale Parallele in deutlich wahrnehmbaren selbstzerstörerischen gesamtgesellschaftlichen Vorgängen. Auf der kollektiven Ebene richtet sich die Zerstörungswut in Form von Umweltzerstörung gegen »Mutter Natur« oder noch globaler – im Hinblick auf die Gefahr des atomaren Holocaust – gegen »Mutter Erde«.

Am leichtesten nachvollziehbar wird die Selbstzerstörungs-Parallele in der militärischen Aufrüstung mit einem Waffenpotential, das, wie wir alle wissen, ausreicht, alles Leben auf der Erde in einer nur als Welt-Suizid zu bezeichnenden Aktion x-fach auszurotten. Aber auch die unbelehrbare Risikobereitschaft im Umgang mit der Atomenergie und dem daraus resultierenden Atommüll grenzt an ein kollektives suizidales Verhalten.

In Zusammenhang mit einer suchtartigen Produktions- und Konsumsteigerung werden zerstörerische Kräfte größten Ausmaßes hingenommen, die eine zum Teil irreversible Umweltverschmutzung und -vernichtung zur Folge haben. Die damit einhergehende Selbstschädigung der Menschheit wird durch zahllose Beispiele belegt. Kaum vergeht eine Woche, wo es nicht zu einer Katastrophe kommt, sei es z. B. ausgelöst durch ein Chemiewerk oder als vermeintliche Naturkatastrophe, die bei

näherer Untersuchung auf massive ökologische Schädigungen zurückgeführt werden muß.
So gesehen ist Umweltzerstörung immer auch Selbstzerstörung.
Eine süchtig machende Drogenartigkeit der Ablenkungs- und Unterhaltungsindustrie und ihrer Medien hat vielleicht nicht zuletzt die gesamtgesellschaftliche Funktion, die Individuen von den beschriebenen selbstzerstörerischen und suizidalen Gefahrenmomenten abzulenken oder wenigstens beruhigend zu wirken. Als eine Art gesellschaftlicher Depression ist vielleicht die Gleichgültigkeit und Antriebslosigkeit zu interpretieren, die es verhindert, zentrale Probleme wie Arbeitslosigkeit, Umwelterhaltung und die Vielzahl der Aufgaben in der sog. Dritten Welt in Angriff zu nehmen.

Telefonseelsorge – Sorge für den Einzelnen und die Gesellschaft

Hat die Institution Telefonseelsorge, die zum Mitwisser individuellen Leidens wird, das sich in der Summe zu einer Aussage über gesamtgesellschaftliche Probleme addiert, nicht die Aufgabe, dieses Wissen an die Gesellschaft zurückzugeben, mit der Forderung, die Ursachen zu reflektieren und zu einer Veränderung zu gelangen?
Von Kritikern wird der Telefonseelsorge immer wieder vorgeworfen, sie arbeite nur symptomkurierend. Das ihr berichtete Leiden werde lediglich individuell be- und verhandelt. Damit fördere die Telefonseelsorge letztlich nur die Anpassung an weitgehend marode Verhältnisse in unserer Gesellschaft, wodurch sie von der Rolle des Mitwissers fast schon in die des Mittäters gerate.
Zweifelsohne hat die Telefonseelsorge sich in ihrem über dreißigjährigen Bestehen zu einer Institution entwickelt, die einen sehr direkten Zugang zu den psychischen Problemen der Menschen unserer Gesellschaft hat. Sie ist zu einem Seismographen geworden, der mit hochsensiblen Antennen die psychischen, die sozialen und damit auch die gesamtgesellschaftlichen Erschütterungen wahrnimmt.
Daß die Telefonseelsorge durch ihre Mitarbeiter versucht, den Individuen, soweit es möglich ist, zu helfen, ist ihre selbst gestellte und sinnvolle Aufgabe. Sicher ist es aber eine berechtigte Forderung an diese doch relativ gut organisierte Institution, nunmehr über die Individualhilfe hinaus endlich viel stärker als bisher gesellschaftliche Position zu beziehen. Die Telefonseelsorge darf zu den Problemen und dem Elend nicht länger schweigen, von dem die Mitarbeiter täglich massenhaft erfahren. Es ist jetzt dringend an der Zeit, sich angemessen Gehör zu verschaffen und

nicht nur Gehör zu sein! Die Telefonseelsorge darf sich nicht länger in ihrem »telefonischen Beichtstuhl« verstecken, sondern muß in der Öffentlichkeit deutlich Position beziehen.

Vergleichbare Institutionen wie z. B. Amnesty International und Greenpeace waren bisher besser in der Lage, die Gesellschaft auf von ihnen entdeckte und enttarnte Mißstände aufmerksam zu machen, zu sensibilisieren und auch Unterstützung zu bekommen.

Spiegelt sich vielleicht in der Institution Telefonseelsorge dasselbe Phänomen wider, das auch die Anrufer häufig leidvoll empfinden – nicht gehört und wahrgenommen zu werden? Die Telefonseelsorge scheint oft ebenso sprachlos, hoffnungslos und gehemmt zu sein wie viele ihrer Anrufer, wenn es um die sozialpolitische Aufgabe geht, Sprachrohr für die Unglücklichen zu sein.

Vor zu großen Erwartungen an die möglichen Auswirkungen eines stärkeren sozialpolitischen Engagements der Telefonseelsorge ist dennoch zu warnen. Der Anspruch, die Gesellschaft verändern zu können, wäre eine institutionelle Größen- und Allmachtsphantasie, vergleichbar der mancher Telefonseelsorge-Mitarbeiter in ihrer Anfangszeit, dem Anrufer mittels eines Telefongespräches fundamental und dauerhaft helfen zu können.

Dennoch: Die andere Extremhaltung im Sinne der hoffnungslosen Überzeugung einer totalen Ineffektivität erscheint genauso ungerechtfertigt. Individuelle wie gesamtgesellschaftliche Veränderungen gehen nur sehr langsam voran. Vor zwanzig Jahren war das allgemeine Bewußtsein für ökologische Probleme kaum verbreitet, während heute doch einige Bevölkerungskreise deutlich sensibler geworden sind. Gibt das nicht doch Grund zu der berechtigten Hoffnung, für die Problematik des psychischen »Innenweltschutzes« eine ähnliche Sensibilisierung bewirken zu können?

Sprechen kann helfen

Im Anfang war das Wort...
Wir leben in einer Gesellschaft, in der immer weniger miteinander gesprochen und noch weniger einander zugehört wird. Gestiegener TV-, Video- und Unterhaltungskonsum sowie standardisierte Fragebogen für den neuen Patienten in der sogenannten Sprechstunde beim Arzt – frühere Krankheiten, jetzige Beschwerden und zehn weitere Fragen, Zutreffendes bitte ankreuzen! – seien hier als Beispiel nur kurz angeführt. Ähnlich verlaufen auch viele Prüfungen: das Medizinerexamen an der Universität, der Einstellungstest für den begehrten Ausbildungsplatz ebenso wie die Fahrschulprüfung. Alles funktioniert nur noch nach dem Multiple-choice-System: An die Stelle des Gesprächs tritt das stumme, computergerechte Ankreuzen.
Wer nicht spricht, teilt sich nicht mit, und wer das Sprechen verlernt, verstummt und ist behindert. Mit dem Verlernen des Sprechens aber geht auch ein Verlernen des Zuhörens einher und umgekehrt. Der Dialog zweier Menschen, die miteinander sprechen und einander zuhören, wird immer seltener und gestaltet sich zunehmend schwieriger. Verstanden werden und verstehen sind rar gewordene Erlebnisse.
Sicherlich fällt es nicht leicht, aus der Sprachlosigkeit und der Unfähigkeit zum Zuhören einen Schritt herauszuwagen, aufeinander zuzugehen und wieder miteinander zu sprechen. Das Gespräch aber kann helfen, im großen wie im kleinen: zwischen den Supermächten und ihren personellen Vertretern, zwischen Arbeitgebern und Arbeitnehmern, das trifft für das zerstrittene Paar ebenso zu wie für die Konflikte, die zwischen Eltern- und Kindergeneration entstehen.
Wie viele Menschen verstummen und verzweifeln, weil sie mit ihren Sorgen, Nöten und Krisen nicht mehr fertig werden?
Der Mensch ist ein dialogisches Wesen. Ein Mangel an Dialog bedeutet einen Mangel an Mit-Menschlichkeit und führt unweigerlich in die Erkrankung. Es ist aber auch die Kraft des Wortes, die Macht des Dialoges, die den Menschen wieder aus Erkrankung und Vereinsamung herausführen kann. Diese Erkenntnis ist seit Freud die Basis der Psycho-Therapie. Er machte die Sprache zum zentralen Medium der Seelenbehandlung.
Im Vorfeld der professionellen psychologischen Beratungs- und Therapieangebote nimmt die Institution Telefonseelsorge einen besonderen Platz ein. Zwischen den Entscheidungspolen, eine Krisensituation alleine

bzw. mit Hilfe von Partnern und Freunden zu bewältigen – wenn man sie hat bzw. wenn sie als Gesprächspartner in Frage kommen – oder spezielle professionelle Hilfe in Anspruch zu nehmen, existiert das außergewöhnliche Angebot der Einrichtung Telefonseelsorge:

Da ist auf der einen Seite das bequem handhabbare Medium Telefon, das jederzeit Zugang zu partieller Nähe bei aufrechterhaltener Distanz ermöglicht, mit der Chance, anonym zu bleiben, und der Sicherheit, das Gespräch zu jedem Zeitpunkt beenden zu können;

und da sind auf der anderen Seite die freiwilligen, ohne Bezahlung arbeitenden Mitarbeiter dieser Einrichtung, die tagaus, tagein und rund um die Uhr eine Gesprächsmöglichkeit von Mensch zu Mensch anbieten, als ausgewählte und speziell ausgebildete Laien, nicht aber als »Profis«.

Eine Institution, die sich »Telefonseelsorge« nennt, weckt Erwartungen. Welche sind realistisch und welche nicht?

Der Anspruch, im gemeinsamen Gespräch mit dem Anrufer die aktuelle Krise zu bewältigen und Lösungsmöglichkeiten für bestehende Konflikte durchzusprechen, stößt in der alltäglichen Telefonpraxis auf Grenzen. Zu optimistische Erwartungen hinsichtlich telefonischer Hilfsmöglichkeiten mußten von den Mitarbeitern der Telefonseelsorge korrigiert werden. Eines jedoch ist unverändert geblieben und gehört zu den Hauptcharakteristika der Telefonseelsorge: das Angebot, für jeden und jedes Problem jederzeit ansprechbar zu sein.

Und gerade darin besteht die Besonderheit des Angebotes: mit dem Anrufer gemeinsam die ihn bedrängende Konfliktsituation bisweilen erstmalig aussprechbar und damit vielleicht auch ein Stück bewußter zu machen.

Menschen haben Bedürfnisse, Wünsche, Sehnsüchte und Hoffnungen. Vieles davon bleibt wegen innerer Konflikte oder der »Macht des Schicksals« unerfüllt. Zwischen den Polaritäten Liebe und Haß, Wachsen und Werden, Stagnieren und Vergehen sind leidvolle Krisen unausweichlich vorprogrammiert. Was dann oft schmerzlich vermißt wird, ist ein Gesprächspartner und gedanklicher Weggefährte, der da ist, wenn kein Wegweiser mehr sichtbar und kein Ausweg mehr gangbar scheint.

Zur Situation des **Auf-einmal-nicht-mehr-weiter-Wissens** und der quälenden Einsamkeit ist das von der Anti-Einsamkeitsinstitution angebotene Gespräch, der Dialog mit einem Mitarbeiter der Telefonseelsorge eine Gegenkraft von unschätzbarem Wert. Das Gespräch stellt möglicherweise die abgerissene Verbindung zur Welt wieder her:

Sprechen kann helfen!

Verzeichnis der Telefonseelsorge-Stellen

Aachen	0241 / 11101, 11102
Augsburg	0821 / 11101, 11102
Bad Kreuznach	0671 / 11101, 11102
Bad Neuenahr-Ahrweiler	02641 / 4747, 4748
Bad Oeynhausen	05731 / 11101
Bamberg	0951 / 11101, 11102
Bayreuth	0921 / 11101
Berlin	030 / 11101
Bielefeld	0521 / 11101
Bochum	0234 / 11101, 11102
Bonn	0228 / 11101, 11102
Braunschweig	0531 / 11101
Bremen	0421 / 11101
Darmstadt	06151 / 11101, 11102
Dortmund	0231 / 11101, 11102
Dormagen	02106 / 11101, 11102
Düren	02421 / 11102
Düsseldorf	0211 / 11101
Duisburg	0203 / 11101, 11102
Erlangen	09131 / 11102
Essen	0201 / 11101
Essen	0201 / 11102
Frankfurt	069 / 11101
Frankfurt	069 / 11102
Freiburg	0761 / 11101, 11102
Fulda	0661 / 10041, 10042
Giessen	0641 / 11101, 11102
Göttingen	0551 / 11101
Hagen	02331 / 11101, 11102
Hamburg	040 / 11101
Hamm	02381 / 11101, 11102
Hanau	06181 / 11101
Hannover	0511 / 11101
Heidelberg	06221 / 11101
Heilbronn	07131 / 11101, 11102
Kaiserslautern	0631 / 11101, 11102
Karlsruhe	0721 / 11101, 11102
Kassel	0561 / 11101
Kiel	0431 / 11101
Koblenz	0261 / 11101, 11102
Köln	0221 / 11101
Köln	0221 / 11102

Verzeichnis der Telefonseelsorge-Stellen   211

Konstanz	07531 / 11101
Krefeld	02151 / 11101, 11102
Lübeck	0451 / 11101
Lübbecke	05241 / 11101
Mainz	06131 / 11101, 11102
Mannheim	0621 / 11101, 11102
Marburg	06421 / 11101, 11102
Marburg	06421 / 65151, 66127
Minden	0571 / 11101
Mönchengladbach	02161 / 11101, 11102
München	089 / 11101
München	089 / 11102
Münster	0251 / 11101
Neuss	02101 / 11101, 11102
Nürnberg	0911 / 11101
Oldenburg	0441 / 11101
Offenburg	0781 / 11101, 11102
Osnabrück	0541 / 11101
Paderborn	05251 / 207478
Passau	0851 / 11102
Pforzheim	07231 / 11101, 11102
Pirmasens	06331 / 11101, 11102
Ravensburg	0751 / 33244
Recklinghausen	02361 / 11101, 11102
Regensburg	0941 / 11101, 11102
Rheydt	02166 / 11101, 11102
Saarbrücken	0681 / 11101, 11102
Siegen	0271 / 11101, 11102
Solingen	02122 / 11101
Soltau	05192 / 7070
Stuttgart	0711 / 11101
Stuttgart	0711 / 11102
Trier	0651 / 11102
Tübingen	07071 / 11101, 11102
Ulm	0731 / 11101, 11102
Viersen	02152 / 11101, 11102
Wesel	0281 / 11101, 11102
Wiesbaden	06121 / 11101
Wolfsburg	05361 / 11101
Wuppertal	0202 / 11101, 11102
Würzburg	0931 / 11101, 11102

Anmerkungen

1 Leitlinien. Informationsdienst Telefonseelsorge Nr. 7/1978, S. 6.
2 a. a. O., S. 7.
3 Schmidt, H.: Die Klientel der Telefonseelsorge. Frankfurt a. M. 1985, S. 5.
4 Unterste, H.: Telefonseelsorge – Die Motive ihrer Mitarbeiter. Frankfurt a. M. 1982, S. 101.
5 a. a. O., S. 102.
6 Evangelische Lebensberatung. Telefonseelsorge – Evangelische Familien- und Lebensberatung Bremen. Jahresbericht 1984. I. Teil: Telefonseelsorge, S. 1.
7 Schmidt (s. Anm. 3), S. 36.
8 Unterste (s. Anm. 4), S. 102.
9 Pehl, K.: So hat es angefangen. In: Haus der Volksarbeit (Hg.): 25 Jahre Notruf-Telefonseelsorge Frankfurt. Frankfurt a. M. o. J., S. 5–7 (S. 7).
10 Schmidt (s. Anm. 3), S. 36.
11 Hermes, E.: Persönliche Eindrücke. Fünf Jahre ehrenamtliche TS-Mitarbeit. Informationsdienst TS 7/1978, S. 40.
12 a. a. O.
13 Schmidt (s. Anm. 3), S. 37.
14 Dietel, B.: Image der TS. Informationsdienst TS 7/1987, S. 29–34 (S. 33).
15 Hermes (s. Anm. 11), S. 41.
16 Schmidt (s. Anm. 3), S. 38.
17 Dietel, N.: Überlegungen zu den ›Merksätzen‹. Informationsdienst TS Nr. 12/1981, S. 27.
18 Schmidt (s. Anm. 3), S. 38.
19 Unterste (s. Anm. 4), S. 102.
20 a. a. O.
21 Debes, H.: Die Telefonseelsorge als Institution im Grenzbereich professionelles System – Laiensystem. Med. Diss. Freiburg 1983, S. 152.
22 Schmidt (s. Anm. 3), S. 39.
23 Ockenfels, W.: Telefonseelsorge oder Schmalspurpsychologie. Informationsdienst TS Nr. 9/1979, S. 19–20 (S. 19).
24 a. a. O.
25 a. a. O.
26 Schmidt (s. Anm. 3), S. 40.
27 a. a. O., S. 41.
28 Evangelische Konferenz für TS/Katholische Arbeitsgemeinschaft TS und OT/Katholische Bundesarbeitsgemeinschaft der Träger von Erziehungsberatungsstellen, Ehe-, Familien- und Lebensberatungsstellen und der TS: Jahresbericht 1983, S. 1.
29 TS Koblenz (Hg.): 20 Jahre TS Koblenz (1966–1986). Ein Bericht, S. 29f.
30 Neidhart, H.: Rückblick und Ausblick – Zur Situation der TS. In: Telefonseelsorge Würzburg: Jahresbericht 1985, S. 14–22 (S. 14f.).

Anmerkungen 213

31 a. a. O., S. 15.
32 a. a. O., S. 16.
33 Schnaas, B. et al.: Kennen Sie die Telefonseelsorge? Die TS Hagen befragt Menschen auf der Straße. Auf Draht Nr. 2/1987, S. 8–15. (S. 11).
34 a. a. O., S. 11.
35 a. a. O., S. 12.
36 a. a. O.
37 a. a. O., S. 13.
38 a. a. O.
39 a. a. O., S. 15.
40 Obergassel, J.: »Das Pferd frißt keinen Gurkensalat.« Eindrücke, Erfahrungen, Überlegungen eines Mitarbeiters beim Frankfurter Notruf. In: s. Anm. 9, S. 25–31 (S. 26).
41 U. M.: Mitunter auch Tröstliches. In: s. Anm. 29, S. 23.
42 W. P.: Geben und empfangen. In: s. Anm. 29, S. 22.
43 Evangelisch-katholische Kommission für TS (Hg.): 30 Jahre TS. Skizzen aus der Arbeit. Stuttgart/Bonn 1986, S. 76.
44 Evangelische Konferenz für TS et al., Jahresbericht 1982, S. 5.
45 Debes (s. Anm. 21)
46 a. a. O., S. 61.
47 Kehr, O.: Ein heißer Draht in der Krise. Informationsdienst TS Nr. 5/1977, S. 5.
48 Kehr, O.: Entwicklungen in der TS. Informationsdienst TS Nr. 7/1978, S. 12.
49 Kehr, O.: Ein offenes Ohr. Informationsdienst TS Nr. 7/1978, S. 11.
50 a. a. O.
51 Evangelische TS München: Jahresbericht 1985, S. 6.
52 TS Karlsruhe: 20 Jahre TS Karlsruhe. Karlsruhe 1983, S. 30.
53 Schmidbauer, W.: Die hilflosen Helfer. Über die seelische Problematik der helfenden Berufe. Reinbek 1977.
54 Freud, A. (1936): Das Ich und die Abwehrmechanismen. München o. J., S. 104.
55 Psychiatrie-Enquete 1975, zit. n. Brodersen, E.: Ehrenamtliche Helfer im sozialen Dienst. In: TS Berlin (Hg.): TS Berlin, 25 Jahre. Berlin 1981, S. 31–33 (S. 31).
56 Brodersen (s. Anm. 55), S. 32.
57 Neidhart (s. Anm. 30), S. 17.
58 a. a. O.
59 TS Münster: Jahresbericht '79, S. 1 f.
60 TS Karlsruhe (s. Anm. 52), S. 8.
61 TS Düren: Jahresbericht 1981, S. 6.
62 a. a. O.
63 TS Duisburg – Mühlheim – Oberhausen: Jahresbericht 1985, S. 3.
64 TS Kassel (Hg.): 30 Jahre TS Kassel 1957–1987. Kassel 1987, S. 23.
65 TS Berlin (Hg.): Sprechen kann helfen. Berlin 1986, S. 21 f.
66 Anon.: Ist es normal, die 11101 zu wählen? Gedanken eines Anrufers, von einem ehrenamtlichen Mitarbeiter nachempfunden. In: TS Saarbrücken: 10 Jahre Tag und Nacht für Sie zu sprechen. Saarbrücken 1985, S. 34–37.

214 Anmerkungen

67 Wissenschaftlichen Ansprüchen wird die vom Dachverband aller TS-Stellen vorgelegte Statistik sicherlich nicht gerecht. Dies gilt auch für statistische Berichte einzelner hier aufgeführter TS-Stellen. Gleichwohl sind die Statistiken in der Lage, mehr als nur Trends aufzuzeigen.

68 In den Statistiken der Telefonseelsorge taucht häufig die Rubrik »unbekannt« auf. Das ergibt sich aus der Arbeit der TS, deren Auftrag es nicht ist, statistische Daten zu erheben. Um nun aber Prozentzahlen vergleichen zu können, kann man sich eines statistischen Verfahrens bedienen, das die unbekannte Größe auf die bekannten Daten im richtigen Verhältnis verteilt. Die Aussage bezieht sich dann zwar nur auf einen kleineren Anruferkreis, läßt aber eher Vergleiche unter verschiedenen TS-Stellen beziehungsweise zwischen verschiedenen Jahresergebnissen zu.

69 nach Schmidt (s. Anm. 3), S. 60, Tab. 4.

70 a. a. O., S. 55.

71 Bei insgesamt 26637 Problem-Einzelnennungen zuzüglich 4270 Stör- und Scherzanrufen bei der TS Berlin 1982 sind die unter der Kategorie »Sonstige Anlässe« aufgeführten Nennungen (3312) und die Stör- und Scherzanrufe (4720) abgezogen worden. Die verbleibenden 23525 Nennungen (= 100%) ergeben die aufgeführte Rangordnung für die ersten 35 Einzelnennungen.

Die Bereiche Psychische Probleme, Sucht und Suizid sind zusammengefaßt, ebenso die Bereiche Partnerprobleme (verheiratet / unverheiratet) und Familienprobleme (Kinder / Jugendliche und Eltern).

72 Bernhard, T.: Unter dem Eisen des Mondes. Köln 1958, S. 61.

73 Brockopp, G. W.: Working with the silent caller. In: Lester, D./Brockopp, G. W. (Eds.): Crisis intervention and counseling by telephone. Springfield/ Illinois 1973, 199–203 (S. 200).

74 Schmidt (s. Anm. 3), S. 26.

75 a. a. O., S. 79.

76 vgl. Schorsch, E.: Sexuelle Perversionen. Mensch/Medizin/Gesellschaft 10 (1985), S. 253–260.

77 nach Schnaas, B.: Steckbrief eines Sexanrufers. Auf Draht Nr. 3/1985, S. 11–12.

78 TS Freiburg: 10 Jahre. Bericht 1985, S. 14.

79 Schmidt (s. Anm. 3), S. 27.

80 TS Freiburg (s. Anm. 78), S. 14.

81 a. a. O.

82 TS Bad Kreuznach: Jahresbericht 1982, S. 6.

83 a. a. O.

84 TS Freiburg (s. Anm. 78), S. 15 f.

85 Ortega y Gasset, J.: Der Mensch und die Leute. München 1961, S. 40 ff.

86 Anon.: Einsamkeit. In: Brockhaus Enzyklopädie in 20 Bänden, Bd. 5. Wiesbaden 1968, S. 314.

87 Sperber, M.: Von Not und Nutzen der Einsamkeit. In: Schultz, H. J. (Hg.): Einsamkeit. Stuttgart/Berlin 1980, 10–20 (S. 12).

88 a. a. O., S. 13.

89 a. a. O.

90 a. a. O., S. 13 f.

91 Leboyer, F.: Geburt ohne Gewalt. München 1981, S. 33.

Anmerkungen 215

92 Hoffmann, S. O. / Hochapfel, G.: Einführung in die Neurosenlehre und Psychosomatische Medizin. Stuttgart/New York 1979, S. 29.
93 Riemann, F.: Flucht vor der Einsamkeit. In: Schultz (s. Anm. 87), S. 22–33.
94 a. a. O.
95 Sperber (s. Anm. 87), S. 14.
96 a. a. O.
97 Büchner, G. (1836): Woyzeck. In: Werke und Briefe. (Hg. F. Bergmann). Wiesbaden 1958, S. 171 f.
98 Freud, S. (1905): Drei Abhandlungen zur Sexualtheorie. Studienausgabe, Bd. 5. Frankfurt a. M. 1972, S. 37–145 (S. 127).
99 a. a. O., S. 128.
100 a. a. O.
101 Handke, P.: Das Gewicht der Welt, Frankfurt a. M. 1979.
102 Mitscherlich, A.: Ödipus und Kaspar Hauser. Tiefenpsychologische Probleme der Gegenwart. Der Monat 3 (1950), S. 11–18 (S. 16).
103 Mitscherlich, A.: Auf dem Weg zur vaterlosen Gesellschaft. München 1969, S. 344.
104 Mitscherlich, A.: Die Unwirtlichkeit unserer Städte. Anstiftung zum Unfrieden. Frankfurt a. M. 1965, S. 13.
105 Dreitzel, H. P.: Die Einsamkeit als soziologisches Problem. Zürich 1970.
106 a. a. O., S. 14.
107 a. a. O.
108 a. a. O., S. 20 f.
109 a. a. O., S. 26.
110 a. a. O., S. 30.
111 a. a. O., S. 34.
112 a. a. O., S. 35.
113 a. a. O., S. 20.
114 Richter, H.-E.: Flüchten oder standhalten. Reinbek 1980, S. 54.
115 a. a. O., S. 56.
116 a. a. O., S. 66.
117 Pross, H.: Die Wirklichkeit der Hausfrau. Reinbek 1975.
118 Richter (s. Anm. 114), S. 57.
119 a. a. O., S. 25.
120 a. a. O., S. 67.
121 a. a. O., S. 68.
122 Tempo 8/1986, S. 33.
123 Mitscherlich, A.: Die Ehe als Krankheitsursache. In: Hermann, F. et al.: Krise der Ehe. 13 Beiträge. München 1966, S. 95–110 (S. 97 f.).
124 s. Anm. 122, S. 33.
125 zit. nach Burckhardt, J.: Griechische Kulturgeschichte, Bd. 2. Künste und Forschung. Leipzig o. J., S. 50.
126 Freud, S.: Ergebnisse, Ideen, Probleme. Gesammelte Werke, Bd. 17, S. 152. Frankfurt a. M.
127 Freud, S. (1921): Massenpsychologie und Ich-Analyse. Studienausgabe Bd. 9, Frankfurt a. M. 1974, S. 61–134 (S. 95).
128 Schnitzler, A. (1910): Das weite Land. In: ders.: Professor Bernhardi und andere Dramen. Dramatische Werke, Bd. 6. Frankfurt a. M. 1987, S. 71.

216   Anmerkungen

129 Richter (s. Anm. 114), S. 63.
130 a. a. O.
131 Reiter, L.: Gestörte Paarbeziehungen. Göttingen 1983, S. 179.
132 a. a. O.
133 Willi, J.: Die Zweierbeziehung. Reinbek 1975, S. 107 f.
134 a. a. O., S. 108.
135 a. a. O., S. 110.
136 Strindberg, A.: Das Buch der Liebe. Ungedrucktes und Gedrucktes aus dem Blaubuch. München 1926, S. 207.
137 Schmidt, G.: Das große Der Die Das. Über das Sexuelle. Herbstein 1986, S. 70.
138 a. a. O.
139 Freud, S. (1914): Zur Einführung des Narzißmus. Studienausgabe, Bd. 3, 37–68. Frankfurt a. M. 1975, S. 56.
140 Brocher, T.: Einsamkeit in der Zweisamkeit. In: Schultz (s. Anm. 87), S. 162–172 (S. 165).
141 a. a. O., S. 166.
142 a. a. O., S. 167.
143 a. a. O.
144 Schnitzler, A. (1927): Buch der Sprüche und Bedenken. In: ders.: Aphorismen und Betrachtungen. Frankfurt a. M. 1967, S. 56.
145 Schultz, H. J.: Vorwort. In: ders. (Hg.): Trennung. Stuttgart 1984, S. 8–10.
146 a. a. O.
147 Ladewig, D. et al.: Drogen unter uns. Basel usw. 1983, S. 61.
148 a. a. O., S. 62.
149 a. a. O.
150 a. a. O., S. 65.
151 Rost, W.-D.: Der psychoanalytische Zugang zum Alkoholismus. Psyche 37 (1983), S. 412–439 (S. 423).
152 a. a. O.
153 Wedler, H. L.: Die Rolle des medizinischen Teams bei der Betreuung von Suizidpatienten. Deutsche Medizinische Wochenschrift 111 (1986), S. 342–344 (S. 342).
154 Henseler, H.: Narzißtische Krisen. Zur Psychodynamik des Selbstmords. Reinbek 1974, S. 11.
155 Améry, J.: Hand an sich legen. Diskurs über den Freitod. Stuttgart 1976.
156 Dörner, K./Plog, U.: Irren ist menschlich oder Lehrbuch der Psychiatrie/ Psychotherapie. Wunstorf/Hannover 1978, S. 161.
157 Ringel, E.: Neue Gesichtspunkte zum präsuizidalen Syndrom. In: ders. (Hg.): Selbstmordverhütung. Bern usw. 1969, S. 51–116 (S. 57).
158 a. a. O.
159 Henseler, H.: Psychoanalytische Theorien zur Suizidalität. In: Henseler, H. & Reimer, C. (Hg.): Selbstmordgefährdung. Zur Psychodynamik und Psychotherapie. Stuttgart/Bad Canstatt 1981, 113–135 (S. 128).
160 a. a. O., S. 122 f.
161 Sommer, T.: Die Angst vor Liebe, Lust und Tod. Die Zeit v. 27. 2. 87, S. 1.
162 nach Holmes, T. H./Rahe, R. H.: The Social Readjustment Rating Scale. Journal of Psychosomatic Research 11 (1967), S. 213–218.

Anmerkungen 217

163 Reiter, L.: Krisenintervention. In: Strotzka, H. (Hg.): Psychotherapie: Grundlagen, Verfahren, Indikationen. München usw. 1978, S. 457–470 (S. 459).
164 Erikson, E. H.: Identität und Lebenszyklus. Frankfurt a. M. 1966 (S. 56).
165 a. a. O., S. 57.
166 a. a. O., S. 150 f.
167 a. a. O., S. 63.
168 Schottlaender, F.: Die Mutter als Schicksal. Stuttgart 1948, S. 48 f.
169 Erikson (s. Anm. 164), S. 78 f.
170 a. a. O., S. 92 f.
171 a. a. O., S. 94.
172 a. a. O., S. 102.
173 a. a. O., S. 104.
174 a. a. O., S. 107.
175 a. a. O., S. 110.
176 a. a. O., S. 111 f.
177 a. a. O., S. 114.
178 a. a. O., S. 116.
179 a. a. O., S. 117.
180 Erikson, E. H.: Kindheit und Gesellschaft. Stuttgart 1971, S. 262.
181 Erikson (s. Anm. 164), S. 118.
182 a. a. O., S. 119.
183 Rilke, R. M. (1903): Der Panther. In: ders.: Werke, Bd. 1.2. Gedicht-Zyklen. Frankfurt a. M. 1980, S. 261.
184 Bröger, A./Kalow, G.: Bruno und das Telefon. Stuttgart 1983.
185 BZ v. 23. 5. 1986.
186 Genth, R./Hoppe, J.: Telephon! Der Draht an dem wir hängen. Berlin 1986, S. 21.
187 Hornschuh, J.: Das Telefon in der Krisenhilfe. In: Evangelisch-katholische Kommission für TS (Hg.): 30 Jahre TS. Skizzen aus der Arbeit. Stuttgart/Bonn 1986, S. 59–72 (S. 61).
188 Hildesheimer, W.: Tynset. Frankfurt a. M. 1965.
189 in: Hofmann, W. (Hg.): Konrad Klapheck. Retrospektive 1955–1985. München 1985, S. 86 f.
190 Klapheck, K.: Die Maschine und ich. In: Pierre, J.: Konrad Klapheck. Köln 1970, S. 95–96 (S. 96).
191 Hofmann (s. Anm. 189), S. 86.
192 Barks, C.: The juice. New York 1972.
193 Spitz, R. A.: Vom Dialog. Frankfurt a. M. usw. 1982.
194 Ziolko, H. U. & Hückel, V.: Umbilicophilie. Psyche 34 (1980), S. 1105–1122 (S. 1105); vgl. dies.: Der Nabel. Sexualmedizin 10 (1981), S. 387–390, S. 425–429.
195 Aktuell – Das Lexikon der Gegenwart. Dortmund 1984, S. 663.
196 Strauß, B.: Groß und klein. Szenen. München/Wien 1978, S. 91.
197 a. a. O.
198 Varah, C.: Samariter. Hilfe durchs Telefon. Stuttgart 1966, S. 9.
199 a. a. O., S. 19.
200 a. a. O., S. 8 f.

218   Anmerkungen

201 Vertrauen hilft, Konflikte zu lösen. Junge Welt Nr. 142 v. 19. 6. 1987, S. 12.
202 a. a. O.
203 a. a. O.
204 zit. nach Schreiber, H.: Midlife crisis. Die Krise in der Mitte des Lebens. München 1977, S. 14.
205 Lynch, J. J.: Das gebrochene Herz. Reinbek 1979, S. 20.
206 Institut für Demoskopie Allensbach, persönliche Mitteilung vom 11. 12. 1987.
207 s. Anm. 126.

Verzeichnis der Tabellen

Tabelle 1
Erst-, Mehrfach- und Daueranrufer im Bundesdurchschnitt
(1981–1984) S. 66

Tabelle 2
Entwicklung von Anrufzahlen und TS-Stellen in der Bundesrepublik
Deutschland seit 1956 S. 67

Tabelle 3
Anrufzahlen bei verschiedenen TS-Stellen 1984 S. 68

Tabelle 4
Verteilung der Anrufer nach Geschlecht im Bundesdurchschnitt
und bei einigen zufällig ausgewählten TS-Stellen (1984) S. 68

Tabelle 5
Verteilung der Anrufer nach Geschlecht in verschiedenen
Ländern (1984) S. 70

Tabelle 6
Verteilung der Anrufer nach Altersgruppen in der
Bundesrepublik Deutschland und bei einigen ausgewählten
TS-Stellen (1984) S. 71

Tabelle 7
Familienstand der Anrufer im TS-Bundesdurchschnitt und bei
ausgewählten TS-Stellen (1984) S. 71

Tabelle 8
Entwicklung des Anteils der anonymen Anrufer seit 1975 S. 72

Tabelle 9
Verteilung der Anrufe auf die einzelnen Monate bei sechs TS-Stellen (1984) S. 73

Tabelle 10
Die monatliche Verteilung von 69045 Anrufen bei der
TS Bielefeld (1979–1984) S. 73

Tabelle 11
Häufigkeiten der Anrufe nach Wochentagen (TS Köln 1981) S. 74

Tabelle 12
Verteilung der Anrufe auf die Tageszeiten (basierend auf 5
TS-Stellen 1984 mit insgesamt 52510 Anrufen) S. 74

220 Verzeichnis der Tabellen

Tabelle 13
Erst-, Mehrfach- und Daueranrufer 1984 im Städtevergleich S. 76

Tabelle 14
Problembereiche der Anrufe bei der TS im Bundesdurchschnitt
(1975–1982) S. 79

Tabelle 15
Problembereiche der Anrufe bei verschiedenen TS-Stellen 1984 S. 80

Tabelle 16
Problembenennungen in Anrufen bei der TS Berlin 1985
(nach Hauptkategorien) S. 83

Tabelle 17
Anrufe bei der TS Berlin 1985 – Rangfolge der ersten
35 Einzelanlässe S. 84

Tabelle 18
Rangfolge der ersten 35 Einzelanlässe bei der TS Berlin
im Vergleich mit anderen TS-Stellen S. 86

Tabelle 19
Rangfolge der Durchschnittswerte bei Einzelanlässen
(ausgewählte TS-Stellen 1985 im Vergleich zur TS Berlin) S. 87

Tabelle 20
Auflege- und Schweigeanrufe bei ausgewählten TS-Stellen
1985 (Prozentzahlen bezogen auf die Zahl aller Anrufe) S. 88

Tabelle 21
Rangfolge der wichtigsten von Anrufern benannten Probleme S. 99

Tabelle 22
Gewichtung von Krisenanlässen (nach Holmes / Rahe) S. 158

Quellenverzeichnis

S. 38 (vgl. Anm. 30). Abdruck mit freundlicher Genehmigung der TS Würzburg.
S. 40 (vgl. Anm. 33). Abdruck mit freundlicher Genehmigung der TS Hagen.
S. 46 (vgl. Anm. 42). Abdruck mit freundlicher Genehmigung der TS Koblenz.
S. 52 (vgl. Anm. 51). Abdruck mit freundlicher Genehmigung der Evangelischen TS München.
S. 52 (vgl. Anm. 52). Abdruck mit freundlicher Genehmigung der TS Karlsruhe.
S. 58 (vgl. Anm. 60). Abdruck mit freundlicher Genehmigung der TS Karlsruhe.
S. 60 (vgl. Anm. 63). Abdruck mit freundlicher Genehmigung der TS Duisburg.
S. 60 (vgl. Anm. 64). Abdruck mit freundlicher Genehmigung der TS Kassel.
S. 61 (vgl. Anm. 65). Abdruck mit freundlicher Genehmigung der Verfasserin.
S. 63 (vgl. Anm. 66). Abdruck mit freundlicher Genehmigung des Verfassers.
S. 88 (vgl. Anm. 72) © Kiepenheuer & Witsch, Köln, 1958. Abdruck mit freundlicher Genehmigung des Verlages.
S. 114 (vgl. Anm. 114 ff.) © Rowohlt Verlag, Reinbek, 1980. Abdruck mit freundlicher Genehmigung des Verlages.
S. 120 (vgl. Anm. 122, 124) © Tempo, Hamburg, 1986. Abdruck mit freundlicher Genehmigung der Zeitschrift.
S. 132 (vgl. Anm. 144) © S. Fischer Verlag, Frankfurt a. M., 1967. Abdruck mit freundlicher Genehmigung des Verlages.
S. 160 (vgl. Anm. 164 ff.) © Suhrkamp Verlag Frankfurt a. M., 1966. Abdruck mit freundlicher Genehmigung des Verlages.
S. 162 (vgl. Anm. 168) © Ernst Klett Verlag, Stuttgart, 1948. Abdruck mit freundlicher Genehmigung des Verlages.
S. 168 (vgl. Anm. 183) © Insel Verlag, Frankfurt a. M., 1980. Abdruck mit freundlicher Genehmigung des Verlages.
S. 172 (vgl. Anm. 184) © K. Thienemanns Verlag, Stuttgart, 1983. Abdruck mit freundlicher Genehmigung des Verlages.
S. 177 (vgl. Anm. 188) © Suhrkamp Verlag, Frankfurt a. M., 1965. Abdruck mit freundlicher Genehmigung des Verlages.
S. 190 Günter Kunert, Sorgen. In: ders.: Verkündigung des Wetters. © Carl Hanser Verlag, München, 1966. Abdruck mit freundlicher Genehmigung des Verlages.

Namensverzeichnis

Abraham, K. 135
Améry, J. 144

Balaszeskul, E. N. 190 ff.
Barkes, C. 117
Beckett, S. 12, 126
Bell, G. 173
Bergmann, I. 12, 120
Berne, E. 50
Bernhard, T. 88
Bias 12, 122
Bibring, E. 135
Brocher, T. 12, 131, 132
Brockopp, G. W. 89
Brodersen, E. 57
Büchner, G. 105
Burckhardt, J. 119, 156
Busch, W. 140

Caruso, I. A. 136
Cohn, R. 50

Day, G. 89, 90
Dietel, B. 34
Dörner, K. 145
Domenica 12, 120, 122
Dreitzel, H. P. 109, 112
Durkheim, E. 193, 194

Erikson, E. H. 160 ff.

Fassbinder, R. W. 154
Freud, A. 54
Freud, S. 12, 107, 108, 122,
123, 124, 130, 134, 149, 157,
160, 204, 208

Goethe, J. W. v. 156
Genth, R. 173

Handke, P. 101, 108
Harsch, H. 36
Henseler, H. 144, 149
Hesse, H. 102
Hildesheimer, W. 176
Hitler, A. 118
Hölderlin, F. 56
Hoffmann, S. O. 104
Hornschuh, J. 176
Hückel, V. 178

Jung, C. G. 34

Kehr, O. 49
Klapheck, K. 177
Kolle, O. 95
Kunert, G. 190

Leboyer, F. 103
Lichtenberg, G. C. 200

Mann, T. 145
Menninger, K. 149
Metzig, H. 197
Miller, A. 194
Miller, A. J. 164
Mitscherlich, A. 12, 108, 109,
121
Moeller, M. L. 20
Musil, R. 201
Mussolini, B. 118

Neidhart, H. 38, 57
Nietzsche, F. 53, 54
Novalis 152

Ortega y Gasset, J. 101

Pehl, K. 32
Plog, U. 216
Portmann, A. 104

Reagan, R. 118
Reis, P. 173
Richter, H.-E. 12, 114, 115,
125, 126
Riemann, F. 104
Rilke, R. M. 108, 168
Ringel, E. 23, 145 ff., 151
Rogers, C. 50
Rost, W.-D. 141

Schorsch, E. 94
Schmidbauer, W. 54
Schmidt, G. 12, 129, 130
Schmidt, H. 31 ff., 36, 73, 97
Schnitzler, A. 12, 125, 132
Schottlaender, F. 162
Schultz, H. J. 137
Seneca, L. A. 164
Smiles, S. 102
Sperber, M. 102, 103, 105
Strindberg, A. 12, 129
Strauß, B. 179

Tausch, R. 50

Unterste, H. 32, 34, 35

Valery, P. 102
Varah, C. 22, 151, 181 ff.

Warren, H. 23
Willi, J. 12, 128
Woolf, V. 12

Ziolko, H. U. 178

Stichwortverzeichnis

Alkoholismus 12, 137 ff.
  Formen 138 f.
  psychologische Aspekte
    140 f.
  und Arbeit 139 f.
Angst 13, 153 f.
Anrufe
  Monatsverteilung 16
  Tageszeit 15, 74
  Wochentage 16, 73
  Zahl 15, 25, 66
Anrufer 63 ff.
  Alter 15, 70
  Anonymität 15, 72
  «Aufleger» 88
  Daueranrufer 96 ff.
  Erstanrufer 16, 75
  Familienstand 15, 71
  Geschlechterrelation 15,
    67 ff.
  Mehrfachanrufer 16, 75
  Probleme 16, 76 ff., 99 ff.
  «Schweiger» 88 ff.
  Sex-Anrufer 93 ff.
  TS Berlin 81 ff.
Arbeitslosigkeit 154 ff.

Dachverbände 28
Depression 12, 133 ff.

Einsamkeit 12, 101 ff.
  als Grundproblem 101
  Kulturgeschichte 116 ff.
  phänomenologische
    Aspekte 102
  psychologische Aspekte
    103 ff.
  soziologische Aspekte
    108 ff.

Einsamkeit
  und Alter 132
  und Angst 113 ff.
  und Depression 136 f.
  und Ehe 129 ff.
  und Neurose 106 ff.
  und Sprache 108, 208 f.
  und Wohnsituation 109
Einsamkeitskrankheit 202 f.

Finanzierung (TS) 17

Geschichte
  der Telefonseelsorge 22 ff.
Gesprächsdauer 15

Image
  der Telefonseelsorge 39 ff.
Internationaler Verband für
  Telefonseelsorge (IFO-
  TES) 24, 29

Kirche
  und Telefonseelsorge 32 ff.
Krankheit 13, 151 ff.
Krise 13, 156 ff.
  Anlässe 157 f.
  Krisenmodell 160 ff.
  phänomenologische
    Aspekte 159

Midlife crisis 201 f.
Mitarbeiter 46 ff.
  Alter 48
  Ausbildung 49, 51
  Ausbildungsstand 48
  Auswahl 49, 51
  Fortbildung 49, 51
  Geschlechtsverteilung 47

Mitarbeiter
  Motivation 53 ff.
  Schweigepflicht 49
  Zahl 47

Nachtdienst 61 f.

Offene Tür (OT) 27
Organisation (TS) 17, 26

Partnerprobleme 12, 120 ff.
  Richtlinien (IFOTES) 29 f.

Samaritans 22, 181 ff.
Scherzanrufe 91
Schweigeanrufe 88 ff.
Selbstzerstörung 204 f.
Sex-Anrufer 93 ff.
Suizidalität 142 ff.
  präsuizidales Syndrom
    145 ff.
  Suizidprophylaxe 150 f.

Telefon
  als Medium 13, 172 ff.
  TS Berlin 23, 81 ff., 99
  TS Freiburg 83 ff., 99
  TS Hamburg 83 ff., 99
  TS Köln 83 ff., 99
  TS Würzburg 83 ff., 99
Telefonseelsorge-Stellen 15,
  210 f.
«Telefon des Vertrauens»
  (DDR) 13, 197 ff.
Träger (TS) 26

Umweltzerstörung 205 f.

Zeittakt 27

Jürgen Hesse/
Hans Christian Schrader

**Testtraining
für Ausbildungsplatzsucher**

Hilfe bei Bewerbung, Tests
und Vorstellungsgespräch

»... Daß von privaten und öffentlichen Arbeitgebern heutzutage zu wenig Ausbildungsplätze angeboten werden, hat seine Ursachen und eine Entwicklungsgeschichte. Ohne Zweifel ist eine konsequente und schnelle Veränderung dieses Mißstandes unbedingt erforderlich ...
Als Psychologen sind wir betroffen, zu sehen, wie viele junge Menschen in einem für sie ohnehin schwierigen Entwicklungsabschnitt mit sog. psychologischen Tests konfrontiert werden und dabei entwürdigenden und entwertenden Verfahren ausgesetzt sind. Wen wundert es dann, wenn Jugendliche geradezu zwangsläufig ein völlig falsches Bild vom Sinn und Zweck eines durchaus auch sinnvoll einzusetzenden psychologischen Instrumentariums bekommen? Das kann uns nicht egal sein.«
Damit die Bewerber an den Testmühlen nicht verzweifeln, bietet dieses Buch eine konkrete Vorbereitungsmöglichkeit, die bisher fehlte: Erstmalig werden die am häufigsten eingesetzten und bisher geheimgehaltenen sog. wissenschaftlichen Tests mit zahlreichen Übungsaufgaben veröffentlicht.

Fischer Taschenbuch Verlag